EinFach Deutsch

Unterrichtsmodell

Schöningh

Heinrich von Kleist

Prinz Friedrich von Homburg

Erarbeitet von
Roland Kroemer
und Christa Melli

Herausgegeben von
Johannes Diekhans

Baustein 4: Die zentralen Figuren des Dramas (S. 84–102 im Modell)

4.1	Der Prinz von Homburg und der Kurfürst	ges. Text Textausgabe S. 165–169	Textarbeit Schreibauftrag Tafelskizze Arbeitsblatt 18 Arbeitsblatt 2
4.2	Prinzessin Natalie und Obrist Kottwitz	ges. Text	Textarbeit Schreibauftrag Tafelskizze Arbeitsblätter 19–20
4.3	Graf Hohenzollern	ges. Text	Textarbeit Schreibauftrag Tafelskizze Szenisches Spiel

Baustein 5: Kleists Drama im Spiegel der Philosophie (S. 103–130 im Modell)

5.1	Wer bin ich – was ist das Ich?	ges. Text Textausgabe S. 154–156	Textarbeit Schreibauftrag Tafelskizze Arbeitsblatt 21
5.2	Traum und Wirklichkeit	ges. Text Textausgabe S. 159–162 Textausgabe S. 119–121 Textausgabe S. 169–172	Textarbeit Schreibauftrag Tafelskizze Arbeitsblätter 22–23 Zusatzmaterial 3
5.3	Todesangst	ges. Text Textausgabe S. 121–123 Textausgabe S. 157f. Textausgabe S. 165–169 Textausgabe S. 125–127	Textarbeit Schreibauftrag Tafelskizze Arbeitsblatt 24

Baustein 6: Psychoanalytische Interpretation (S. 131–160 im Modell)

6.1	Sigmund Freud und die Psychoanalyse	ges. Text	Tafelskizze Arbeitsblätter 25–28
6.2	Der Ödipuskomplex als Kern der psychoanalytischen Theorie	ges. Text	Tafelskizze Arbeitsblatt 29
6.3	Prinz von Homburg – ein Nachfahre des Königs Ödipus	ges. Text	Textarbeit Schreibauftrag Tafelskizze Arbeitsblätter 30–32

Prinz Friedrich von Homburg

Baustein 1: Die Frage des Einstiegs (S. 16–35 im Modell)

1.1	Leseeindrücke und zentrale Themen	ges. Text	Textarbeit Schreibauftrag Tafelskizze
1.2	Die Anfangsszene	Szene 1.1 Textausgabe S. 159–162	Textarbeit Schreibauftrag Tafelskizze Arbeitsblätter 1–2
1.3	Die Insubordination des Prinzen	ges. Text	Textarbeit Tafelskizze Arbeitsblätter 3–5 Zusatzmaterial 1

Baustein 2: Hintergrundwissen (S. 36–57 im Modell)

2.1	Heinrich von Kleist	Textausgabe S. 98–101 Textausgabe S. 123f. Textausgabe S. 110–119 Textausgabe S. 119–121 Textausgabe S. 127f.	Tafelskizze Arbeitsblätter 4, 6, 7, 10, 11, 22 Zusatzmaterial 1–2
2.2	Die historischen Hintergründe des Dramas	ges. Text Textausgabe S. 134f. Textausgabe S. 136–142 Textausgabe S. 144–149	Tafelskizze Arbeitsblätter 8–9
2.3	Kleists Zeit und ihre soziale und politisch-historische Situation	Textausgabe S. 105–110 Textausgabe S. 162–165	Tafelskizze Arbeitsblätter 9–11

Baustein 3: Ein Drama der deutschen Klassik? (S. 58–83 im Modell)

3.1	Merkmale des Dramas der deutschen Klassik	ges. Text	Tafelskizze Arbeitsblätter 12–13 Zusatzmaterial 2
3.2	Die geschlossene Form	ges. Text	Textarbeit Schreibauftrag Tafelskizze Arbeitsblätter 14–16
3.3	Zwischen Klassik und Romantik	ges. Text	Textarbeit Schreibauftrag Tafelskizze Arbeitsblatt 17

© 2009 Bildungshaus Schulbuchverlage
Westermann Schroedel Diesterweg Schöningh Winklers GmbH
Braunschweig, Paderborn, Darmstadt

www.schoeningh-schulbuch.de
Schöningh Verlag, Jühenplatz 1 – 3, 33098 Paderborn

Druck 5 4 3 2 1/Jahr 2013 12 11 10 09
Die letzte Zahl bezeichnet das Jahr dieses Druckes.

Umschlaggestaltung: Jennifer Kirchhof
Druck und Bindung: AZ Druck und Datentechnik GmbH/Kempten (Allgäu)

ISBN 978-3-14-022457-4

Vorwort

Der vorliegende Band ist Teil einer Reihe, die Lehrerinnen und Lehrern erprobte und an den Bedürfnissen der Schulpraxis orientierte Unterrichtsmodelle zu ausgewählten Ganzschriften und weiteren relevanten Themen des Faches Deutsch bietet.

Im Mittelpunkt der Modelle stehen Bausteine, die jeweils thematische Schwerpunkte mit entsprechenden Untergliederungen beinhalten.

In übersichtlich gestalteter Form erhält der Benutzer/die Benutzerin zunächst einen Überblick zu den im Modell ausführlich behandelten Bausteinen.

Es folgen:

- Hinweise zu den Handlungsträgern

- Zusammenfassung des Inhalts und der Handlungsstruktur

- Vorüberlegungen zum Einsatz des Dramas im Unterricht

- Hinweise zur Konzeption des Modells

- Ausführliche Darstellung der einzelnen Bausteine

- Zusatzmaterialien

Ein besonderes Merkmal der Unterrichtsmodelle ist die Praxisorientierung. Enthalten sind kopierfähige Arbeitsblätter, Vorschläge für Klassen- und Kursarbeiten, Tafelbilder, konkrete Arbeitsaufträge, Projektvorschläge. Handlungsorientierte Methoden sind in gleicher Weise berücksichtigt wie eher traditionelle Verfahren der Texterschließung und -bearbeitung.

Das Bausteinprinzip ermöglicht es dabei den Benutzern, Unterrichtsreihen in unterschiedlicher Weise und mit unterschiedlichen thematischen Akzentuierungen zu konzipieren. Auf diese Weise erleichtern die Modelle die Unterrichtsvorbereitung und tragen zu einer Entlastung der Benutzer bei.

Das vorliegende Modell bezieht sich auf folgende Textausgabe:
Roland Kroemer und Christa Melli: Heinrich Kleist: Prinz Friedrich von Homburg, Paderborn: Schöningh Verlag, ISBN 978-3-14-022456-7

 Arbeitsfrage

 Einzelarbeit

 Partnerarbeit

 Gruppenarbeit

 Unterrichts-gespräch

 Schreibauftrag

 szenisches Spiel, Rollenspiel

 Mal- und Zeichenauftrag

 Bastelauftrag

 Projekt, offene Aufgabe

Inhaltsverzeichnis

Prinz Friedrich von Homburg

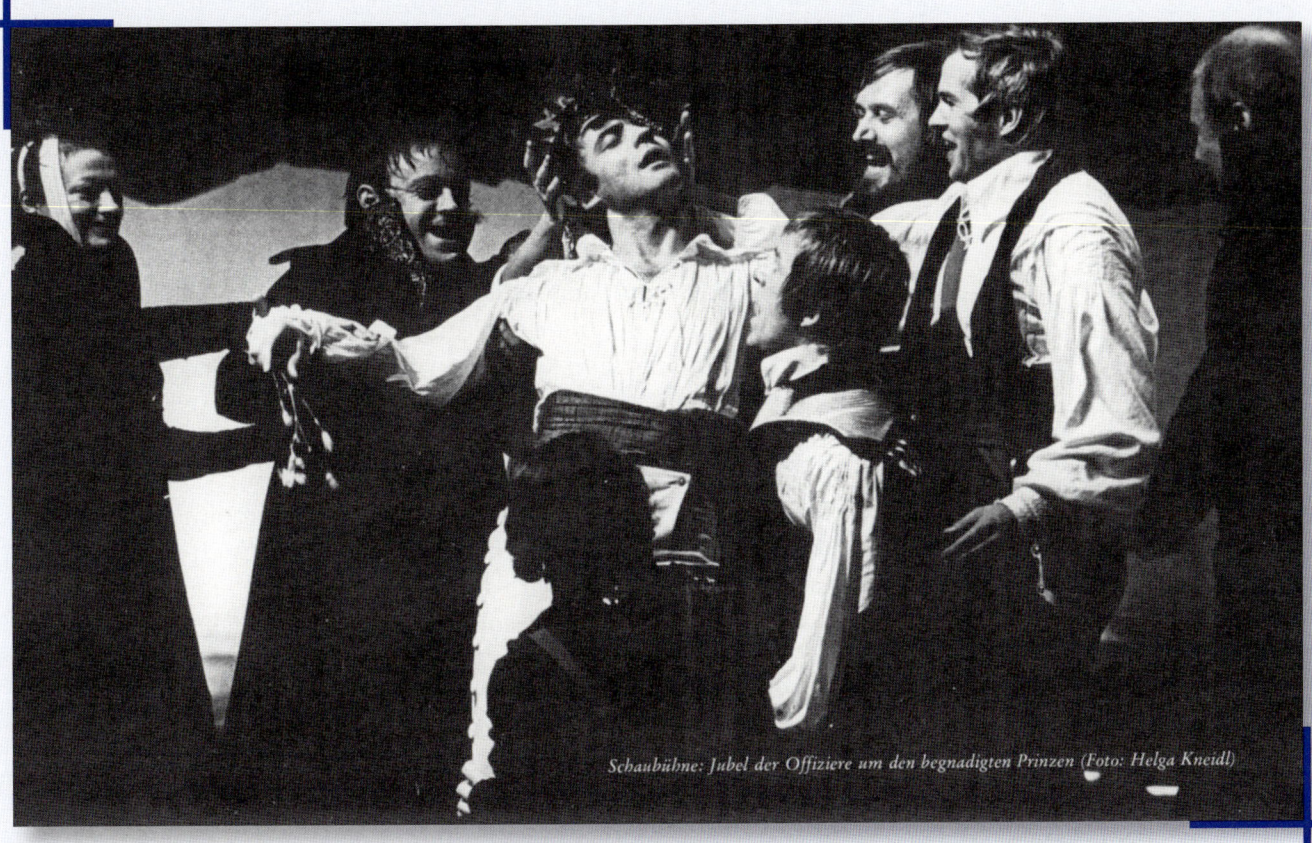

Schaubühne: Jubel der Offiziere um den begnadigten Prinzen (Foto: Helga Kneidl)

Szene aus der Aufführung auf der Schaubühne (1972) Helga Kneidl

Nein, sagt! Ist es ein Traum?

Ein Traum, was sonst?

Personen

Kurfürst Friedrich Wilhelm: Der Große Kurfürst von Brandenburg ist Oberster des Landes Brandenburg, dem er auch als Anführer des Heeres vorsteht. Er verkörpert die Ratio, die das Gesetz, die Vernunft und die Pflicht über emotionale und persönliche Beweggründe setzt – als erster Diener seines Vaterlandes. Eine Abweichung hiervon kommt für ihn nicht infrage. Zugleich aber ist er ein fürsorglich liebender Ehemann für seine Frau Elisa und ein fürsorglicher Onkel für seine Nichte Natalie. Ebenso verbindet ihn ein inniges Verhältnis zum Prinzen von Homburg, für den er wie ein Vater empfindet.

Kurfürstin Elisa: Die Ehefrau des Kurfürsten verkörpert das reine (Mit-)Gefühl: sowohl für ihre Nichte als auch für den Prinzen von Homburg, der ihr wie ein Sohn ist. Obwohl sie beim Kurfürsten ein gutes Wort für die Freilassung des Prinzen einlegt, erwartet sie von diesem, dass er sein Todesurteil mit Fassung trägt.

Prinzessin Natalie von Oranien: Die Nichte des Kurfürsten, Chefin eines Dragonerregiments, lebt seit dem Tod ihrer Eltern am kurfürstlichen Hof. Friedrich Wilhelm und Elisa sind ihr wie Eltern. Charakterlich ist die junge Frau eher zurückhaltend, den höfischen Regeln angepasst. Trotzdem verliebt sie sich in den träumerischen Prinzen. Ähnlich ihrer Tante, versucht auch Natalie den Kurfürsten davon zu überzeugen, den Prinzen wieder freizulassen. Zugleich aber wünscht auch sie sich, dass der Prinz seinen Tod mutig annähme.

Prinz Friedrich Arthur von Homburg: Der General der Reuterei, ein eitler Jüngling voller Tatendrang und Träumerei, sehnt sich nach Ruhm und Ehre. Der unzuverlässige Mann verliebt sich in Natalie und vernachlässigt mehr als zuvor seine militärischen Pflichten. Die Missachtung eines kurfürstlichen Befehls trägt ihm ein Todesurteil ein. Angesichts seines Todes bettelt er geradezu ums Überleben, bis die ihm vom Kurfürsten überlassene Entscheidung über Tod oder Leben Einsicht in seine Selbstverantwortung und somit Reifung bringt.

Graf Hohenzollern: Hohenzollern, von der Suite des Kurfürsten, ist stark in den Hof eingebunden. Stets scheint er über alles bestens informiert zu sein, erteilt Ratschläge und Hinweise, vor allem dem befreundeten Prinzen gegenüber. Sein Verhalten ist eher indifferent als eindeutig. Sein Seelenleben und die Beweggründe für seine Handlungen bleiben zumeist verborgen.

Obrist Kottwitz: Kottwitz, ein älterer Obrist im Regiment der Prinzessin von Oranien, ist ein ‚Haudegen' alter Schule, der sich mit Leib und Seele dem treuen Dienst für seinen Kurfürsten verschrieben hat. Der quirlig-impulsive Militarist ist ein Mann der Tat, eigenmächtige Entscheidungen sind seine Sache nicht: Die Order eines Vorgesetzten ist für ihn das Maß der Dinge.

Inhalt

Eines Nachts finden der preußische Kurfürst und seine Hofgesellschaft, darunter auch seine Nichte, die Prinzessin Natalie, den Prinzen von Homburg schlafwandelnd im Park vor. Dieser ist im Traum damit beschäftigt, einen Lorbeerkranz zu flechten. Wie zum Spaß nimmt der Kurfürst dem Schlafenden den Kranz aus der Hand, windet seine eigene Halskette mit hinein und gibt den Kranz an die Prinzessin Natalie weiter. Der Prinz will Nataliens Hand ergreifen und spricht die Prinzessin als seine Braut an. Die Hofgesellschaft weicht erschrocken vor dieser offensichtlichen Entgleisung zurück. Als später der Prinz erwacht, hält er ratlos einen Damenhandschuh in der Hand.

Im Krieg zwischen Schweden und Preußen steht die entscheidende Schlacht unmittelbar bevor. Feldmarschall Dörfling erläutert seinen Offizieren den Schlachtplan und gibt die Befehle aus. Der Prinz von Homburg als General der Reiterei soll mit dem Eingreifen seiner Truppen so lange warten, bis ihm der ausdrückliche Befehl des Kurfürsten übermittelt worden ist.

Aber Homburg hat nur mit halbem Ohr zugehört. Er ist in Gedanken bei seinem Traum von vergangener Nacht, der ihm persönlichen Ruhm auf dem Schlachtfeld und die Erfüllung seiner Liebe zu Natalie verheißt. Ruhm, weil der Kurfürst den Siegeskranz aus Lorbeer mit seiner eigenen Halskette geschmückt hat, und Liebesglück, weil er am nächsten Morgen jenen Handschuh in Händen hält, der, wie sich gerade herausgestellt hat, tatsächlich Natalie gehört ... Der Prinz sieht das als Bestätigung für die Wirklichkeit seines Traumes und eilt im Vorgefühl seines vorherbestimmten Sieges in die Schlacht.

Als das Gefecht begonnen hat, lässt sich der Prinz jedoch trotz aller vorausgehenden Warnungen, vor allem vonseiten seines Obristen Kottwitz, dazu hinreißen, sich mit seiner Reiterei vorzeitig in den Kampf zu stürzen. Die Schweden werden dadurch zwar geschlagen, aber nach Ansicht des Kurfürsten doch nicht so vernichtend, dass der ganze Krieg damit entschieden wäre. Homburg dagegen sieht vorerst nur den Sieg, den er durch seinen persönlichen Einsatz errungen zu haben glaubt.

Doch zunächst einmal findet er die Kurfürstin und Natalie tief getroffen von der Nachricht, dass der Kurfürst angeblich gefallen sei. Homburg spendet Trost. Das schafft Vertraulichkeit, und als die traurige Botschaft zum Glück widerlegt wird, verlobt sich der Prinz heimlich mit Prinzessin Natalie, im Vorgefühl seiner baldigen Ehrung durch den Kurfürsten.

Ein Kriegsgericht, das auf Befehl des Kurfürsten zusammengetreten ist, verurteilt Homburg jedoch wegen Befehlsüberschreitung zum Tode. Noch nimmt der Prinz alles auf die leichte Schulter. Er ist überzeugt, dass es der Kurfürst nicht zum Äußersten kommen lassen wird, weil er schließlich doch gesiegt hat. Doch der Ernst der Lage wird ihm klar, als herauskommt, dass man bereits mit den Schweden Verhandlungen aufgenommen hat mit dem Ziel, Prinzessin Natalie durch eine Heirat an das schwedische Königshaus zu binden und dadurch den Frieden wiederherzustellen. Es ist damit zu rechnen, dass eine Weigerung Nataliens den Kurfürsten noch mehr gegen den Prinzen aufbringen wird. Als letzten Ausweg hofft Homburg auf die Fürsprache der Kurfürstin.

Auf dem Weg zur Kurfürstin kommt der Prinz an seinem eigenen Grab vorbei, das soeben geschaufelt worden ist. Von Todesangst geschüttelt wirft er sich der Kurfürstin zu Füßen und fleht um sein nacktes Leben. Sogar auf Natalie will er verzichten und aus der Armee ausscheiden, wenn nur sein Leben geschont wird.

Als der Kurfürst durch Natalie von der blanken Todesangst des Prinzen hört, begnadigt er ihn auf der Stelle. Aber er knüpft eine Bedingung daran: Der Prinz soll selbst das Urteil des Kriegsgerichts über ihn für ungerecht erklären. Damit legt er die Entscheidung über das eigene Schicksal in die Hände des Prinzen. Natalie bringt den Brief des Kurfürsten in den Kerker. Jetzt ist Homburg selbst zum Richter seines Verhaltens aufgerufen, und er muss verantwortlich handeln. Er erkennt sein Unrecht und ist bereit, die verhängte Todesstrafe anzunehmen. Dem Sterben kann er nun gefasst entgegentreten. In wenigen Zeilen informiert er den Kurfürsten über seine gewandelte Gesinnung.

Das Drama nimmt humoristische Züge an in dem Streitgespräch zwischen dem Kurfürsten und Kottwitz, in dem der tapfere Obrist die Unschuld seines Reitergenerals Homburg beweisen will, dessen Handlungsweise er ja ursprünglich nicht gebilligt hat.

Der Kurfürst lässt den Prinzen holen, und dieser erläutert nun dem staunenden Offizierskorps, das sich sogar mit einer Bittschrift um Begnadigung für ihn eingesetzt hatte, sein begangenes Unrecht. Er besteht sogar auf der Vollstreckung des Todesurteils. Eine letzte Gnade erbittet er sich allerdings noch, bevor er zum Kerker zurückkehrt: den Frieden nicht mit der Verkuppelung Nataliens an einen schwedischen Prinzen zu erkaufen.

Die totale Unterwerfung Friedrichs von Homburg unter das Kriegsgesetz und die Einsicht in seine Tat machen es nun dem Kurfürsten leicht, die Begnadigung des Prinzen noch einmal vor allen Offizieren bekanntzugeben.

Die Traumvision des Prinzen im Park des Fehrbelliner Schlosses wiederholt sich und wird Wirklichkeit. Mit verbundenen Augen wird der Prinz, der sich auf dem Weg zur Hinrichtung glaubt, in den Park geführt. Dort nimmt man ihm die Binde ab, und der Kurfürst führt ihm Natalie zu, die in der Hand den Lorbeerkranz mit der eingeflochtenen Kurfürstenkette hält. Natalie setzt ihm den Siegeskranz auf und drückt seine Hand an ihr Herz. Der Prinz fällt in Ohnmacht. Als er erwacht, fragt er: „Ist es ein Traum?" Kriegsgeschrei ertönt, der Krieg geht weiter.

Aus: Klaus Jürgen Seidel: dtv junior Schauspielführer. München: dtv 1991, S. 213–215

Vorüberlegungen zum Einsatz des Dramas im Unterricht

Einen Bezug von Kleists Drama „Prinz Friedrich von Homburg" zur Lebenswelt heutiger Schülerinnen und Schüler zu schaffen, erscheint anfangs alles andere als leicht. Die im Schauspiel geschilderten Ereignisse scheinen viel zu fern in der Vergangenheit zu liegen, als dass sie für unsere Zeit noch relevant wären. Was kann Jugendlichen die Geschichte eines jungen Adligen aus dem 17. Jahrhundert heute noch sagen, der wegen einer Befehlsmissachtung auf dem Schlachtfeld zum Tode verurteilt wird, sich zunächst verzweifelt gegen sein drohendes Ende wehrt und das ‚heilige Kriegsgesetz' schließlich durch seinen Tod verherrlichen will? Was sollen sie mit den im Drama hochgehaltenen Werten – Treue und Pflicht gegenüber dem Vaterland, militärischer Gehorsam und Unterwerfung unter ein abstraktes Gesetz – anderes anfangen, als sie vehement zu kritisieren? Angesichts solcher und ähnlicher Fragen muss es das vorrangige Ziel dieses Modells sein, den Lernenden einen Zugang zu Kleists Text zu eröffnen. Nur so ist es möglich, ihnen vor Augen zu führen, dass in dem Stück grundsätzliche Themen behandelt werden, die auch und *gerade* heute nichts an ihrer Aktualität verloren haben.

Dabei sollen die problematischen Aspekte des Textes, wie sie sich einer heutigen Rezeption fast zwangsläufig aufdrängen, nicht ignoriert werden. Deshalb ist das gesamte Unterrichtsmodell so konzipiert, dass die Schülerinnen und Schüler immer wieder Gelegenheit erhalten, kritisch Stellung zu beziehen und ihre Meinung, etwa im Rahmen von Unterrichtsdiskussionen oder schriftlichen Arbeiten, entsprechend zu vertreten. Bedarf an solch kritisch-reflektierenden Auseinandersetzungen entsteht insbesondere in jenen Unterrichtsphasen, in denen es um die konkrete Handlung des Dramas geht, also um die Geschichte, die sich um Befehlsverweigerung und Todesurteil, um Pflicht und Gehorsam dreht. Nicht nur vor dem Hintergrund der deutschen Geschichte, auch angesichts heutiger Kriege auf der ganzen Welt sollte ein solch skeptischer Blick auf Kleists ‚patriotisches Schauspiel' nicht fehlen. So werden die Lernenden immer wieder dazu motiviert, eigene Positionen zu Fragen einzunehmen, die das Stück aufwirft: Wird der Prinz von Homburg zu Recht zum Tode verurteilt? Hat er sich mit seiner eigenmächtigen Handlung auf dem Schlachtfeld, die doch zum Sieg gegen den Feind geführt hat, wirklich schuldig gemacht? Ist das Verhalten des Kurfürsten, der die Begnadigung des Prinzen von dessen innerer Einsicht in die Rechtssprechung abhängig macht, nachvollziehbar – oder nicht selbst ungerecht?

Es wird sich während des Unterrichtsverlaufs immer wieder zeigen, dass die in der Klasse entstehenden Diskussionen über diese und ähnliche Fragen schnell die Ebene des bloß Historischen überschreiten und auf eine allgemeinere Ebene wechseln werden. Bereits an diesen Stellen wird deutlich, wie aktuell Kleists Stück heute noch ist. So erscheint die Frage nach der Gültigkeit eines ‚heiligen Kriegsgesetzes', dem sich alle zu unterwerfen haben, lediglich dann befremdlich, wenn sie nur vor dem historischen Hintergrund der Fehrbelliner Schlacht betrachtet wird. Sobald das ‚Kriegsgesetz' aber als Symbol für ein allgemeines Gesetz interpretiert wird, nach dem sich jedes vernunftbegabte Wesen durch innere Einsicht und Rückbesinnung auf Selbst- und Eigenverantwortlichkeit zu richten hat, entsteht ein völlig neuer Blick auf das Drama. Nun zeigt sich, dass der historische Kontext auch eine Art ‚semantische Einkleidung' für grundsätzliche Themen ist, die bis heute nichts von ihrer Bedeutung verloren haben. Gerade in einer Zeit zunehmender Digitalisierung und Virtualisierung der Welt, der Globalisierung und eines unbestimmbaren Wertewandels sind diese Themen nach wie vor aktuell. Angesichts der Entstehungszeit des Dramas Anfang des 18. Jahrhunderts und Kleists intensiver Kant-Rezeption liegt es nahe, sie auch vor dem Hintergrund der Transzendentalphilosophie und des auf ihr gründenden deutschen Idealismus zu betrachten. So wird den Lernenden schnell einsichtig werden, dass das im Drama propagierte ‚Kriegsgesetz' als Kants ‚allgemeines Sittengesetz' in Form des ‚kategorischen Imperativs' aufgefasst werden kann, dem jedes ethische Handeln zugrunde liegt. Aus dieser Perspektive werden sie von ganz allein andere Fragekomplexe im Stück entdecken, die mit Kriegs- und Militärwesen wenig, mit (neuzeitlicher) Philosophie hingegen sehr viel zu tun haben: Fragen etwa nach der Stellung des Ichs in der Welt, nach der ‚Wirklichkeit der Wirklichkeit' oder nach dem existenziellen Dilemma des Menschen in der Konfrontation mit dem Tod.

Haben die Schülerinnen und Schüler diesen Zugang erst einmal gefunden, so wird ihnen auch der Prinz von Homburg, der selbst in einer für ihn unbegreiflichen Wirklichkeit steht, nicht mehr so fremd wie am Anfang erscheinen. Vermutlich werden sich die Jugendlichen sogar ein Stück weit mit ihm identifizieren. Es ist eines der Ziele dieses Unterrichtsmodells, ihnen vor Augen zu führen, dass der Prinz nicht nur ein adliger Krieger in einer historischen Schlacht ist, sondern – vor allem – ein junger Mensch auf der Schwelle zum Erwachsensein, der seinen Platz in der Welt sucht und schließlich auch findet.

Bereits vor dem Unterrichtsbeginn können zeitaufwendigere Schülerreferate verteilt werden, die später in der jeweiligen Unterrichtseinheit zum Einsatz kommen können. Hierfür bieten sich insbesondere folgende Themen an:

- Kleists Lustspiel „Der zerbrochne Krug" (Baustein 2)
- Kleists Novelle „Michael Kohlhaas" (Baustein 2)
- Kleists Essay „Über das Marionettentheater" (Baustein 2)
- Europa um 1675 (zur Zeit der Fehrbelliner Schlacht) (Baustein 2)
- Die historische Situation Preußens um 1800 (Baustein 2)
- Immanuel Kants Philosophie und der deutsche Idealismus (Baustein 5)
- Sigmund Freuds Konzept des Ödipuskomplexes (Baustein 6)
- Sophokles' Drama „König Ödipus" (Baustein 6)

Grundlagenliteratur:

Beuys, Barbara: Der Große Kurfürst. Der Mann, der Preußen schuf. Reinbek bei Hamburg 1984

Hohoff, Curt: Heinrich von Kleist. Hamburg 1958

Rosendorfer, Herbert: Der Prinz von Homburg oder Der Landgraf mit dem silbernen Bein. Biographie. München 1978

Schunicht, Manfred: Heinrich von Kleist: Prinz Friedrich von Homburg. Marionette, Patriot, Utopist? Paderborn 1996

Zimmermann, Hans Dieter: Heinrich von Kleist. Eine Biographie. Reinbek bei Hamburg 1991

Für die Hand der Schülerinnen und Schüler:

Brinkmann, Karl: Heinrich von Kleist. Prinz Friedrich von Homburg. Neu bearbeitet von Ingeborg Scholz, 2. Auflage, Hollfeld 1991

Fischer-Lichte, Erika: Heinrich von Kleist: Prinz Friedrich von Homburg. Grundlagen und Gedanken zum Verständnis des Dramas. Unter Mitarbeit von Klaus Schwind. Frankfurt a.M. 1985

Ibel, Rudolf: Heinrich von Kleist: Prinz Friedrich von Homburg. Grundlagen und Gedanken zum Verständnis des Dramas. Frankfurt a.M. 1974

Kanzog, Klaus: Heinrich von Kleist: „Prinz Friedrich von Homburg". Text, Kontexte, Kommentar. München 1977

Vorschläge für Klausuren und Facharbeiten sind im Zusatzmaterial 5 (S. 167) enthalten.

Konzeption des Unterrichtsmodells

Das vorliegende Unterrichtsmodell versucht, mithilfe unterschiedlicher Methoden Schülerinnen und Schülern einen Zugang zu Heinrich von Kleists Drama „Prinz Friedrich von Homburg" zu vermitteln. Textanalytische Zugriffe spielen dabei in gleicher Weise eine Rolle wie handlungs- und produktionsorientierte Verfahren. Insbesondere wurde bei der Konzeption der Bausteine darauf geachtet, durch geeignete Aufgabenstellungen, Diskussionsanregungen u.v.m. eine Beziehung herzustellen zwischen dem 1809/10 entstandenen Drama und der Lebenswirklichkeit heutiger Jugendlicher.

Mit dem **Baustein 1** werden unterschiedliche Methoden vorgestellt, einen Einstieg in die Erarbeitung des Dramas zu gestalten. Das Augenmerk liegt hier auf dem Austausch erster Leseeindrücke sowie der gemeinsamen Erarbeitung der zentralen Themen des Dramas, auf einer Besprechung der Anfangsszene und auf einer Diskussion, ob und inwiefern sich der Prinz durch sein eigenmächtiges Handeln in der Schlacht schuldig gemacht hat.

Baustein 2 versucht, ein differenziertes Hintergrundwissen zum historischen Kontext des „Prinzen von Homburg" zu vermitteln. Dabei geht es zum einen um Informationen über Leben und Werk Heinrich von Kleists. Zum anderen sollen die geschichtlichen Hintergründe des Dramas sowie die politisch-historische Situation zur Zeit Heinrich von Kleists um 1800 vorgestellt werden.

Im **Baustein 3** geht es um die Frage, ob und inwieweit „Prinz Friedrich von Homburg" ein Drama der deutschen Klassik ist. Durch eine formale wie inhaltliche Analyse soll den Schülerinnen und Schülern deutlich werden, dass sich Kleists Drama einer eindeutigen Kategorisierung entzieht, es vielmehr zwischen Klassik und Romantik einzuordnen ist.

Im **Baustein 4** sollen sich die Lernenden mit den Figuren des Dramas – insbesondere mit dem Kurfürsten und dem Prinzen, aber auch mit Prinzessin Natalie von Oranien, dem Obristen Kottwitz und dem Grafen Hohenzollern – auseinandersetzen. Ziel ist es, dass sich die Schülerinnen und Schüler mit den einzelnen Figuren beschäftigen, deren jeweilige Charaktere und Handlungen von innen heraus begreifen und ihre Funktion im Drama erkennen. Darüber hinaus soll die Beziehung der einzelnen Akteure untereinander erarbeitet werden.

Baustein 5 stellt Möglichkeiten vor, Kleists Drama im Kontext der Philosophie seiner Entstehung, also zur Zeit des deutschen Idealismus, zu lesen. Die Schülerinnen und Schüler werden damit in die Lage versetzt, weitere Sinndimensionen einzelner Textpassagen freizulegen. Insbesondere geht es um das (die Philosophie der Neuzeit beherrschende) Thema des Ich-Bewusstseins und um damit eng verbundene Fragestellungen, wie die Frage nach der ‚Wirklichkeit der Wirklichkeit' und nach der existenziellen Bedeutung des Todes angesichts einer wachsenden Säkularisierung.

Baustein 6 beschreibt eine Unterrichtsphase, in der das Drama, insbesondere die seelische Entwicklung des Protagonisten, vor dem Hintergrund der von Sigmund Freud entwickelten Psychoanalyse interpretiert wird. Hierbei soll insbesondere der Ödipuskomplex, der die Handlung und die Entwicklung des Prinzen von Homburg insgeheim prägt und vorantreibt, aufgedeckt werden.

Das Unterrichtsmodell ist so konzipiert, dass die Kenntnis des gesamten Dramas vor dem Beginn der Erarbeitung vorausgesetzt wird.

Die thematischen Bausteine des Unterrichtsmodells

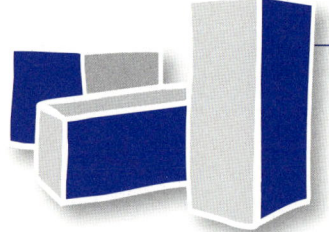

Die Frage des Einstiegs

Im Baustein 1 soll sichergestellt werden, dass die Schülerinnen und Schüler einen Zugang zum Drama finden, der aus verschiedenen Gründen erschwert ist. Die Verständnishürden reichen von einer heute teils altertümlich anmutenden Sprache über die in ferner Vergangenheit stattfindenden Ereignisse bis hin zur inhaltlichen Komplexität des Stückes, das sich – typisch für Kleists Werk – einer eindeutigen Auslegung immer wieder entzieht. Zentrale Aufgabe dieses Einstiegs ist es, derartige Erschwernisse anhand der einzelnen Unterrichtsschritte zu überwinden. Den Schülerinnen und Schülern soll damit ein persönlicher Bezug zu den grundsätzlichen Fragen, die das Schauspiel aufwirft, ermöglicht werden. Die drei vorgestellten Unterrichtsschritte bauen nicht aufeinander auf und können daher auch einzeln bearbeitet werden. Für jede Einstiegsalternative ist jedoch die Kenntnis des gesamten Schauspiels Voraussetzung. Im Einzelnen geht es um:

- die Besprechung erster Leseeindrücke und die Herausarbeitung der zentralen Themen
- eine Interpretation der Anfangsszene
- eine Diskussion über die Insubordination des Prinzen

1.1 Leseeindrücke und zentrale Themen

Für den Beginn der Unterrichtseinheit bietet es sich an, dass die Leseeindrücke der Schülerinnen und Schüler in offener Runde vorgetragen werden. Das Gespräch soll den Lernenden die Möglichkeit geben, positive wie negative Kritik am Stück zu äußern sowie mögliche Verständnisschwierigkeiten anzusprechen. Auch erste Interpretationsansätze können hier zur Sprache kommen, diskutiert und weiterverfolgt werden. Dieser Einstieg ermöglicht den Lehrenden eine Einschätzung des Kenntnisstandes seiner Schülerinnen und Schüler, sodass die nachfolgenden Lehrinhalte darauf aufbauend gestaltet werden können. Da in jedem Drama ein zentraler Konflikt behandelt wird, durch den sich die Haupthandlung entfaltet und der durch seine Nebenhandlungen verstärkt wird, zielt die weitere Unterrichtsfolge darauf ab, dass die Schülerinnen und Schüler durch die Erarbeitung des tragenden Konflikts – oder allgemeiner: der zentralen Themen – ein gesichertes Verständnis für die Grundstruktur des Schauspiels entwickeln. Hierauf können weitere Interpretationsansätze aufgebaut und vertieft werden. Hinsichtlich der Interpretationsarbeit kann die Kenntnisnahme der Tipps und Techniken zur Szenenanalyse im Anhang der Textausgabe (S. 182–185) für die Lernenden vorteilhaft sein.

Das Unterrichtsgespräch kann durch folgenden Frageimpuls eingeleitet werden:

■ *Was halten Sie für das zentrale Thema des Dramas?*

Während die Schülerinnen und Schüler die Antworten frei nennen, notiert die Lehrkraft diese an die Tafel:

Das zentrale Thema

Gesetz/Freiheit   Traum/Realität   Todesangst   Liebe/Freundschaft

Gefühl/Verstand   (militärischer) Gehorsam   Pflicht/Ungehorsam

Vater-Sohn-Konflikt   Patriotismus

Individuum/Gemeinschaft   Ehre/Heldentum   Selbstfindung/Reifung

Staat/Individuum   Verantwortung

Kritik an staatlicher Willkür

Dieser Unterrichtsschritt kann durch einen schriftlichen Arbeitsauftrag, der sich auch gut als Hausaufgabe eignet, abgeschlossen werden. Wahlweise können die Schülerinnen und Schüler mit einer Rezension oder dem Anfertigen eines Klappentextes über das Drama beauftragt werden:

■ *Schreiben Sie eine Rezension (wahlweise einen Klappentext) über den „Prinzen von Homburg", in der Sie auf eines der zuvor genannten Themen des Dramas eingehen. Wählen Sie jenes, das Ihnen für das Drama am sinnvollsten erscheint.*

Um sicherzustellen, dass verschiedene Aspekte des Themas behandelt werden, kann die Lehrkraft auch bestimmte, ihr zentral erscheinende Themen an die Lernenden verteilen. Nach Fertigstellung des Arbeitsauftrags können einzelne Rezensionen von den Schülerinnen und Schülern vorgetragen und im Klassenverband zur Diskussion gestellt werden. Dies vertieft das behandelte Unterrichtsthema und ermöglicht dem Lehrenden weitere Einblicke in das Lektüreverständnis der Lernenden.

1.2 Die Anfangsszene

Nachdem in Kap. 1.1 bereits verschiedene Themen genannt worden sind, soll nun die detaillierte Analyse der Anfangsszene ins Blickfeld rücken, in der sämtliche Hauptfiguren des Stücks, in ihrer Funktion als zentrale Vertreter des Konflikts, bereits auftreten. Die einführende Handlung und Rede exponiert ihre jeweiligen Rollen, die sie im Konflikt einnehmen, ihre Charaktere und spezifischen Verbindungen zueinander. Der Beginn des Dramas legt den Grundstein für seine nachfolgende Entwicklung. Durch die Analyse der Anfangsszene entfalten sich bereits vielfältige Interpretationsansätze für weitere Themenbereiche und Konflikte, die das Drama behandelt. Den Schülerinnen und Schülern soll hier die Möglichkeit gegeben werden, durch das gemeinsame Lesen und Interpretieren des 1. Auftritts des 1. Akts den Einstieg in die konkrete Interpretationsarbeit zu finden und ein Grundverständnis für die Thematik des Stücks zu erlangen. Zu Beginn der Unterrichtseinheit bietet es sich an, den Textabschnitt V. 1–77 von den Lernenden in verteilten Rollen vortragen zu lassen. Im Anschluss daran ist folgende Frage sinnvoll:

■ *Welche der zuvor an der Tafel gesammelten und in den Rezensionen besprochenen Grundkonflikte lassen sich bereits in der Anfangsszene finden?*

Zu erarbeiten ist: Bereits im 1. Auftritt des 1. Akts werden Themen bzw. Dichotomien von Individuum/Gemeinschaft, Traum/Realität, Gefühl/Verstand, Ehre/Heldentum, Pflicht/Ungehorsam, Verantwortung/Unverantwortlichkeit, Vater-Sohn-Konflikt und Egoismus/Liebe etabliert.

In der Szenenbeschreibung des 1. Auftritts sitzt der Prinz allein im Schlosspark. Mit „bloßem Haupt" und „offner Brust", also ungeschützt, verletzlich. „Halb wachend halb schlafend", in einer Art Zwischenzustand zwischen Traum und Wirklichkeit, befindet er sich hier nicht in der aktiven, wachen Ausübung seines militärischen Amtes, sondern windet sich unter einer „Eiche" – dem Symbol für Patriotismus und für Deutschland – einen „Kranz", das Zeichen für seine Sehnsucht nach Ehre und Ruhm. Der Prinz befindet sich in einem unbewussten Zustand, der seine inneren Wünsche offenbart, die selbstbezogen, eitel und anmaßend wirken – gerade angesichts der späteren Enthüllung, dass er zuvor in zwei Kämpfen versagt hat.

Vom Prinzen unbemerkt, treten nun „heimlich" die meisten handlungsrelevanten Figuren des Stücks – Kurfürst, Kürfürstin, Prinzessin Natalie, Graf Hohenzollern, Rittmeister Golz und andere – aus dem Schloss hinzu. Das Schloss kann hier als das Zentrum der Macht gelesen werden, aus dem die (Hof-)Gesellschaft auf den Einzelnen zutritt und ihn beobachtet. Durch Fackeln wird sein Tun erhellt, geradezu durchleuchtet. Während sich die anderen Personen im wachen, bewussten Zustand befinden und somit wissen, was sie tun, weiß dies der Prinz nicht. In V. 1–3 beschreibt Hohenzollern den Prinzen zwar einerseits als „tapfer", als einen Mann, der an der Spitze der Reiterei voller Einsatz gekämpft hat, berichtet dem Kurfürsten aber anderseits in V. 6, dass der Prinz den Befehl des Kurfürsten, „hier länger nicht,/Als nur drei Füttrungsstunden zu verweilen", nicht eingehalten hat. Als seine Reiterkompanie zum Aufbruch bereitstand, fehlte als Einziger der Prinz, ihr Anführer. Bereits dieser Befehlsverstoß des Prinzen zeigt seine charakterliche Disposition, unabhängig von den folgenden Entwicklungen.

Der „Held" (V. 23) wird von der Gesellschaft schlafwandelnd aufgefunden. Hohenzollern beschreibt ihn als vom Mondschein gelockt (V. 26), also für das Träumerische, Romantische, das Gefühlige empfänglich. In dieser Traumwelt beschäftigt er sich mit der Wunschvorstellung seines künftigen Ruhmes. Diese Vorstellung gebührt laut Hohenzollern jedoch nicht ihm, sondern der Nachwelt, die über seine Taten zu urteilen habe: „Sich träumend, seiner eignen Nachwelt gleich,/Den prächtgen Kranz des Ruhmes einzuwinden." (V. 27–28) Hier wird das narzisstische, eitle Bedürfnis des Prinzen nach Anerkennung und Erfolg deutlich, wie auch Hohenzollern betont: „Sterngucker sieht er, wett ich, schon im Geist,/Aus Sonnen einen Siegeskranz ihm winden" (V. 57–58), und: „Dass hier kein Spiegel in der Nähe ist!/Er würd ihm eitel, wie ein Mädchen nahn,/Und sich den Kranz bald so, und wieder so,/Wie eine florne Haube aufprobieren." (V. 60–63) Dass der Prinz seinen Träumen nachgeht statt der Weisung zum Aufbruch in die Schlacht, zeigt, dass er seine persönlichen emotionalen Beweggründe wichtiger nimmt als Pflicht und Vernunft. Dies kann der Kurfürst, der die gegenteilige Seite des Prinzen vertritt, kaum glauben: „Fürwahr! Ein Märchen glaubt ich's! – Folgt mir Freunde,/Und lasst uns näher ihn einmal betrachten." (V. 40–41)

Prinzessin Natalie interpretiert die Handlung des Prinzen als krankhaft: „Er braucht des Arztes –!" (V. 33) Auch die mütterliche Kurfürstin mahnt, man solle dem Prinzen helfen, anstatt ihn zu verspotten (V. 32). Doch Hohenzollern beruhigt ihre Ängste: „Er ist gesund, ihr mitleidsvollen Frauen" (V. 35), es sei nur „eine bloße Unart seines Geistes" (V. 39).

Der Kurfürst, den das Verhalten des Prinzen sehr befremdet, entspricht es doch so gar nicht seinem eigenen Wesen, möchte das Ausmaß dieses Zustands bestimmen: „Bei Gott! Ich muss doch sehn, wie weit er's treibt!" (V. 64)

Er nimmt dem Prinzen den Lorbeerkranz, das Symbol für Ruhm und Ehre, aus der Hand, schlingt seine Kette darum – ein gesteigertes Zeichen für Macht und Verantwortung – und überreicht ihn der Prinzessin. Schlafwandelnd folgt der Prinz ihr nun und offenbart erstmals seine Wünsche und Sehnsüchte hinsichtlich Natalies: „Natalie! Mein Mädchen! Meine Braut!" (V. 65) Kurz darauf spricht er den Kurfürsten an: „Friedrich! Mein Fürst! Mein Vater!" (V. 67) und äußert auch hier seine unbewussten Wünsche. Der Kurfürst nimmt verschiedene Rollen für den Prinzen ein: Er sieht ihn als Gleichgestellten („Friedrich!"), als Herrscher und Vorgesetzten („Mein Fürst!"), aber auch als einen Vater („Mein Vater"!), der zugleich auch künftiger Schwiegervater sein soll. Der erste Hinweis auf eine Art Vater-Sohn-Konflikt, in dem der liebende Sohn gegen den erfolgreichen, ihm überlegenen Vater aufbegehrt. Die Ambitionen des Sohnes nach Macht und Erfolg aber lassen den Vater um seine Position fürchten. Die Kurfürstin nimmt für ihn die Rolle der Mutter ein, so spricht der Prinz sie in V. 68 als solche an.

Als der Prinz nach den Insignien der Macht und des Ruhmes greifen will, die Natalie in Form von Kette und Lorbeerkranz in der Hand hält, weicht sie zurück. Ein Zeichen, dass ihm diese nicht zustehen. Dabei erhascht der Prinz aber zumindest ihren Handschuh, den linken, die Herzseite also. Ein Zeichen, dass der Prinz schon einen Teil von ihr besitzt, ein Hinweis auf eine mögliche und erhoffte Liebe. Und so, wie der Prinz sein Gefühl ihr gegenüber entblößte, ist nun auch sie es ein wenig.

Der Schlusssatz der Szene lautet: „Ins Nichts mit dir zurück, Herr Prinz von Homburg,/Ins Nichts, ins Nichts! In dem Gefild der Schlacht,/Sehn wir, wenn's dir gefällig ist, uns wieder!/ Im Traum erringt man solche Dinge nicht!" (V. 74–77)

Die Äußerungen „Herr Prinz von Homburg" und „wenns dir gefällig ist" wirken ironisch, sie verweisen den Prinzen auf seinen Platz, genauso wie der Ausspruch „ins Nichts". Die Haltung des Kurfürsten ist deutlich: Nicht durchs Träumen, sondern durch reale Taten erlangt man Ruhm, diesen muss sich der Prinz also erst verdienen.

Die Hofgemeinschaft verlässt den Prinzen; er bleibt allein zurück – noch ist er kein vollwertiges Mitglied der Gemeinschaft. Die Tür des Schlosses fliegt „rasselnd" vor ihm zu, ein Vorbote für seine kommende Verhaftung.

Das Erstellen einer ersten Figurencharakteristik ist für das nähere Verstehen des Dramas sinnvoll. Die Schülerinnen und Schüler sollen anhand der Anfangsszene ermitteln, mit welchen Eigenschaften die Figuren eingeführt werden, was sie verkörpern und für welchen Aspekt der Thematik sie einstehen:

- *Mit welchen Eigenschaften werden die Figuren des Stücks eingeführt?*

- *Was verkörpern die Personen? Für welche Aspekte des Themas bzw. der Themen stehen die einzelnen Protagonisten in der Anfangsszene?*

Die Ergebnisse können nun anhand einer Overhead-Folie präsentiert werden:

Figuren

Der **Kurfürst** steht für das Gesetz, den Obersten des Staates, Repräsentant/Oberster der Gesellschaft, deren Diener er aber auch zugleich ist, für Vernunft, Pflicht und Gehorsam. Er ist Vater, Ehemann, Anführer des Heeres, befindet sich zugleich aber auch durch das Verhalten des Prinzen im Konflikt mit diesem, da dieser ihm seinen Rang ablaufen will (ohne die diesbezüglichen Voraussetzungen mitzubringen).

Der **Prinz von Homburg** steht für das Gefühl, den Wunschtraum, das Egoistische, das Eitle. Eine ungeordnete, chaotische Mischung aus Wunsch nach Ruhm, Ehre und Liebe sowie aus mangelndem Verantwortungs-, Pflichtgefühl und Gehorsam.

Der **Graf Hohenzollern** steht für Freundschaft, Gefühl, Verstand und Pflichtgefühl. Er sieht nüchtern, wie der Prinz charakterlich beschaffen ist. Er erklärt den anderen das für sie unverständliche Verhalten des Prinzen und vermittelt.

Die **Kurfürstin** steht für die mütterlichen, sorgenden Gefühle, kann aber das Verhalten des Prinzen vorerst noch nicht deuten.

Die **Prinzessin Natalie** steht, der Kurfürstin vergleichbar, eher für die Seite des Gefühls, der Einfühlung. Aber auch ihr erschließen sich in der Einstiegsszene nicht das Verhalten und der Charakter des Prinzen. Trotzdem begreift sie intuitiv, dass der Prinz Anspruch auf einen ihm noch nicht gebührenden Ruhm und auf Macht erhebt. Zugleich aber ist auch sie für eine mögliche Liebe zum Prinzen offen.

Nach dem Zusammentragen und Diskutieren der Ergebnisse können von den Schülerinnen und Schülern Gegensatzpaare genannt werden, die die zentralen Thematiken erhellen:

■ *Welche Gegensatzpaare entdecken Sie in der Anfangsszene?*

Die Ergebnissicherung an der Tafel kann folgendermaßen aussehen:

Gegensatzpaar Kurfürst/Prinz

Kurfürst:	**Prinz:**
Gesellschaft	Individuum
Vernunft	Gefühl
Pflicht/Gehorsam	Lust/Ungehorsam
reflektiert	unreflektiert
bewusst	unbewusst
an sein Volk denkend	eitel, (selbst-)verliebt
Befehle erteilend	Befehle empfangend
realistisch	träumerisch

→ **Diese Gegensätze stellen die Triebfeder für die weitere Entwicklung des Dramas dar.**

Im Anschluss an die Analyse der Eingangsszene sowie die Besprechung der Charakteristiken und Gegensatzpaare kann zum Vergleich das **Arbeitsblatt 1**, S. 29 mit einer Interpretation von Ingeborg Scholz zur Vertiefung und Weiterführung der bereits besprochenen Aspekte herangezogen werden. Scholz, die den Gegensatz zwischen Kurfürst und Prinz als einen zwischen Gesetz/Pflicht/Verstand und Unüberlegtheit/Traum/Gefühl beschreibt, erweitert die Dichotomie um den Aspekt der Ähnlichkeit beider Personen: Auch im Kürfürsten lebe die Faszination des „regellosen Gefühls", das er jedoch, anders als der Prinz, unterdrücke und seinem Verstand sowie seiner öffentlichen Amtsaufgabe unterordne. Den Schülerinnen und Schülern bietet sich durch die Kenntnis des Textes ein differenzierter Zugang zur Komplexität des Stücks. Folgende Frageimpulse sind für die Textarbeit sinnvoll:

■ *Welchen neuen Interpretationsaspekt eröffnet der Scholz-Text? Wie beurteilen sie diesen?*

■ *Finden Sie weitere Beispiele im Drama, die diese These verifiziert oder falsifiziert.*

Zur Vertiefung der Analysearbeit kann nun an Textstellen des Dramas geprüft werden, inwieweit auch die bisherige Interpretation des träumerischen, unverantwortlichen Prinzen eine andere (positive) Deutung erfahren könnte:

■ *Was bedeutet es, wenn der Kurfürst sagt: „Im Traum erringt man solche Dinge nicht!"? (V. 77)*

Die Schülerinnen und Schüler können nun in Gruppenarbeit eine Internetrecherche zu den Themen Somnambulismus und Traum durchführen. Auch Gotthilf Heinrich von Schuberts Text „Ansichten von der Nachtseite der Naturwissenschaft" (Textausgabe, S. 159–162), der sich mit dem Phänomen des Somnambulismus befasst, kann ergänzend hinzugezogen werden. (Siehe ausführlich zum Somnambulismus Baustein 5.2.) Die Themen werden an die einzelnen Schülergruppen verteilt und anschließend in Kurzreferaten vorgestellt.

■ *Recherchieren Sie im Internet die Bedeutung von Somnambulismus und Träumen. Lesen Sie dazu auch Gotthilf Heinrich von Schuberts Text „Ansichten von der Nachtseite der Naturwissenschaft" (Textausgabe, S. 159–162). Referieren Sie Ihre Ergebnisse kurz.*

Nach den Referaten und einem ergebnissichernden Gespräch können die Schülergruppen nun als Transferleistung Interpretationen über die Bedeutung des schlafwandelnden Prinzen und dessen Charakteristik sowie über das Verhältnis zwischen Prinz und Kurfürst entwickeln, die über die bisherigen Interpretationen hinausgehen. Die Arbeiten werden im Anschluss der Klasse vorgetragen. Die Aufgabe an die Schülergruppen kann lauten:

■ *Welche – über die bisherige Interpretation hinausgehende – Bedeutung hat das Schlafwandeln des Prinzen hinsichtlich der von Ihnen recherchierten Inhalte?*

■ *Was könnten die Gründe dafür sein, dass sich der Prinz nicht an Natalies Namen erinnert, obwohl er in sie verliebt ist?*

■ *Wieso führt der Kurfürst durch sein Spiel mit dem Lorbeerkranz den Prinzen aufs Glatteis? Was ist seine Motivation?*

Weiterhin denkbar sind Recherchen zu den in der Anfangsszene verwendeten Begriffen und Symbolen, wie beispielsweise Eichenbaum, Lorbeerkranz oder Königskette:

- *Suchen Sie die Symbole heraus, die in der Eröffnungsszene eine Rolle spielen. Wofür könnten diese Symbole stehen? Sie können hierzu auch im Internet recherchieren.*

Für ein noch tiefer gehendes Verständnis des Dramas und seiner Protagonisten (hier Kurfürst und Prinz) kann der Textauszug von Horst Engert gemeinsam in der Klasse gelesen und diskutiert werden (**Arbeitsblatt 2**, S. 31). Darin wertet der Autor die logischen Widersprüche im Schauspiel als Merkmal für ein realistisches Drama, in der die Mannigfaltigkeit der Figurencharaktere gerade aufgrund ihrer Widersprüche eine psychologisch reale Einheit bildet. Folgende Fragen bieten sich hierzu an:

- *Was ist die zentrale Aussage des Textes?*

- *Was meint Engert mit seiner Aussage: „die Verhältnisse in unserem Schauspiel liegen viel zu realistisch verwickelt, als dass sie einer einfachen idealistischen Ausdeutung zugänglich oder gar ausschöpfbar wären"?*

1.3 Die Insubordination des Prinzen

Die eigenmächtige Handlung des Prinzen, der während der Schlacht gegen die Order des Kurfürsten verstößt – seine sog. Insubordination (also sein militärischer Ungehorsam) – ist Auslöser für die weitere Entwicklung des Dramas, sein Dreh- und Angelpunkt. Aufgrund des träumerischen, verliebten Zustands des Prinzen, der in Kap. 1.2 bereits eingehend behandelt wurde, und seiner daraus resultierenden Unaufmerksamkeit, die der Kurfürst durch sein Possenspiel mit dem Prinzen schlussendlich mitverursacht hat, bekommt der Prinz die Kampfanweisungen des Kurfürsten nicht deutlich mit. Anschließend verstößt er im Gefecht – trotz der Einwände seiner Mitstreiter – sogar wissentlich gegen die ausgegebene Order: Der Prinz setzt seinen Wunsch nach einem ruhmreichen Sieg über den ihm erteilten Befehl. Um die Schuld des Prinzen, das Angemessene seiner Bestrafung und den weiteren Verlauf der Handlung für die Schülerinnen und Schüler beurteilbar zu machen und eine Diskussion zu ermöglichen, ist die genaue Betrachtung der ursprünglichen Gründe für den Verstoß erforderlich. Sie stellen die Basis für ein Urteil darüber dar, wie das Handeln des Prinzen zu bewerten ist, ob und inwiefern er falsch gehandelt hat und ob die daraus resultierende Bestrafung gerechtfertigt ist. Auch die Haltung des Kurfürsten zur Befehlsverletzung, seine Gründe und die Konsequenzen daraus sollen – ebenso wie sein Anteil am Fehlverhalten des Prinzen – Gegenstand der Erarbeitung sein. Im Anschluss daran bietet es sich an, eine Einschätzung des Themas aus heutiger Sicht vorzunehmen, in der die Lernenden sich persönlich mit der Thematik auseinandersetzen und das Gelernte auf ihre Lebenssituation übertragen.

Als Unterrichtseinstieg ist es ratsam, die Schülerinnen und Schüler die genaue Textstelle suchen zu lassen, in der der Prinz seine militärische Weisung erhält:

- *Wie lautet der Befehl, den der Prinz von Homburg im 5. Auftritt des 1. Akts erhält? Suchen Sie die genaue Textpassage heraus und zitieren Sie die Weisung. Fassen Sie den Befehl danach in eigenen Worten prägnant zusammen.*

Vermutlich werden die Lernenden längere Zeit brauchen, um den genauen Befehl in seiner gesamten Länge zu finden, da er sich – immer wieder unterbrochen durch die Rede anderer Figuren (und insbesondere des Prinzen selbst, der sich vor allem auf Natalies Handschuh konzentriert) – über fast drei Seiten erstreckt, genauer: von V. 294–314 (siehe folgendes Tafelbild). Insofern spiegelt die Schwierigkeit des Lesers (resp. des Zuschauers), dem Befehl in seinen Details zu folgen, die Zerstreutheit des Prinzen wider, der seiner Weisung ja mindestens ebenso wenig zu folgen vermag. Um die Schülerinnen und Schüler auf diesen Punkt aufmerksam zu machen, bietet sich folgende Zwischenfrage an:

■ *Sie haben relativ lange gebraucht, um den Befehl vollständig zitieren zu können. Warum war es gar nicht so einfach, ihn in seiner gesamten Länge im Text zu finden?*

Und weiter:

■ *Was könnte der Grund dafür sein, weshalb Kleist die ausgegebene Order immer wieder durch die Rede anderer Figuren unterbricht?*

Für die Fortsetzung des weiteren Unterrichts ist es sinnvoll, den Lernenden den erteilten Befehl als Overhead-Folie zu präsentieren und diesen während der weiteren Unterrichtsschritte stehen zu lassen:

Der militärische Befehl, den der Prinz von Homburg erhält:

„Des Prinzen Durchlaucht wird – […] Nach unseres Herrn ausdrücklichem Befehl – [...] Wie immer auch die Schlacht sich wenden mag, Vom Platz nicht, der ihm angewiesen, weichen – [...] Als bis, gedrängt von Hennings und von Truchß – […] Des Feindes linker Flügel, aufgelöst, Auf seinen rechten stürzt, und alle seine Schlachthaufen wankend nach der Trift sich drängen, In deren Sümpfen, oft durchkreuzt von Gräben, Der Kriegsplan eben ist, ihn aufzureiben. [...] Dann wird er die Fanfare blasen lassen."
(V. 294–314)

Die Schülerinnen und Schüler sollen nun in Gruppenarbeit (zu je 3–6 Teilnehmern) schriftlich und unter Verweis auf Textstellen formulieren, worin die Befehlsverletzung des Prinzen besteht und wie es zu dieser kommen konnte: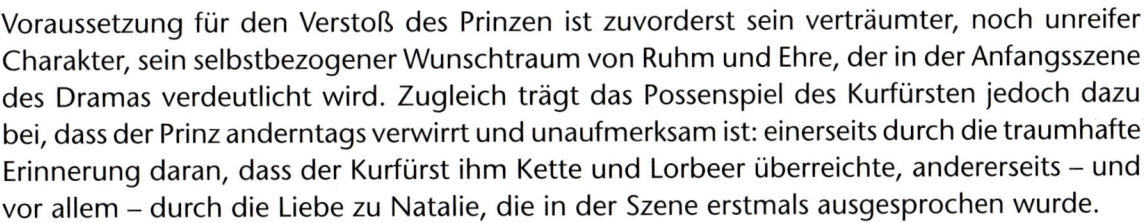

■ *Beschreiben Sie anhand von Textstellenbelegen, worin die Befehlsverletzung des Prinzen besteht. Aus welchen Gründen hat er überhaupt gegen die Order des Kurfürsten verstoßen? Wie konnte es dazu kommen?*

■ *Beschreiben Sie die Entwicklung des Prinzen.*

Voraussetzung für den Verstoß des Prinzen ist zuvorderst sein verträumter, noch unreifer Charakter, sein selbstbezogener Wunschtraum von Ruhm und Ehre, der in der Anfangsszene des Dramas verdeutlicht wird. Zugleich trägt das Possenspiel des Kurfürsten jedoch dazu bei, dass der Prinz anderntags verwirrt und unaufmerksam ist: einerseits durch die traumhafte Erinnerung daran, dass der Kurfürst ihm Kette und Lorbeer überreichte, andererseits – und vor allem – durch die Liebe zu Natalie, die in der Szene erstmals ausgesprochen wurde.

■ *Inwiefern trägt der Kurfürst durch seine Handlungen zum Regelverstoß des Prinzen bei?*

Während der Kurfürst seinen Offizieren den Schlachtentwurf mitteilt (1. Akt, 5. Auftritt), kommt der Prinz verspätet hinzu und ist von Natalies Anwesenheit und der Erkenntnis, dass der Handschuh, den er im Traum ergriffen hat und nun bei sich trägt, der ihre ist, derart abgelenkt, dass er den Befehlsanordnungen nicht aufmerksam folgt. (V. 292–305) Neben dem Grafen Hohenzollern („Du bist des Teufels?!", V. 300) bemerken auch der Feldmarschall und Rittmeister von der Golz befremdet seine Abgelenktheit. Der Kurfürst ermahnt ihn sogar noch: „Herr Prinz von Homburg, dir empfehl ich Ruhe!/Du hast am Ufer, weißt du, mir des Rheins/Zwei Siege jüngst verscherzt; regier dich wohl,/Und lass mich heut den dritten nicht entbehren,/Der Mind'res nicht, als Thron und Reich, mir gilt!" (V. 348–352). Die Ermahnung, ‚sich wohl zu regieren', Herr über seine Handlungen, also vernunftbetont und verantwortlich zu sein, ist die Maßgabe. Der Prinz muss sich die erträumte Ehre und den Ruhm real verdienen, dieser Verdienst ist aber erst auf der Einsicht in die Befolgung der gesetzlichen Regeln der Gemeinschaft möglich, der er angehört. Einsicht und Reife aber hat der Prinz noch nicht erlangt. Der Regelverstoß und seine Folgen sind Ausdruck dessen.

■ *Was bedeutet die Ermahnung des Kurfürsten in Vers 348–352?*

Auch zu den Kampfhandlungen kommt der Prinz erneut zu spät, da er in der Kirche für seinen Erfolg gebetet hat (V. 408–412). Der Prinz erkundigt sich bei Hohenzollern, was seine Order sei (V. 417–418), begründet seine Unkenntnis darüber damit, dass er „zerstreut – geteilt" sei und nicht wisse, was ihm fehle (V. 420–421). Hohenzollern wiederholt den Befehl, sodass der Prinz nun wissen müsste, wie er zu handeln hat, doch er hört erneut nicht aufmerksam zu, wieder lenken ihn seine Gedanken an den wunderlichen Vorfall mit Natalie, an die Traumsequenz im Park ab (V. 428).

■ *Wie stellt sich das Verhalten des Prinzen im 2. Auftritt des 2. Akts dar? Was motiviert ihn zu seiner Insubordination? Wie begründet er sie?*

Kottwitz will den ungestümen Prinzen, der in die Schlachthandlungen spontan eingreifen will, zügeln, er erinnert ihn an die Order des Kurfürsten (V. 471–473). Doch statt sich an diese zu halten, reagiert der Prinz ungestüm, aus seinem Gefühl heraus: „Auf Ord'r! Ei, Kottwitz! Reitest du so langsam?/Hast du sie noch vom Herzen nicht empfangen?" (V. 474–475)
Nun werden durch Kottwitz, Golz, den ersten und den zweiten Offizier verschiedene Ansichten über die Absicht des Prinzen zum Angriff und der Missachtung des ursprünglichen Befehls geäußert (V. 478–485). Folgende Aufgabe können die Schülerinnen und Schüler hierzu erarbeiten:

■ *Wie beurteilen Hohenzollern, Kottwitz und andere die Situation im 2. Auftritt des 2. Akts? Welche unterschiedlichen Haltungen/Ansichten finden sich im Text?*

Während Kottwitz sich als ‚alter Haudegen' durch den Prinzen herausgefordert fühlt und sogleich zum Kampf bereit ist – jedoch nur, wenn der Prinz die Verantwortung übernimmt, wie in V. 496 deutlich wird –, äußern die Offiziere ihre Einwände. Der erste Offizier fordert sogar, Homburg den Degen abzunehmen (V. 485). Daraufhin ordnet der Prinz dessen Verhaftung an (V. 490–491) – eine Parallele zur späteren Verhaftung des Prinzen, jedoch aus entgegengesetzten Gründen: Während der erste Offizier trotz seiner untergeordneten Position vernünftig und selbstverantwortlich hinsichtlich der vom Kurfürsten erteilten Order urteilt, tut dies der Prinz nicht.

So nicht wirklich als Vorgehen geeignet!

■ *Hat der erste Offizier Ihrer Meinung nach korrekt gehandelt oder hätte er dem Befehl des Prinzen folgen müssen? Wie hätten Sie gehandelt? Begründen Sie Ihre Meinung.*

Nach der Verhaftung des Offiziers erteilt der Prinz seinen Befehl zum Angriff: „Und jetzt ist die Parol', ihr Herrn: ein Schurke,/Wer seinem General zur Schlacht nicht folgt!/– Wer von euch bleibt?" (V. 492–494) Hohenzollern zögert noch, Kottwitz folgt sogleich, fordert aber vom Prinzen: „Auf deine Kappe nimm's. Ich folge dir." (V. 497) Kottwitz akzeptiert den Status des ihm Vorgesetzten, dessen Anweisungen er grundsätzlich zu folgen hat, setzt aber vermutlich aus Erfahrung einen verantwortlichen, reifen Anführer voraus, gibt hierdurch aber seine Eigenverantwortung ab. (Dieses durchaus fragwürdige Verhalten ist mit den Schülerinnen und Schülern diskutierbar.) Der Prinz, ohne die Tragweite zu reflektieren, behauptet, dass er es ‚auf seine Kappe nimmt' (V. 497).

■ *Finden Sie, dass Kottwitz richtig gehandelt hat? Was ist seine Motivation, dem Prinzen in die Schlacht zu folgen?*

Später zeigt sich jedoch, dass der Prinz noch unfähig, seine Persönlichkeit noch zu unreif dafür ist, die Verantwortung wirklich zu übernehmen. Im Kerker gefangen, schätzt er seine Lage anfangs falsch ein: Er rechnet mit einer bloßen Rüge und seiner baldigen Begnadigung durch den väterlichen Kurfürsten. Als er erkennt, dass er für sein Vergehen zum Tode verurteilt ist, will er schließlich nur noch eines: überleben um jeden Preis.

■ *Wie stellt sich der Charakter des Prinzen angesichts der drohenden Hinrichtung dar?*

Die Situation der Insubordination, die Aussicht auf eine baldige Hinrichtung sowie der Brief des Kurfürsten, der dem Prinzen die Entscheidung über Recht- und Unrechtmäßigkeit dieser Verurteilung überlässt, ermöglichen dem Prinzen jedoch seinen Reifungsprozess. Vor die Wahl gestellt, ob der Kurfürst falsch entschieden habe („Mein Prinz von Homburg, als ich Euch gefangensetzte,/Um Eures Angriffs, allzu früh vollbracht,/Da glaubt ich nichts, als meine Pflicht zu tun;/Auf Euren eignen Beifall rechnet ich./Meint Ihr, ein Unrecht sei Euch widerfahren,/So bitt ich, sagt's mir mit zwei Worten –/Und gleich den Degen schick ich Euch zurück" (V. 1307–1313)), erkennt der Prinz sein Fehlverhalten und akzeptiert, dass er zur Verantwortung gezogen werden muss: „Mich selber ruft er zur Entscheidung auf!" (V. 1342), und: „Dass er mir Unrecht tat, wie's mir bedingt wird,/Das kann ich ihm nicht schreiben; zwingst du mich,/Antwort, in dieser Stimmung, ihm zu geben,/Bei Gott! so setz ich hin, du tust mir Recht!" (V. 1355–1358) Durch die Einsicht des Prinzen in sein Fehlverhalten und durch die Übernahme der Verantwortung sowie die Anerkennung des allgemeinen, gültigen Gesetzes kann der Kurfürst ihn schließlich begnadigen.

■ *Was veranlasst den Prinzen zur Einsicht in die Rechtmäßigkeit seiner Verurteilung? Beschreiben Sie anhand eines fiktiven Tagebucheintrags die Sicht des Prinzen.*

Nun erst ist der Prinz zu einem verantwortungsbewussten Mitglied der Gemeinschaft gereift, in die er wieder aufgenommen werden kann. Die Synthese zwischen Recht und Freiheit ist hergestellt.

Nachdem mit den Schülerinnen und Schülern nun im Einzelnen die Gesamtentwicklung des Prinzen im Drama erarbeitet wurde, können die Stationen seiner Entwicklung nochmals stichpunktartig als Tafelbild (auch als Overhead-Folie geeignet) aufgelistet und resümiert werden.

- *Nennen Sie stichwortartig die einzelnen Entwicklungsschritte des Prinzen, die dieser im Drama durchläuft, unter Berücksichtigung der jeweiligen Voraussetzungen und Gründe seiner Befehlsverletzung.*

- *Wie würden Sie die Veränderung des Prinzen in einem Satz beschreiben?*

Die Ergebnisse des Unterrichtsgesprächs können folgendermaßen als Tafelbild zusammengefasst werden:

Voraussetzungen und Gründe für die Befehlsverletzung des Prinzen und die daraus resultierende Entwicklung:

1. unzuverlässig, verspätet sich häufig, nimmt seine Aufgabe nicht ernst, verträumt, unreif, selbstbezogen, eitel, Wunsch nach Ruhm, Ehre, Macht, unbewusst im Kampf mit Vaterfigur befindlich, verliebt

2. Possenspiel im Garten und Verliebtheit führen zu gesteigerter Unaufmerksamkeit und Unzuverlässigkeit, verspätet sich erneut, bekommt Schlachtanweisungen nicht mit

3. erneute Verspätung, unreflektiertes Eingreifen in die Schlachthandlung, Missachtung des Befehls in der Schlacht, trotz Kenntnis dessen durch seine Mitstreiter und trotz deren Einwände, übernimmt scheinbar die Verantwortung für sein Handeln, greift in die Schlacht ein

4. Unreflektiertheit seiner Handlung ändert sich erst nach Verhaftung durch Todesurteil, übernimmt Verantwortung für sein Tun nicht, Todesfurcht lässt ihn bisherige Wünsche (Liebe, Ruhm etc.) aufgeben, versucht alles, um zu überleben

5. eigenverantwortliche Entscheidung darüber, ob er zu Recht verurteilt wurde, erfolgt Reifung, Einsicht in Fehlverhalten, Übernahme der Verantwortung, Anerkennung des allgemeinen, gültigen Gesetzes

Entwicklung des Prinzen von kindlich, selbstbezogenem Träumer zu erwachsenem, verantwortlichem Mitglied der Gesellschaft

---

Um die Synthese zwischen Recht und Freiheit inhaltlich zu vertiefen, kann das **Arbeitsblatt 3, S. 32** herangezogen werden, in dem Hans M. Wolff im ersten Textauszug resümiert, dass die Gegensätze von Freiheit und Gesetz, Individuum und Gemeinschaft im Drama ausgeglichen werden. Im zweiten Textauszug betont der Schauspieler und Theaterdirektor Friedrich Kayssler den allgemeinen Zweck von Dramen: nämlich die Erziehung des Menschen zu seinem höheren Selbst. Jeder Einzelne trage an der Verantwortung für das Ganze mit. Diesen Zweck sieht Kayssler in Kleists „Prinzen von Homburg" vorbildlich umgesetzt.

Zum Arbeitsblatt können folgende Aufgaben gestellt werden:

- *Fassen Sie mit Ihren eigenen Worten zusammen, was Wolff mit der Synthese zwischen Recht und Freiheit meint.*

■ *Worin besteht laut Wolff der Unterschied zwischen Rechtsstaat und Patriarchal-staat? Teilen Sie seine Meinung?*

Die Aufgabe zum Kayssler-Text kann folgendermaßen lauten:

■ *Fassen Sie die Hauptgedanken des Textes zusammen.*

Zur nachfolgenden Frage kann den Schülerinnen und Schülern alternativ oder zusätzlich das **Arbeitsblatt 4**, S. 34 über die Rechtsstellung der Soldaten dargeboten werden, in dem auszugsweise die Pflichten und Rechte der Soldaten – wie Gehorsam, Kameradschaft oder Wahrheit – definiert sind. Weiterführend siehe hierzu auch das **Zusatzmaterial 1**, S. 161 mit weiterführenden Informationen zum Grundgesetz § 26 und einer diesbezgl. Rechtsprechung. Die Lernenden sollen dazu angeregt werden, die zuvor erarbeiteten Inhalte zur Insubordination des Prinzen mit ihrer eigenen Lebenswirklichkeit zu verbinden und Transferleistungen zu erbringen:

■ *Recherchieren Sie im Internet das derzeit in der Bundesrepublik Deutschland gültige Gesetz über die Rechtsstellung der Soldaten. Unter welchen Voraussetzungen kann und darf ein Soldat heutzutage gegen einen Befehl verstoßen? Was sind die Gründe hierfür?*

Folgendes Ergebnis könnte die Recherche aufweisen:
Die Schülerinnen und Schüler werden im Soldatengesetz unter § 11 Gehorsam lesen, dass Ungehorsam dann nicht vorliegt, wenn „ein Befehl nicht befolgt wird, der die Menschenwürde verletzt oder der nicht zu dienstlichen Zwecken erteilt worden ist". Somit wird kein bedingungsloser, sondern ein das eigene Gewissen berücksichtigender, mitdenkender Gehorsam gefordert, der auf ethischen Grundlagen basiert. Denn das Gewissen des Einzelnen orientiert sich an einem sittlichen „Gut" und „Böse", das er als bindend und verpflichtend erfährt und gegen das er nicht ohne Gewissensnot handeln könnte. Darüber hinaus muss der Soldat aber auch nach heutiger Rechtsprechung seinen Vorgesetzten gehorchen.

Alternativ dazu bietet sich bei Vorlage des **Arbeitsblattes 4**, S. 34 über die Rechtsstellung der Soldaten folgende Aufgabenstellung an:

■ *Wo erkennen Sie Unterschiede zwischen heutiger Rechtslage von Soldaten im Vergleich zu jener im Drama?*

■ *Auf welche der vorliegenden Gesetze hätte sich der Prinz von Homburg berufen können? Oder wäre er selbst nach heutiger Gesetzeslage für schuldig befunden worden?*

Um das Thema des Regelverstoßes allgemeiner zu fassen und den Schülerinnen und Schülern die Möglichkeit zur persönlichen Stellungnahme und Vertiefung der Aspekte zu geben, bietet es sich an, das **Arbeitsblatt 5**, S. 35 – das sechste Flugblatt der Widerstandgruppe ‚Weiße Rose', in dem Studentinnen und Studenten zum Widerstand gegen die nationalsozialistische Diktatur aufgerufen wurden – kopiert an die Lernenden zu verteilen. Der Textzugang kann mit folgenden Fragen erarbeitet werden:

■ *Was meinen die Verfasser des Flugblattes mit ihrer Forderung nach einem „seiner sittlichen Verantwortung bewussten Staatswesen"?*

■ *Welche zentralen Begriffe aus Kleists Drama finden sich hier wieder? Sind diese gleichbedeutend mit der Bedeutung im Drama oder worin besteht ihr Unterschied?*

 Das Unterrichtsgespräch lässt sich mit weiteren Fragen fortführen:

■ *Wie beurteilen Sie die Situation: Wann ist der Widerstand gegen geltendes Gesetz richtig oder falsch?*

■ *Worin besteht hier der Unterschied zur Befehlsverletzung des Prinzen?*

Zur Veranschaulichung und weiteren Vertiefung des Themas kann gemeinsam der Kinofilm „Sophie Scholl – Die letzten Tage" (2005) von Marc Rothemund auf DVD angesehen werden. Eine anschließende Besprechung ermöglicht den Schülerinnen und Schülern eine differenzierte Auseinandersetzung mit der Bedeutung von Freiheit, Verantwortlichkeit, Gewissen, Individualität und Gesellschaft.[1]

Zum Abschluss dieser Unterrichtseinheit kann der Themenbereich nun auf den persönlichen Erfahrungshorizont der Lernenden bezogen werden:

 ■ *Welche Situationen aus Ihrem Alltag kennen Sie, in denen Sie sich vergleichbaren Überlegungen stellen mussten oder müssen?*

Hier könnten Themen wie Zivilcourage, Kriegsdienstverweigerung, Einsicht in eine erhaltene Bestrafung oder Vergleichbares zur Sprache kommen.

Notizen

_____

_____

_____

_____

_____

_____

_____

_____

_____

_____

---

[1] Hierzu hat die Bundeszentrale für politische Bildung ein Filmheft herausgegeben, in dem der Film ausführlich besprochen wird. Als Ergänzung zu diesem Heft liefert das Dossier Hintergrundinformationen zum Widerstand der „Weißen Rose" wie auch zum Film. Das Dossier möchte damit zu einer tiefer gehenden und kritischen Auseinandersetzung mit dem Film anregen und darüber hinaus die Bedeutung der „Weißen Rose" auch für die heutige Zeit verdeutlichen. (Philipp Bühler: Sophie Scholl – Die letzten Tage; Filmheft. Bonn 2005; Bestellnummer: 3179)

Ingeborg Scholz: Position und Gegenposition in den Hauptfiguren: Der Prinz und der Kurfürst

Der Gestalt des Kurfürsten begegnen wir zuerst am Eingang des Dramas, als er in höchst sonderbarer Weise in das Traumspiel des Prinzen eingreift. Erstaunen und Neugier, so scheint sich aus dem kurzen
5 Wechslungsgespräch mit Hohenzollern zu ergeben, („Bei Gott, ich muss doch seh'n, wie weit er's treibt!", I.1), bringen ihn dazu, das Spiel mit Lorbeerkranz, Kette und Frauengunst mitzuspielen. Jedoch suggeriert uns der Dichter, dass der Kurfürst noch von tie-
10 ferem Interesse getrieben ist, als jene o.a. Motivierung besagen will: Er ist seltsam und unerklärlich fasziniert von diesem Traumwandler. Und wenn er sich auch am Schluss der Szene schroff von ihm distanziert: „Ins Nichts mit dir zurück, Herr Prinz von
15 Homburg,/Ins Nichts, ins Nichts! …" (I,1) So hebt dieses Verhalten den Tatbestand nicht auf, dass er im Bereich seines Innern von mehr bewegt ist als von Plan und Berechnung, von Gesetz und Pflicht. Nicht allein seine Vorliebe für den Prinzen, dessen Unüber-
20 legtheit und Anderssein er kennt, beweist das. Auch in ihm, dem überlegenen Landesfürsten, dem kühlen Rechner und Planer der Schlachten, dem strengen Vertreter des Gesetzes, der er ist, lebt etwas von der Faszination des regellosen Gefühls, das ihn im Zuge
25 des Dramas gelegentlich „betroffen" zeigt. Es gibt schon in der Eingangsszene Bilder und Vergleiche, die in dieser Hinsicht symptomatischen Charakter tragen und die, dem Kurfürsten in den Mund gelegt, bei der Analyse der zweiten Hauptfigur ins Auge ge-
30 fasst werden müssen. Einmal handelt es sich dort um das Bild des Lorbeers, der in der diesbezüglichen Frage des Kurfürsten in all seiner Dissonanz zur Umgebung der märkischen Landschaft erscheint: „Wo fand er den in meinem märk'schen Sand?" und weiterhin
35 um den Ausruf des Kurfürsten angesichts der Traumszene des Prinzen: „Fürwahr! Ein Märchen glaubt ich's! – Folgt mir, Freunde,/Und lasst uns näher ihn einmal betrachten." (I,1) Dass der Kurfürst nicht ohne Gespür ist für Ekstase und Gefühlsdämo-
40 nie, zeigt diese fast unwillkürliche Neugierde, jener für Augenblicke gebannte Blick auf das Treiben des Prinzen, der selbst wie eine fremde Pflanze im märkischen Sand erscheint. Seine schroffe Zurückweisung Homburgs am Ende der Szene, von der oben die
45 Rede war, entspringt allerdings dann der strengen Einsicht, dass eine solche Haltung, wie er meint, Gefahren bildet für das Gemeinwesen, das er repräsentiert. Niemand weiß besser als er um den vollen Widerspruch zwischen Traum und Wirklichkeit, – eine
50 Einsicht, aus der heraus später die direkte Warnung an den Prinzen vor der Schlacht erfolgt: „Herr Prinz

von Homburg, dir empfehl ich Ruhe!/Du hast am Ufer, weißt du, mir des Rheins/Zwei Siege jüngst verscherzt; regier dich wohl,/Und lass mich heut den dritten nicht entbehren,/Der Mind'res nicht, als 55 Thron und Reich, mir gilt!" (I,5) In diesen Worten tritt der Kurfürst zum ersten Male entschieden als Repräsentant des Staates auf, der das Gesetz bejaht und in seinen Befehlen von der überpersönlichen Forderung von „Thron und Reich" ausgeht. „Der Kur- 60 fürst ist die Gestalt", so heißt es bei Ulrich Gall, „die das Drama zu einem ‚vaterländischen' macht." In dieser Eigenschaft als Vertreter einer überpersönlichen Ordnung erlebten wir ihn im 9. Auftritt des II. Aktes als überlegene Figur im Mittelpunkt des Ge- 65 schehens: „Wer immer auch die Reuterei geführt,/Am Tag der Schlacht, und, eh der Obrist Hennings/Des Feindes Brücken hat zerstören können,/Damit ist aufgebrochen, eigenmächtig,/Zur Flucht, bevor ich Ordre gab, ihn zwingend,/Der ist des Todes schuldig, das 70 erklär ich,/Und vor ein Kriegsgericht bestell ich ihn."
(II,9)
Die Worte verdeutlichen, dass der Kurfürst als Landesherr seine Befehlsgewalt auf das „Kriegsrecht" gründet, das zu Kleists Zeiten noch größere Dignität[1] 75 und obligatorische Kraft besaß als das Strafrecht in Friedenszeiten, hängt doch – nach des Kurfürsts eigenen Worten – das faktische Überleben des Staates von seiner Befolgung ab: „Mehr Schlachten noch als die hab ich zu kämpfen,/Und will, dass dem Gesetz Ge- 80 horsam sei." Und weiterhin heißt es anlässlich der Mahnung an den Prinzen vor der Schlacht, dass dieser Sieg ihm „Thron und Reich" gelte. Zu der Beurteilung des Kurfürsten in diesem Fall äußert sich Ulrich Gall in seiner rechtsphilosophischen Untersuchung 85 des „Homburg": „Es gibt nicht den geringsten Anhaltspunkt für die Vermutung, Kleist stehe dem Kriegsrecht in Antizipation moderner Kritik skeptischer gegenüber als dem allgemeinen Recht. Wie unzulänglich dem modernen Leser-Zuschauer das 90 Verhalten des Kurfürsten auch immer sein mag, so verbietet sich doch aus den genannten Gründen die Interpretation, Kleist selbst ziehe den puristischen Standpunkt des Kurfürsten in Zweifel."
In allem, was der Kurfürst als Landesherr verfügt, 95 bringt er, wie die o.a. Zitate verdeutlichen, die Erfüllung des Gesetzes in Zusammenhang mit der Erhaltung des Staatswesens, das er durch Zufallssiege bedroht, nicht erhalten sieht. So zeigt sich der Kurfürst in der Szene der Amtsenthebung und Verhaftung des 100

---

[1] Dignität: (lat. von dignitas) Würde, Würdigkeit

Prinzen (II,9), in dieser Überlegung steht er zu Beginn der bedeutsamen Unterredung seiner Nichte Natalie gegenüber, als sie bei ihm als Bittstellerin für den Prinzen auftritt (IV,1). Hier wiederum wird deutlich, 105 dass sich der Kurfürst als Hort des „Vaterlandes" sieht und keineswegs als Vertreter individuellen Ruhm- und Machtstrebens auftritt. Aufschluss darüber gibt der Ausspruch des Kurfürsten zu Anfang der Szene: „Für mich; nein! Was? Für mich!/Ist dir ein Heiligtum ganz unbekannt,/Das in dem Lager Vaterland sich 110 nennt?" (IV,1)

Aus: Ingeborg Scholz: Heinrich von Kleist. Prinz von Homburg. Michael Kohlhaas. Interpretationen und methodisch-didaktische Hinweise. Joachim Beyer Verlag, Hollfeld 1979, S. 48–51

■ *Welchen neuen Interpretationsaspekt eröffnet der Scholz-Text? Wie beurteilen Sie diesen?*

■ *Finden Sie weitere Beispiele im Drama, die diesen Aspekt verifizieren oder falsifizieren.*

Horst Engert: Nicht idealistische Typen, sondern realistische Gestalten

Weder darf man den Prinzen schlechtweg als den Vertreter der Persönlichkeit, noch den Kurfürsten als den Vertreter der Gemeinschaft ansprechen. Denn ganz abgesehen davon, dass eine so typisierende Aus-
5 legung offensichtlich charakterisierend gestalteten Personen eines realistischen Dramas gegenüber an sich schon eine Gewaltsamkeit bedeutet, widerspricht sie auch den in dem Schauspiele dargestellten Tatsachen. Der Kurfürst vertritt trotz seines „Ich will, dass
10 dem Gesetz Gehorsam sei!" gar nicht einseitig und dogmatisch den Standpunkt der Gemeinschaft. Er ist vielmehr nicht nur selbst eine Persönlichkeit, sondern hat auch sehr wohl Achtung vor der Persönlichkeit des Prinzen, was nicht nur aus seinen Worten zu
15 Natalie hervorgeht, was er vielmehr auch dadurch beweist, dass er die letzte Entscheidung in die Hand des Prinzen selbst legt. Umgekehrt ist der Prinz im ersten Teile des Dramas noch gar keine Persönlichkeit, sondern darin besteht ja gerade der Gegenstand
20 der Dichtung, dass er vor unseren Augen erst eine Persönlichkeit wird. Auch vertritt er weder vor seiner Wandlung einseitig den Standpunkt der Persönlichkeit, da man seiner in der Bestürzung sich äußernden Gefühlswallung am Ende des zweiten Aktes keines-
25 wegs den Wert einer wohlbedachten weltanschaulichen Meinungsäußerung zuerkennen darf, noch auch nach seiner Wandlung den reinen Standpunkt der Gemeinschaft, sonst müsste er am Schlusse seine Begnadigung und Belohnung als einen Akt persön-

licher Willkür ablehnen. Aber er ist inzwischen eine 30 Persönlichkeit geworden, die ihr Verhältnis zur Gemeinschaft nunmehr bewusst begründet hat, und so kann er sich mit dem Kurfürsten auf gleicher Ebene treffen. Man sieht schon aus diesen wenigen Hinweisen, die sich leicht verdoppeln und verdreifachen 35 ließen: Die Verhältnisse in unserem Schauspiele liegen viel zu realistisch verwickelt, als dass sie einer einfachen idealistischen Ausdeutung zugänglich oder gar ausschöpfbar wären. Alle Gestalten dieses Dramas sind keine Typen, wie sie das idealistische Drama 40 seinen Stilgesetzen gemäß auf die Bühne zu stellen pflegt. Nicht als Relieffiguren, an denen nur die eine Seite ihres Wesens herausgearbeitet ist, die der Darstellung einer bestimmten Idee dient, sondern gewissermaßen als Vollplastiken stehen sie vor uns, ihre 45 Eigenart nach allen Seiten hin kraftvoll und charakteristisch bewährend. Die Mannigfaltigkeit ihrer Eigenschaften, Stimmungen und Äußerungen in Worten und Gebärden bildet keine logisch ideelle, sondern eine psychologisch reale Einheit, sodass also auch die 50 logischen Widersprüche, die in ihr hier und da hervortreten, keinen Mangel der künstlerischen Darstellung bedeuten, vielmehr, psychologisch wohlbegründet, wie sie sind, ihr den Reiz einer außerordentlichen Lebensnähe und Lebenswahrheit verlei- 55 hen.

Aus: Horst Engert: Persönlichkeit und Gemeinschaft in Kleists Drama „Prinz Friedrich von Homburg". Jahrb. d. Kleist-Ges. 1925/26

■ *Was ist die zentrale Aussage des Textes?*

■ *Was meint Engert mit seiner Aussage: „die Verhältnisse in unserem Schauspiele liegen viel zu realistisch verwickelt, als dass sie einer einfachen idealistischen Ausdeutung zugänglich oder gar ausschöpfbar wären"?*

Über höhere Werte in Kleists Drama

Hans M. Wolff: Synthese von Recht und Freiheit

Von dem Begriff einer absoluten individuellen Freiheit, den der Prinz zu Beginn des Dramas vertrat, hat er sich gelöst; er hat eingesehen, dass ein so weiter Spielraum der Individualität, wie er ihn verlangt, mit
5 den Rechten seiner Umwelt unvereinbar ist, und aufgrund dieser Einsicht hat er die Synthese erreicht: „Ich will das heilige Gesetz des Krieges,/Da ich verletzt' im Angesicht des Heeres,/Durch einen freien Tod verherrlichen!"
10 Auch jetzt, nachdem sich seine Läuterung vollzogen hat, hält also der Prinz an dem Begriff der Freiheit fest, doch hat sich dieser Begriff entscheidend gewandelt.

„Die Freiheit kann in keiner andern Gestalt würdiger
15 und passender dargestellt werden, als in der ich sie gezeigt habe: Sie ist die Erzeugerin, die Mutter des Gesetzes. In dem tausendfältigen Streite der Freiheit des Einen Bürgers mit der Gegenfreiheit aller übrigen entwickelt sich das Gesetz; in dem Streite des beste-
20 henden Gesetzes, worin sich die Freiheit der vergangenen Generationen offenbart, mit der Freiheit der gegenwärtigen, reinigt sich und wächst die Idee des Gesetzes. Die Idee der Freiheit ist die große, nie nachlassende Zentrifugal-Kraft[1] der bürgerlichen Gesell-
25 schaft, wodurch die andre ihr ewig entgegenstrebende Zentrifugal-Kraft derselben, nämlich die Idee des Rechtes, erst wirksam wird." (Adam Müller, Elemente der Staatskunst, siebente Vorlesung)
Während der Prinz ursprünglich eine Freiheit forderte,
30 die der Freiheit anderer Menschen Rechnung zu tragen verfehlte, ist er sich jetzt der Gegenfreiheiten bewusst geworden, und damit ist aus dem maßlosen Menschen, der keine Rücksicht auf andere kennt, der maßvolle Mensch geworden, der, ohne seine Individualität
35 einzubüßen, fähig ist, als Mitglied einer Gemeinschaft zu leben. Der Weg seiner Läuterung geht also von einem staatsfeindlichen Individualismus – nicht zu sklavischer Unterwerfung unter das Gesetz, sondern zu jener Synthese von Freiheit und Gesetz, die Müller
40 mit dem Ausdruck der Idee der Freiheit bezeichnet.
Das Beispiel des Prinzen, der das höchste Ziel erreicht hat, macht es der Staatsgewalt möglich, auch ihrerseits den letzten Schritt zu vollziehen, den Übergang von dem Begriff des Rechts zur Idee des Rechts. Damit
45 wird eine neue Bewertung der Tat des Prinzen notwendig: „Jeder Richterspruch soll nicht bloße Dezi-

sion[2], sondern auch Vergleich sein; das Ganze, oder die allgemeine Rechts-Idee, und das Einzelne, oder das besondre Recht, sollen in dem Urteile mit einander versöhnt werden." (Elemente der Staatskunst, 50 sechste Vorlesung)
War der Kurfürst zuvor der strenge Richter gewesen, so wird er jetzt zum gütigen Mittler, der den Gegensatz zwischen Freiheit und Gesetz, zwischen Individuum und Gemeinschaft ausgleicht. Und indem er 55 diese Rolle übernimmt, wandelt sich sein Staat: Aus dem Rechtsstaat wird der von Adam Müller geforderte Patriarchalstaat,[3] in dem nicht die Begriffe, sondern die miteinander harmonisierenden Ideen von Recht und Freiheit regieren [...] Mit dieser Wandlung 60 des Staates ist die Begnadigung des Prinzen zur Notwendigkeit geworden; wenn sie der Dichter nicht sofort in V. 7 eintreten lässt, so ist ein technischer Grund dafür verantwortlich: Die letzte Szene des Dramas ist vielleicht in stärkerem Umfang kriegerisch, 65 als uns lieb ist: „In Staub mit allen Feinden Brandenburgs!", doch wir dürfen nicht vergessen, dass es in der Zeit der Napoleonischen Fremdherrschaft geschrieben wurde. Wie eng auch hier der Zusammenhang mit Adam Müller ist, zeigt folgendes Zitat: 70
„Die Idee der Freiheit, das ist der kriegerische Geist, der den Staat bis in seinen letzten Nerven durchdringt, das ist das Eisen, welches in jedem seiner Blutstropfen fließen soll; dadurch, dass jeder Einzelne durch und durch seine Eigenheit verteidigt und be- 75 waffnet, lernt er die wahren lebendigen wachsenden Schranken kennen, die seiner Wirksamkeit angewiesen sind, und jenseits dieser Schranken, den eben so freien streitlustigen gewaffneten Nachbar achten, lieben und ihm vertrauen. Der Staat ist Tempel der Ge- 80 rechtigkeit, und eine Burg zugleich templum in modum arcis. (Elemente der Staatskunst, Ende der siebenten Vorlesung).

Aus: Hans M. Wolff: Heinrich von Kleist. Bern: Francke 1954

■ *Fassen Sie mit Ihren eigenen Worten zusammen, was Wolff mit der Synthese zwischen Recht und Freiheit meint.*

■ *Worin besteht laut Wolff der Unterschied zwischen Rechtsstaat und Patriarchalstaat? Teilen Sie seine Meinung?*

---

[1] Zentrifugalkraft: Fliehkraft, Bezeichnung für eine Trägheitskraft, die bei der Drehbewegung auftritt

[2] Dezision: (lat.) Entscheidung

[3] Patriarchalstaat: Herrschaftsform, die durch die Vorherrschaft von Männern gekennzeichnet ist. Patriarch: (griech.) Stammesführer, Führer des Vaterlandes; der Vater

Friedrich Kayssler: Die Verantwortung für das Ganze

Als ich den Homburg spielte, glaubte ich, nach liebevoller inbrünstiger Arbeit, ohne Überheblichkeit, ich wäre dem Stück ein wenig auf den Grund gekommen. Aber als ich zweieinhalb Jahrzehnte später an den
5 Kurfürsten kam, da sah ich, dass das, was ich damals für den Horizont dieses Dramas gehalten hatte, noch lange nicht sein Horizont war. Es war mir, als sähe ich das Ganze in einem ganz neuen Lichte. Die Atmosphäre diese Spiels schien sich jetzt erst zu einer dich-
10 terischen und menschlichen Weite und Höhe zu wölben, die mir früher, obwohl ich schon damals ein reiferer Mensch gewesen, nicht im Entferntesten aufgegangen war. Ich ging wie in etwas göttlich Erhabenes hinein, sobald ich mich damit beschäftigte,
15 und ich fühlte eine Ehrfurcht, wie ich sie Kleist gegenüber noch nicht gekannt hatte.
Trotz Kriegslärm und scheinbarem Menschengewühl, trotz stärkster Gefühlsentladungen ist das Ganze im Grunde ein stiller und in sich gekehrter Vorgang, ein
20 fast wortloses Ringen weniger Menschen untereinander um des anderen höheres Selbst; wortlos deshalb, weil die Worte, die nach außen gesprochen werden, den letzten Kern, um den dieses Ringen geht, das Allereigentlichste, Innerste nicht berühren. Jeder die-
25 ser Menschen kämpft bis zuletzt fast stumm und einsam für sich. Was sie verbindet, ist allein ihr unausgesprochener Glaube aneinander. Für einen unwis-

senden Zuhörer, der das Stück nicht kennt, scheint es zunächst um den Buchstaben des Gesetzes zu ge-
30 hen. Ein souveräner Fürst wacht mit Strenge über diesem Gesetz und führt dann mit weiser Überlegung alles zum guten Ende. So sieht es der ganz Unwissende, zunächst. Aber wie weit fort von dem Buchstaben wird auch der Unwissendste durch das unfehl-
35 bare Gefühl des Dichters am Ende geführt! Er begreift mit einem Male, dass hinter dem Buchstaben, der diese Menschen aufwühlt und erschüttert, jener höchste Sinn, um den alles irdische Leben der Menschen geht: dass jeder einzelne an der Verantwortung
40 mitträgt für das Ganze. Erst wenn er dies aus freudigem Herzen bejaht, ist die Harmonie wiederhergestellt, kann die Erlösung geschehen. Es ist das hohe Lied des Vertrauens, das wir erleben.
Wenn je der heilige Zweck des dramatischen Geschehens erfüllt wurde, so geschieht es hier; der Zweck
45 der Erziehung des Menschen zu seinem höheren Selbst. Wie in einer erhabenen Schule sitzen wir, wenn wir dieses Drama lesen oder ihm zuhören. Wir sitzen und lernen an der leibhaftigen Anschauung seelischen Wachstums, indem wir Zeuge sind, wie
50 Menschen einander vertrauen können, wie unerschütterlich ihr Gefühl zu bauen vermag auf das höchste Gut im andern. Es ist eine Schule, der wir beiwohnen, aber es wird nicht doziert.

Aus: Friedrich Kayssler: Gedanken zum Prinz von Homburg. Jahrb. d. Kleist-Ges. 1933/37

■ *Fassen Sie die Hauptgedanken des Textes zusammen.*

■ *Recherchieren Sie weitere Informationen zum Schauspieler Friedrich Kayssler im Internet.*

Friedrich Kayssler, geboren am 7. April 1874, war Theater- und Filmschauspieler, der 1907 erste Erfolge in der Rolle des Prinzen von Homburg unter der Regie von Max Reinhardt feierte. Im Jahre 1918 wurde Kayssler Theaterdirektor der Berliner Volksbühne.

Gesetz über die Rechtsstellung der Soldaten (Auszug)

Erster Abschnitt, 2. Pflichten und Rechte der Soldaten:

§ 6   Staatsbürgerliche Rechte des Soldaten
Der Soldat hat die gleichen staatsbürgerlichen Rechte wie jeder andere Staatsbürger. Seine Rechte werden im Rahmen der Erfordernisse des militärischen Dienstes durch seine gesetzlich begründeten Pflichten beschränkt.

§ 7   Grundpflicht des Soldaten
Der Soldat hat die Pflicht, der Bundesrepublik Deutschland treu zu dienen und das Recht und die Freiheit des deutschen Volkes tapfer zu verteidigen.

§ 8   Eintreten für die demokratische Grundordnung
Der Soldat muss die freiheitliche demokratische Grundordnung im Sinne des Grundgesetzes anerkennen und durch sein gesamtes Verhalten für ihre Erhaltung eintreten.

[...]

§ 10 Pflichten des Vorgesetzten
(1) Der Vorgesetzte soll in seiner Haltung und Pflichterfüllung ein Beispiel geben.
(2) Er hat die Pflicht zur Dienstaufsicht und ist für die Disziplin seiner Untergebenen verantwortlich.
(3) Er hat für seine Untergebenen zu sorgen.
(4) Er darf Befehle nur zu dienstlichen Zwecken und nur unter Beachtung der Regeln des Völkerrechts, der Gesetze und der Dienstvorschriften erteilen.
(5) Er trägt für seine Befehle die Verantwortung. Befehle hat er in der den Umständen angemessenen Weise durchzusetzen.
(6) Offiziere und Unteroffiziere haben innerhalb und außerhalb des Dienstes bei ihren Äußerungen die Zurückhaltung zu wahren, die erforderlich ist, um das Vertrauen als Vorgesetzte zu erhalten.

§ 11 Gehorsam
(1) Der Soldat muss seinen Vorgesetzten gehorchen. Er hat ihre Befehle nach besten Kräften vollständig, gewissenhaft und unverzüglich auszuführen. Ungehorsam liegt nicht vor, wenn ein Befehl nicht befolgt wird, der die Menschenwürde verletzt oder der nicht zu dienstlichen Zwecken erteilt worden ist; die irrige Annahme, es handele sich um einen solchen Befehl, befreit den Soldaten nur dann von der Verantwortung, wenn er den Irrtum nicht vermeiden konnte und ihm nach den ihm bekannten Umständen nicht zuzumuten war, sich mit Rechtsbehelfen gegen den Befehl zu wehren.
(2) Ein Befehl darf nicht befolgt werden, wenn dadurch eine Straftat begangen würde. Befolgt der Untergebene den Befehl trotzdem, so trifft ihn eine Schuld nur, wenn er erkennt oder wenn es nach den ihm bekannten Umständen offensichtlich ist, dass dadurch eine Straftat begangen wird.

§ 12 Kameradschaft
Der Zusammenhalt der Bundeswehr beruht wesentlich auf Kameradschaft. Sie verpflichtet alle Soldaten, die Würde, die Ehre und die Rechte des Kameraden zu achten und ihm in Not und Gefahr beizustehen. Das schließt gegenseitige Anerkennung, Rücksicht und Achtung fremder Anschauungen ein.

§ 13 Wahrheit
(1) Der Soldat muss in dienstlichen Angelegenheiten die Wahrheit sagen.
(2) Eine Meldung darf nur gefordert werden, wenn der Dienst dies rechtfertigt.

Aus: http://bundesrecht.juris.de/sg/BJNR001140956.html

■ *Wo erkennen Sie Unterschiede zwischen heutiger Rechtslage von Soldaten im Vergleich zum Drama?*

■ *Auf welche der vorliegenden Gesetze hätte sich der Prinz von Homburg berufen können, oder wäre er selbst nach heutiger Gesetzeslage für schuldig befunden worden?*

Flugblatt VI der Weißen Rose

Kommilitoninnen! Kommilitonen!
Erschüttert steht unser Volk vor dem Untergang der Männer von Stalingrad. Dreihundertdreißigtausend deutsche Männer hat die geniale Strategie des Weltkriegsgefreiten sinn- und verantwortungslos in Tod und Verderben gehetzt. Führer, wir danken dir! Es gärt im
5 deutschen Volk: Wollen wir weiter einem Dilettanten das Schicksal unserer Armeen anvertrauen? Wollen wir den niedrigsten Machtinstinkten einer Parteiclique den Rest unserer deutschen Jugend opfern? Nimmermehr! Der Tag der Abrechnung ist gekommen, der Abrech-
10 nung der deutschen Jugend mit der verabscheuungswürdigsten Tyrannis, die unser Volk je erduldet hat. Im Namen des ganzen deutschen Volkes fordern wir vom Staat Adolf Hitlers die persönliche Freiheit, das kostbarste Gut der Deutschen zurück, um das er uns
15 in der erbärmlichsten Weise betrogen hat.

In einem Staat rücksichtsloser Knebelung jeder freien Meinungsäußerung sind wir aufgewachsen. HJ, SA und SS haben uns in den fruchtbarsten Bildungsjahren unseres Lebens zu uniformieren, zu revolutionie-
20 ren, zu narkotisieren versucht. „Weltanschauliche Schulung" hieß die verächtliche Methode, das aufkeimende Selbstdenken und Selbstwerten in einem Nebel leerer Phrasen zu ersticken. Eine Führerauslese, wie sie teuflischer und zugleich borniierter nicht ge-
25 dacht werden kann, zieht ihre künftigen Parteibonzen auf Ordensburgen zu gottlosen, schamlosen und gewissenlosen Ausbeutern und Mordbuben heran, zur blinden, stupiden Führergefolgschaft.

Wir „Arbeiter des Geistes" wären gerade recht, dieser
30 neuen Herrenschicht den Knüppel zu machen. Frontkämpfer werden von Studentenführern und Gauleiteraspiranten[1] wie Schulbuben gemaßregelt, Gauleiter greifen mit geilen Späßen den Studentinnen an die Ehre. Deutsche Studentinnen haben an der
35 Münchner Hochschule auf die Besudelung ihrer Ehre eine würdige Antwort gegeben, deutsche Studenten haben sich für ihre Kameradinnen eingesetzt und standgehalten. Das ist ein Anfang zur Erkämpfung unserer freien Selbstbestimmung, ohne die geistige
40 Werte nicht geschaffen werden können. Unser Dank gilt den tapferen Kameradinnen und Kameraden, die mit leuchtendem Beispiel vorangegangen sind! Es gibt für uns nur eine Parole: Kampf gegen die Partei! Heraus aus den Parteigliederungen, in denen man uns politisch weiter mundtot halten will! Heraus aus den 45 Hörsälen der SS-Unter- und -Oberführer und Parteikriecher! Es geht uns um wahre Wissenschaft und echte Geistesfreiheit! Kein Drohmittel kann uns schrecken, auch nicht die Schließung unserer Hochschulen. Es gilt den Kampf jedes Einzelnen von uns um unsere 50 Zukunft, unsere Freiheit und Ehre in einem seiner sittlichen Verantwortung bewussten Staatswesen.

Freiheit und Ehre! Zehn lange Jahre haben Hitler und seine Genossen die beiden herrlichen deutschen Worte bis zum Ekel ausgequetscht, abgedroschen, verdreht, 55 wie es nur Dilettanten vermögen, die die höchsten Werte einer Nation vor die Säue werfen. Was ihnen Freiheit und Ehre gilt, das haben sie in zehn Jahren der Zerstörung aller materiellen und geistigen Freiheit, aller sittlichen Substanz im deutschen Volk genugsam 60 gezeigt. Auch dem dümmsten Deutschen hat das furchtbare Blutbad die Augen geöffnet, das sie im Namen von Freiheit und Ehre der deutschen Nation in ganz Europa angerichtet haben und täglich neu anrichten. Der deutsche Name bleibt für immer geschän- 65 det, wenn nicht die deutsche Jugend endlich aufsteht, rächt und sühnt zugleich, ihre Peiniger zerschmettert und ein neues geistiges Europa aufrichtet.

Studentinnen! Studenten! Auf uns sieht das deutsche Volk! Von uns erwartet es, wie 1813 die Brechung des 70 Napoleonischen, so 1943 die Brechung des nationalsozialistischen Terrors aus der Macht des Geistes. Beresina und Stalingrad flammen im Osten auf, die Toten von Stalingrad beschwören uns!

„Frisch auf mein Volk, die Flammenzeichen rauchen!" 75 Unser Volk steht im Aufbruch gegen die Verknechtung Europas durch den Nationalsozialismus, im neuen gläubigen Durchbruch von Freiheit und Ehre!

Quelle: Internetseite der Bundeszentrale für politische Bildung; www.bpb.de/themen/JOELCK,0,0,flugblatt_VI.html

---

[1] Gauleiteraspirant: Kandidaten für die Leitung eines Gaus. Die NSDAP teilte Deutschland in 43 Bezirke, die Gaue genannt wurden (angelehnt an einen Begriff aus der deutschen Frühgeschichte). Diese entsprachen den damaligen Reichstagswahlkreisen. Aspirant: (lat.) aspirare, anhauchen, hinstreben.

■ *Was meinen die Verfasser des Flugblattes mit ihrer Forderung nach einem „seiner sittlichen Verantwortung bewussten Staatswesen"?*

■ *Welche zentralen Begriffe aus dem Kleist-Drama finden sich hier wieder? Sind diese gleichbedeutend oder worin besteht ihr Unterschied?*

■ *Wie beurteilen Sie die Situation: Wann ist der Widerstand gegen geltendes Gesetz richtig oder falsch?*

■ *Worin besteht hier der Unterschied zum Regelverstoß des Prinzen?*

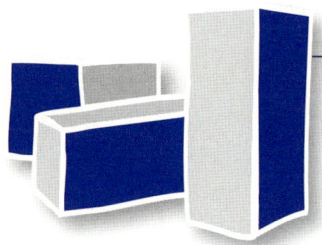

Hintergrundwissen

Ziel dieses Bausteins ist es, den Schülerinnen und Schülern Hintergründe über das Leben und Wirken Heinrich von Kleists zu vermitteln und ihnen historische und kulturelle Bedingungen der Entstehungszeit seiner Werke nahezubringen. Hierbei ist jedoch zu berücksichtigen, dass es im Rahmen des Deutschunterrichts nur darum gehen kann, die geschichtlichen, sozialen und politischen Hintergründe grob und selektiv zu skizzieren – jeder Versuch einer differenzierteren Darstellung würde den Rahmen zwangsläufig sprengen. Die einzelnen Erarbeitungsschritte sind so konzipiert, dass sie weder vollständig noch in der dargebotenen Reihenfolge behandelt werden müssen. Folgende Erarbeitungsschritte stehen im Zentrum:

- Heinrich von Kleist
- Historische Hintergründe des Dramas
- Kleists Zeit und ihre soziale und politisch-historische Situation

2.1 Heinrich von Kleist

In dieser Erarbeitungsphase sollen die Schülerinnen und Schüler die wichtigsten Daten und Fakten zum Leben Heinrich von Kleists kennenlernen sowie Einblick in einzelne seiner Werke gewinnen. Hierzu bieten sich als erster Einstieg Klaus-Michael Bogdals Lexikonartikel und eine Übersicht über die wichtigsten Stationen aus dem Leben und Werk Kleists an, die sich beide im Anhang der Textausgabe auf den Seiten 98–103 befinden.

Laut Taufregister wird Kleist am 18. Oktober 1777 in Frankfurt/Oder geboren. Nach dem Tod seines Vaters wird er 1788 in einer Pension erzogen. Mit 15 Jahren tritt er in den preußischen Militärdienst ein, den er 1799 jedoch wieder verlässt. In einem Brief an seinen Lehrer Martini, der in den Anlagen der Textausgabe auf Seite 123 f. nachzulesen ist, formuliert Kleist seine Abneigung gegen das Militär, das er „als ein lebendiges Monument der Tyrannei" empfindet. Nach seinem Studium (der Naturwissenschaften und der lateinischen Sprache) wird Kleist 1800 Volontär im Preußischen Wirtschaftsministerium. Seinen privaten Kant-Studien folgt bald die sogenannte „Kant-Krise". In einem Brief vom 5. Februar 1801 schreibt Kleist an seine Halbschwester Ulrike: „[...] weil man beständig und immer von neuem handeln soll und doch nicht weiß, was recht ist. Wissen kann unmöglich das Höchste sein – handeln ist besser als wissen." Dieser Brief ist auszugsweise als **Arbeitsblatt 6**, S. 48 beigefügt. Das Studium der „Kritik der Urteilskraft" von Kant, die die Vorstellungen der Aufklärung brüchig werden ließ, erschüttert Kleist. Nach seinem Eintritt in den preußischen Staatsdienst und einer Anstellung bei der Domänenkammer beendet er 1806 die Beamtenlaufbahn, wird ein Jahr später auf einer Reise von den Franzosen als Spion verhaftet und gerät 1807 in Gefangenschaft. Aus sicher vielschichtigen Beweggründen, die neben persönlichen und finanziellen Problemen wohl vor allem auch auf Kleists Kant-Exegesen beruhen, plant Kleist 1811 seinen Selbstmord. Gemeinsam mit Henriette Vogel begeht er diesen am 21.11.1811 am Kleinen Wannsee in Berlin. Der „Prinz Friedrich von Homburg" ist sein letztes Werk, dessen Uraufführung am 2. Oktober 1821 in Wien er nicht mehr erlebt.

Um die Eckdaten von Kleists Leben und erste Informationen zu seinem Werk kennenzulernen, sollten die Schülerinnen und Schüler zunächst den Lexikonartikel (Textausgabe, Seite 98–101) lesen:

> ■ *Lesen Sie in der Textausgabe den Lexikonartikel über Heinrich von Kleist (S. 98–101) und unterstreichen Sie wichtige Daten seines Lebens sowie Informationen über sein Werk.*

Das Unterrichtsgespräch, in dem die Lernenden ihre unterstrichenen Texte vorliegen haben, kann durch folgende Fragen angeregt werden:

> ■ *Welche Lebensdaten lassen Rückschlüsse auf das Entstehen des „Prinzen von Homburg" zu?*
>
> ■ *Wie wird Kleists Werk im Lexikonartikel beschrieben?*
>
> ■ *Welcher Epoche wird das literarische Schaffen Kleists zugeordnet?*
>
> ■ *Warum ist die Zuordnung nicht eindeutig?*
>
> ■ *Recherchieren Sie zu den Epochen Klassik und Romantik. Wodurch sind diese gekennzeichnet und inwiefern finden sich diese Merkmale bei Kleist wieder?*

Alternativ zu den Einzelarbeiten der Schülerinnen und Schüler ist auch die Vergabe von Kurz-Referaten über die literarischen Epochen von Klassik und Romantik denkbar, in denen deren inhaltliche Merkmale vorgestellt werden sollen. Siehe hierzu auch das **Zusatzmaterial 2**, S. 162 zu Klassik, Romantik und ihrem Übergang.

Karl Brinkmann[1] fasst Kleists Stellung zwischen den beiden Epochen prägnant zusammen: „Kleist steht zwischen den literarischen Strömungen von Klassik und Romantik, von beiden Richtungen beeinflusst, jedoch in Denken und Gestaltung durchaus ein Eigener, der letztlich nicht einzuordnen ist. Er ging von Schiller aus, schulte sich an seinem Vorbild, fand aber in Idee und sprachlicher Gestaltung einen anderen Weg. Trotz aller Eigenwilligkeit war er aber in seiner Zeit kein erratischer Block; seine Dichtung ist durch die Naturwissenschaft wie durch die politische Geschichte seiner Zeit mitgeprägt, und in seinem Werk findet sich die zeitgemäße Spannung von Rationalität und Irrationalität, von Gefühl und Bewusstsein. Im Gegensatz zu dem Drama des Idealismus gewinnt die Dimension des Unbewussten großen Raum in seiner Dichtung. Seit dem ‚Käthchen von Heilbronn' verzichtet Kleist auf die antiken Orakel und Prophetien und wendet sich, offensichtlich auch unter dem Eindruck von G. H. Schuberts Dresdner Vorlesung ‚Die Nachtseite der Naturwissenschaft', einer modern-romantischen Motivierung im Sinne von Magnetismus und Somnambulismus zu. [...] Auch dass Kleist die üblichen Mittel der romantisch-märchenhaften Ritterstücke in seinem ‚Käthchen' anwendet, rückt ihn motivisch in die Nähe romantischer Tendenzen. Dass er aber nicht dort einzuordnen ist, sondern ein Eigner ist, wird in Allemanns Urteil über ihn deutlich: ‚Kleist ist der Autor der einleuchtendsten Traum- und Trance-Szenen in der Geschichte des deutschen Dramas, aber sein Intellekt ist zu wach, als dass er sich träumerisch gleiten ließe.'"

Im Anschluss an die Referatsvorträge bittet die Lehrkraft die Schülerinnen und Schüler, die Unterschiede beider Epochen zu nennen, und notiert diese gegenüberstellend an die Tafel:

---

[1]   Karl Brinkmann: Erläuterungen zu Heinrich von Kleist: Prinz Friedrich von Homburg. Neu bearbeitet von Ingeborg Scholz. 2. Auflage. Hollfeld 1991, S. 76f.

Gegenüberstellung von Klassik und Romantik

Klassik strebt nach:	Romantik drängt nach:
Vollendung	Unendlichkeit
Ruhe	leidenschaftlicher Bewegtheit
fester Ordnung	Grenzenlosigkeit
Klarheit	Vieldeutigkeit
Maß	Maßlosigkeit, Universalpoesie
Objektivität	Subjektivität, Individualisierung
Typisierung	Freiheit
Gesetz	Regellosigkeit
Vernunft	Fantasie, Wunderbarem, Unbewusstem
gültiger, geschlossener Form	unfertiger Dichtungsform
sittlicher Willensstärke	Individualität
Ablehnung des Fantastischen, Unklaren	Vorliebe für das Übersinnliche, Traumhafte,
Gleichgewicht, Harmonie von Gefühl und Verstand	Sprengung der Grenzen von Verstand, Wissenschaft und Poesie

Weiterführende Informationen und mögliche Erarbeitungsschritte zu Kleists Stellung zwischen Klassik und Romantik finden sich in Baustein 3.

Kleists früher Eintritt in den preußischen Militärdienst und sein baldiger Austritt, dessen Gründe er in einem Brief an seinen alten Lehrer Martini formuliert, sind erste biografische Hinweise auf eine intensive Auseinandersetzung mit dem Militär, der preußischen Staatsführung und der Betonung selbstverantwortlichen Handelns des Einzelnen, wie sie sich später auch im „Prinzen von Homburg" manifestieren wird. Es bietet sich an, diesen Brief (Textausgabe, S. 123 f.) gemeinsam mit den Schülerinnen und Schülern durchzuarbeiten. Folgende Aufgabenstellung ist möglich:

■ *Lesen Sie Kleists Brief an seinen Lehrer Martini (Textausgabe, S. 123 f.) und unterstreichen Sie seine Beweggründe, den Soldatenstand abzulehnen. Welcher Grundkonflikt veranlasste Kleist, aus dem Militär auszutreten?*

Die gefundenen Beweggründe können stichpunktartig an der Tafel zusammengefasst werden:

Gründe für Kleists Austritt aus dem Militär

- dem Soldatenstand nie von Herzen zugetan
- sein Wesen passt nicht zum Soldatenstand
- verachtet militärische Disziplin
- in Offizieren sieht er Exerziermeister
- Soldaten hält er für Sklaven
- das Regiment ist ein lebendiges Monument der Tyrannei
- Soldatenstand wirkt sich negativ auf seinen Charakter aus
- war gezwungen zu strafen, wo er gern verziehen hätte, und verzieh, wo er hätte strafen sollen
- zwei entgegengesetzte Prinzipien martern ihn: Soll er als Mensch oder als Offizier handeln?
- moralische Ausbildung als eine seiner heiligsten Pflichten empfunden, aus Abneigung entsteht in der Konsequenz der Wunsch, den Soldatenstand zu verlassen

→ **Die Vereinigung der Prinzipien „Mensch" und „Offizier" erscheint Kleist beim damaligen Stand des Militärs nicht möglich.**

Zur Vertiefung der Problematik des Soldatenstandes zur damaligen Zeit können den Lernenden in einem anschließenden Unterrichtsschritt das **Arbeitsblatt 10**, S. 56 sowie das **Arbeitsblatt 11**, S. 57 in Kopie vorgelegt werden. Eine Besprechung der darin geschilderten Umstände kann mit folgender Frage eingeleitet werden:

■ *Was für ein Soldaten-Bild ergibt sich aus den Beschreibungen von Marwitz über die Heeresreform und aus Gneisenaus Verordnungsentwürfen? Wie verhalten sich diese zu den Einschätzungen Kleists?*

Die Schülerinnen und Schüler werden Kleists Einschätzung des Heeres als ein „Monument der Tyrannei" in den Auslassungen von Marwitz und Gneisenau in aller Schärfe bestärkt sehen. Nicht der selbst- und mitdenkende Offizier und Soldat wurde gefördert, sondern ein Prinzip von Grausamkeit und blindem Gehorsam. Von moralischem Überbau oder gar einer moralischen Ausbildung war darin nichts zu finden.

An die Ergebnissicherung kann sich nun das Unterrichtsgespräch um aktuelle Bezüge anschließen, die den Lernenden einen Transfer des zuvor Ermittelten auf Heutiges ermöglichen. (Siehe hierzu auch das **Arbeitsblatt 4**, S. 34 über die Rechtsstellung der Soldaten sowie das **Zusatzmaterial 1**, S. 161 über die Probleme der Wehrpflicht und die situative Kriegsdienstverweigerung.) Es bietet sich folgende Einstiegsfrage an:

■ *Wie beurteilen Sie die derzeitige Situation: Haben sich heutzutage die Prinzipien von „Mensch" und „Offizier" vereint – anders als zu Kleists Zeit?*

Vermutlich wird sich an diese Frage eine Diskussion anschließen, in der die Schülerinnen und Schüler ihre Einschätzungen, Erfahrungen und Meinungen in den Unterricht einbringen. Diesbezüglich sollte grundsätzliche Offenheit hinsichtlich der eingebrachten Ansätze vorhanden sein, um den drängendsten Themen der Lernenden gerecht zu werden. (Hier sei insbesondere daran erinnert, dass sich die männlichen Lernenden in absehbarer Zeit für oder gegen den Wehrdienst werden entscheiden müssen.)

Um in der weiteren Unterrichtseinheit den Schülerinnen und Schülern einen Einblick in Kleists Schaffen zu ermöglichen, eignen sich Schüler-Referate über Werke unterschiedlicher literarischer Form, jedoch mit einer ähnlichen Thematik von Wahrheit und Täuschung, wie sie auch im Drama „Prinz Friedrich von Homburg" eine entscheidende Bedeutung hat. Die Themenanalogie in variierter Darbietungsform erweitert das literarische Verständnis der Lernenden. Es bieten sich Referate über folgende drei Texte an: das Lustspiel „Der zerbrochne Krug" (1803–1806), das die Thematik komödienhaft abwandelt, die Novelle „Michael Kohlhaas" (1808), in der Jenseitiges unerklärlich in das Diesseitige einwirkt, und der Essay „Über das Marionettentheater" (1810), der u. a. den trügerischen Schein der Wirklichkeit thematisiert. (Dieser für die gesamte Poetologie Kleists zentrale Essay findet sich in der Textausgabe auf Seite 110–119.) Die Schülerbeiträge, die aus didaktischen Gründen eher kurz ausfallen sollten, vermitteln den Mitlernenden durch Inhaltsangabe, Interpretation sowie eine literarische Einstufung weiterführende Informationen und Anregungen zur bislang erarbeiteten Thematik im „Prinzen von Homburg". Der Arbeitsauftrag kann folgendermaßen lauten:

■ *Ich bitte drei Schülerinnen und Schüler um das Anfertigen eines Kurz-Referates mit Inhaltsangabe, Interpretation und einer literarischen Einstufung zu folgenden Texten: dem Lustspiel „Der zerbrochne Krug", der Novelle „Michael Kohlhaas" und dem Essay „Über das Marionettentheater". Achten Sie hierbei vor allem auf den Aspekt von Wahrheit und Täuschung.*

Im Anschluss an die einzelnen Referatsvorträge und ihre Nachbesprechung sind folgende Fragen und Arbeitsaufträge sinnvoll, die sich ebenfalls als Hausarbeit eignen:

■ *Beschreiben Sie die Gemeinsamkeiten der Ihnen in den Referaten vorgestellten Werke Heinrich von Kleists.*

■ *Was könnten Gründe für Kleists literarische Variationen seines Themas von Wahrheit und Täuschung, Realität und Traum sein? Was sagt er in den Ihnen vorgestellten Werken bezüglich dieser Thematik aus? Resümieren Sie die Kernaussage. Beziehen Sie in Ihre Antworten auch Aspekte der literaturgeschichtlichen Epochen von Klassik und Romantik ein.*

Kant – Krise

Dem Referat über Kleists Essay „Über das Marionettentheater" (Textausgabe, S. 110–119) kann sinngemäß eine Unterrichtseinheit folgen, die sich mit einem ausgewählten Text Kants sowie mit Kleists Kant-Rezeption beschäftigt, aus der seine sogenannte „Kant-Krise" resultierte. In der Sekundärliteratur wird diese Krise häufig als ursächlich für seinen Selbstmord genannt, doch eine monokausale Begründung vernachlässigt Kleists Belastung durch berufliche, finanzielle und soziale Schwierigkeiten, die gleichfalls auslösende Faktoren für seinen Freitod gewesen sein können. Trotzdem: Die Erschütterung, die Kleist durch sein Kant-Studium erlitt, war grundsätzlich und existenziell. So schreibt er in einem Brief von 1801 an seine Verlobte Wilhelmine von Zenge: „Vor kurzem ward ich mit der neueren sogenannten Kantischen Philosophie bekannt – und Dir muss ich jetzt daraus einen Gedanken mitteilen, indem ich nicht fürchten darf, dass er Dich so tief, so schmerzhaft erschüttern wird, wie mich. [...] Wir können nicht entscheiden, ob das, was wir Wahrheit nennen, wahrhaftig Wahrheit ist, oder ob es uns nur so scheint. Ist das letzte, so *ist* die Wahrheit, die wir hier sammeln, nach dem Tode nicht mehr – und alles Bestreben, ein Eigentum sich zu erwerben, das uns auch in das Grab folgt, ist vergeblich – [...] war der einzige Gedanke, den meine Seele in diesem äußeren Tumulte mit glühender Angst bearbeitete, immer nur dieser: dein *einziges,* dein *höchstes* Ziel ist gesunken –" (Textausgabe, S. 120 f.)
Kleists höchstes Ziel von Wahrheit und Bildung geriet ins Wanken, er begann an den Möglichkeiten sicherer, objektivierbarer Erkenntnisse zu zweifeln. Zum Einstieg in diese Thematik

bietet es sich an, die Schülerinnen und Schüler mit dem **Arbeitsblatt 22, S. 128** vertraut zu machen, einem Kant-Text, der beschreibt, dass es nicht möglich ist, über die Grenze der Erfahrungen hinauszublicken. Was wir erkennen und erleben, ist abhängig von unseren Anschauungen. Somit ist auch eine wissenschaftliche Lehre von der Seele und von Gott als Inbegriff des Absoluten unmöglich. Das Arbeitsblatt sollte kopiert an die Lernenden mit folgendem Auftrag ausgeteilt werden:

■ *Lesen Sie aufmerksam den vorliegenden Textauszug Kants. Unterstreichen Sie wichtige Passagen, notieren Sie Fragen zum Verständnis und versuchen Sie, Kants Hauptthese in eigenen Worten wiederzugeben.*

Bei der Bearbeitung des Kant-Textes mit den Schülerinnen und Schülern (siehe hierzu weiterführend auch Baustein 5, insbesondere 5.2) sollte im Zentrum stehen, dass eine objektive Erkennbarkeit allgemeiner Wahrheit und Wirklichkeit nach Kant nicht möglich ist.

Die – sozusagen dem Bauplan der Menschen mitgegebenen – Möglichkeiten zur Erkenntnis bieten uns ein System, das intern, auf Grundlage seiner Möglichkeiten, erkennt und objektiviert, jedoch über die Grenzen seiner Erkennbarkeit hinaus keine Aussagen tätigen kann. Wir erkennen nicht das „Ding an sich", sondern nur dessen Erscheinung, also das „Ding für uns". In dem oben erwähnten Brief an Wilhelmine von Zenge beschreibt Kleist dies recht anschaulich: „Wenn alle Menschen statt der Augen grüne Gläser hätten, so würden sie urteilen müssen, die Gegenstände, welche sie dadurch erblicken, sind grün – und nie würden sie entscheiden können, ob ihr Auge ihnen die Dinge zeigt, wie sie sind, oder ob es nicht etwas zu ihnen hinzutut, was nicht ihnen, sondern dem Auge gehört. So ist es mit dem Verstande. Wir können nicht entscheiden, ob das, was wir Wahrheit nennen, wahrhaftig Wahrheit ist, oder ob es uns nur so scheint."

Es bietet sich an, diesen Brief (Textausgabe, S. 119–121) im Anschluss an die Erarbeitung der theoretischen Grundlagen aus dem Kant-Text gemeinsam mit den Schülerinnen und Schülern zu lesen und zu besprechen. Er verdeutlicht die grundsätzliche Verunsicherung, die die Kant-Lektüre bei Kleist auslöste. Nach dem lauten Vortrag des Briefes durch einen Lernenden schließen sich folgende Fragemöglichkeiten an:

■ *Was bezeichnet Kleist als sein einziges und höchstes Ziel?*

■ *Teilen Sie seine Auffassung?*

■ *Wieso haben diese Ziele keine Gültigkeit mehr für Kleist?*

■ *Fassen Sie die Erkenntnis, die Kleist durch die Lektüre Kants hatte, mit eigenen Worten zusammen.*

Das **Arbeitsblatt 6, S. 48**, ein Brief Kleists an seine Halbschwester Ulrike, verdeutlicht auf eindrückliche Weise Kleists Auseinandersetzung – auch und gerade in Hinblick auf seine literarische Arbeit – mit der Thematik von Wahrheit und Schein: „Wissen kann unmöglich das Höchste sein – handeln ist besser als wissen. Aber ein Talent bildet sich im Stillen, doch ein Charakter nur in dem Strome der Welt. Zwei ganz verschiedne Ziele sind es, zu denen zwei ganz verschiedne Wege führen. Kann man sie beide nicht vereinigen, welches soll man wählen?" Auch hier finden sich die für Kleists Denken und Fühlen typischen Dichotomien wieder, zwischen denen er sich geradezu aufreibt. Folgende Fragen sind im Anschluss an das Austeilen des kopierten Arbeitsblattes an die Lernenden möglich, die in Gruppenarbeit gelöst werden können:

■ *Lesen Sie den ausgeteilten Text, einen Brief Heinrich von Kleists an seine Halbschwester Ulrike, aufmerksam durch. Markieren Sie jene Stellen, die auf die besprochenen Auswirkungen seiner Kant-Lektüre hinweisen.*

■ *Was meint Kleist damit, wenn er schreibt: „Weil man beständig und immer von neuem eine Karte ziehen soll und doch nicht weiß, was Trumpf ist; ich meine darum, weil man beständig und immer von neuem handeln soll und doch nicht weiß, was recht ist. Wissen kann unmöglich das Höchste sein – handeln ist besser als wissen." Formulieren Sie den Inhalt in eigenen Worten.*

■ *Wie denken Sie über Kleists Aussage? Erkennen Sie in der Beschreibung ebenfalls ein grundsätzliches Problem?*

■ *Kennen Sie Beispiele aus Ihrem Denken und Ihrer Erfahrung, die die Problematik Kleists widerspiegeln?*

Es gibt weniges in der Welt, was mit Sicherheit auszusagen ist – diese Erfahrung werden die Schülerinnen und Schüler ansatzweise sicher auch schon in ihrem Leben gemacht haben. Worauf begründet sich Moral, wenn es keine sicheren Erkenntnisse gibt? Wie soll der Mensch handeln, wenn ihm „sichere" Unterscheidungen, wie zwischen Gut und Böse, genommen werden? Diese und ähnliche Fragen können sich in der Auseinandersetzung mit Kleists Kant-Lektüre und seinen daraus resultierenden seelischen wie intellektuellen Erschütterungen auch den Lernenden stellen.

Die Unterrichtseinheit kann nun mit Erläuterungen zum Selbstmord Kleists, den er gemeinsam mit seiner Freundin Henriette Vogel am 21. November 1811 am Kleinen Wannsee in Berlin beging, abgeschlossen werden. Der Freitod Kleists, unter anderem aus praktisch-moralischen und theoretisch philosophischen Beweggründen, die zuvor mit den Lernenden gemeinsam erörtert wurden, ist ein sensibles Thema, da die Schülerinnen und Schüler, noch in der Adoleszenz befindlich, hierfür besonders empfänglich sein können. Deshalb sollte auch auf die anderen möglichen Beweggründe Kleists für seinen Selbstmord ausdrücklich hingewiesen werden, zu denen neben einer allgemeinen suizidalen Neigung auch berufliche, soziale und finanzielle Nöte zählen.

Das **Arbeitsblatt 7**, S. 50 fasst auf unprätentiöse Weise den Ablauf dieses gemeinsam mit Henriette Vogel begangenen Freitods zusammen. Es kann den Lernenden in Kopie vorgelegt werden. (Siehe hierzu auch Kleists Abschiedsbrief an Sophie Müller im Anhang der Textausgabe, S. 127f.) Hinsichtlich des Arbeitsblattes können sich folgende Fragen anschließen, die einen Bogen zwischen den zuvor im Unterricht behandelten Inhalten und der Lebenswelt der Schülerinnen und Schüler schlagen:

■ *Können Sie die Beweggründe für den Freitod von Vogel und Kleist nachvollziehen?*

■ *Ist Ihrer Ansicht nach ein Selbstmord ethisch vertretbar?*

2.2 Die historischen Hintergründe des Dramas

Diese Unterrichtseinheit soll den Schülerinnen und Schülern Quellen und geschichtliche Hintergründe des Dramas nahebringen, dessen Handlung Kleist in die Zeit der Fehrbelliner Schlacht im Jahre 1675 ansiedelte. Die beiden Hauptfiguren seines Stücks, Kurfürst und Prinz, basieren auf realen Personen: dem Großen Kurfürsten Friedrich Wilhelm und dem Prinzen Friedrich von Hessen-Homburg. Zu Beginn sollen die Lernenden einen Überblick über die Schlacht bei Fehrbellin erhalten, mit der Brandenburg-Preußens Aufstieg begann. Die allgemeine politische Situation dieser Zeit soll ebenso verdeutlicht werden wie die Differenzen zwischen Kleist'scher Fiktion und historischer Realität.

Zur Einführung in die Unterrichtseinheit eignet sich das **Arbeitsblatt 8**, S. 51 zum Landgrafen Friedrich von Homburg und zu seiner Insubordination. Ebenso können drei weitere Texte hinzugezogen werden, die sich in der Textausgabe befinden: der Lexikonartikel über den Großen Kurfürsten (S. 134 f.), die Zeittafel über den Prinzen von Hessen-Homburg (S. 136–142) und die Beschreibung der Fehrbelliner Schlacht (S. 144–149). Das Arbeitsblatt kann in kopierter Form an die Lernenden ausgehändigt und in Gruppenarbeit gelesen werden:

> ■ *Bilden Sie Arbeitsgruppen, die nicht mehr als vier Schülerinnen und Schüler umfassen, und lesen Sie aufmerksam den vorliegenden Text. Fassen Sie die Unterschiede zwischen den realen historischen Ereignissen und ihrer Darstellung im Drama „Prinz Friedrich von Homburg" zusammen.*

Die Ergebnisse der Gruppenarbeit können anschließend im Klassenverband besprochen und stichpunktartig an der Tafel in Form einer Gegenüberstellung zusammengefasst werden:

Unterschied zwischen Realität und Fiktion

Realität	Fiktion
Landgraf von Homburgs silbernes Kunstbein	Prinz von Homburg zwei gesunde Beine
heiratet Margarete von Brahe, später Prinzessin Louise Elisabeth von Kurland	will Prinzessin Natalie von Oranien heiraten
kein vorgefasster Schlachtplan des Fürsten	Fürst erteilt Schlachtplan
Homburg erfolgreich in Schlacht, keine übereilten Taten	Homburg missachtet Order, entscheidet impulsiv
keine Insubordination des Landgrafen	Insubordination des Prinzen
kein Konflikt zwischen Kurfürst und Fürst	Konflikt zwischen Kurfürst und Prinz

Nach der Ergebnissicherung sollen die Schülerinnen und Schüler nun den kolportierten, historisch falschen Ablauf der Ereignisse mit ihrer Darstellung im „Prinzen von Homburg" vergleichen:

> ■ *Vergleichen Sie den kolportierten Ablauf der Schlacht und der Insubordination des Prinzen mit der Darstellung im Drama. Worin bestehen die Unterschiede zur realen historischen Situation? Welche Legenden hat Kleist in sein Drama übernommen?*

Die Lernenden werden zu folgenden Ergebnissen gelangen:

1. Landgraf von Homburg habe in seiner überschäumenden Kühnheit in die Schlachthandlung eingegriffen, entgegen dem kurfürstlichen Befehl. – Diese Legende übernahm Kleist.
2. Der Kurfürst erteilt Homburg Gnade, weil er den Glanz des Kriegsgewinnes nicht durch das Blutvergießen des Fürsten beflecken wolle, der Hauptwerkzeug seines Sieges gewesen sei. – Diese Legende übernahm Kleist nicht.
3. Stallmeister Froben habe mit dem Kurfürsten das Pferd getauscht, um diesen vor Beschuss zu schützen. – Diese Legende übernahm Kleist.

Eine darüber hinausgehende Rechercheaufgabe könnte so lauten:

■ *Recherchieren Sie zu den historischen Vorlagen der Figuren von Prinz und Kurfürst – dem Landgrafen Friedrich von Hessen-Homburg und dem Großen Kurfürsten Friedrich Wilhelm – und fassen Sie Ihre Ergebnisse zusammen.*

Das Vorbild für Kleists Figur des Prinzen von Homburg war keineswegs ein jugendlicher Held, sondern ein 43-jähriger Mann, der – anders als die Fiktion – durch die Schlacht bei Fehrbellin 1675 zu Kriegsruhm gelangte, da er entscheidend zum Sieg beigetragen hatte. Kleist orientierte sich also nicht an den historischen Fakten. Grundlage waren vielmehr die „Brandenburgischen Denkwürdigkeiten Friedrichs II.", die Memoiren des Kurfürsten, die zur Legendenbildung über den Landgrafen von Homburg und seine Insubordination beitrugen. Napoleons Eindringen in Europa hatte Kleists Verhältnis zum Staat in ein patriotisches verändert. In Artikeln wie in seinen Werken ruft er nun zu politischen Taten auf: Dies belegt auch ein Brief an seinen Verleger: „Wollen Sie ein Drama von mir drucken, ein vaterländisches (in mancherlei Beziehungen) namens ‚Der Prinz von Homburg', das ich jetzt eben anfange abzuschreiben?"[1] Das Drama „Prinz Friedrich von Homburg", vorverlegt in die Zeit von 1675, ist letztlich eine Stellungnahme Kleists zu Napoleons Eindringen in Europa und als Kritik und Aufforderung an den taktierenden preußischen König Friedrich Wilhelm III. zu verstehen. Um den Schülerinnen und Schülern diesen Zusammenhang zu verdeutlichen, sollte das **Arbeitsblatt 9**, S. 53 herangezogen werden, in dem Manfred Schunicht den historischen Kontext beschreibt. Hierzu ist folgender Arbeitsauftrag denkbar:

■ *Lesen Sie den vorliegenden Text von Manfred Schunicht aufmerksam durch. Markieren Sie die darin beschriebenen Haltungen Kleists und König Wilhelms III. über den politischen Umgang mit Napoleon. Geben Sie die Unterschiede beider Haltungen mit eigenen Worten wieder.*

Um die Lernenden für die möglichen Gründe Kleists zu sensibilisieren, dass er sein Drama im 17. Jahrhundert platziert hat, obwohl er letztlich Kritik an der preußischen Politik und deren zögerlichem Verhalten im Umgang mit Napoleon ausübt, der Preußen am 14. Oktober 1806 in der Schlacht bei Jena und Auerstedt entscheidend besiegte, kann folgende Frage gestellt werden:

■ *Was könnten mögliche Gründe dafür sein, dass Kleist sein Drama von Homburg im 17. Jahrhundert statt in seiner Zeit um 1800 spielen lässt?*

Für ein tieferes Verständnis der historischen Hintergründe, die Kleist entscheidend bei der Entstehung des „Prinzen von Homburg" beeinflussten, eignen sich Schülerreferate, die sich mit der Zeit um 1675 sowie mit dem Verhältnis zwischen dem napoleonischen Frankreich und Preußen zur Zeit König Wilhelms III. auseinandersetzen. Die Lehrkraft kann die Referatsaufträge wie folgt erteilen:

■ *Ich bitte zwei Schülerinnen bzw. Schüler um das Anfertigen eines Referats: Ein Referat soll sich mit den historischen Hintergründen der Zeit um 1675 befassen, das andere soll die politische und historische Situation Preußens um 1800, also zur Zeit Napoleons, referieren.*

Im Anschluss an die Referatsvorträge und ihrer Nachbesprechung kann die Frage nach den möglichen Gründen Kleists, sein Drama in der Zeit der Fehrbelliner Schlacht anzusiedeln,

---

[1]   Heinrich von Kleist: Sämtliche Werke und Briefe. Band 2. München 1987, S. 871

auf Basis der neuen Informationen für die Schülerinnen und Schüler erneut gestellt werden:

■ *Sie haben nun Kenntnis von den historischen Hintergründen der Zeit um die Fehrbelliner Schlacht sowie über die Zeit Preußens/Napoleons erhalten. Wie stellen sich Ihnen nun die möglichen Gründe dar, die Kleist dazu veranlassten, sein Drama im 17. Jahrhundert spielen zu lassen?*

■ *Was wollte Kleist mit seinem Homburg-Stück hinsichtlich der aktuellen politischen Situation erreichen?*

■ *Welche anderen deutschen Autoren fallen Ihnen ein, die sich in ihren Werken ebenfalls mit politischen Themen (Deutschlands) auseinandergesetzt haben oder auseinandersetzen?*

Hier könnten beispielsweise Autoren wie Heine, Brecht, Böll oder Grass genannt werden. Mit der nachfolgenden Frage soll eine Diskussion zwischen den Schülerinnen und Schülern angeregt werden, die sich mit der Aufgabe von Literatur und Kunst im Allgemeinen auseinandersetzt. Kann Kunst eine Art Anleitung zum (politischen) Handeln darstellen oder sprengt sie damit die Grenzen ihrer Aufgabe? Was ist überhaupt die Aufgabe der Kunst? Diese und ähnliche Fragen ließen sich im Zusammenhang mit der nachfolgenden Aufgabe stellen:

■ *Wie beurteilen Sie den Sachverhalt, dass sich Kunst bzw. Literatur mit Politik auseinandersetzt? Was spricht Ihrer Meinung nach dafür, was möglicherweise dagegen?*

2.3 Kleists Zeit und ihre soziale und politisch-historische Situation

In dieser Unterrichtseinheit sollen sich die Schülerinnen und Schüler mit den historischen Hintergründen, die Kleists Erfahrungs- und Erlebnishorizont prägen und sich in seinen Werken niederschlagen, auseinandersetzen. Kleists Zeitalter wird durch den Geist der Aufklärung bestimmt. Althergebrachte Traditionen und Normen wurden einer kritischen Prüfung unterzogen; die bisherige Herrschafts- und Gesellschaftsordnung demokratisierte sich. Es ist die Blütezeit eines Bildungsideals, das sich auf Objektivität, Begründbarkeit, Widerspruchsfreiheit und Logik gründet – stark beeinflusst von der Philosophie Immanuel Kants und den politischen und sozialen Auswirkungen der Französischen Revolution sowie den kriegerischen Auseinandersetzungen in Europa durch Napoleon. Kunst und Literatur erhalten die Funktion, politisches Bewusstsein zu bilden. Kleists Kritik an Preußen – vor allem an der politischen Haltung König Wilhelms III. – wird in Aufsätzen und seinem literarischen Schaffen deutlich: Kleist wünscht sich ein aufgeklärtes, vaterländisches und reformiertes Preußen, das Napoleon zu trotzen versteht. Der bewegte Epochenumbruch vom 18. in das 19. Jahrhundert mit dem vorherrschenden Geist der Aufklärung wird jedoch auch von Gegenströmungen beeinflusst, die sich im Spannungsfeld zwischen Klassik und Romantik ausdrücken: Eine zunehmend konservative Haltung entfaltet sich, eine Angst vor Fortschritt und Veränderung. Der Wunsch nach der Wiederherstellung einer souveränen Herrschaft, der Bildung eines Nationalstaates nach Vorbild des Mittelalters soll von den französischen Einflüssen, die durch die napoleonischen Kriege bedingt sind, befreien. Die ablehnende Haltung gegenüber den Naturwissenschaften gewinnt mehr und mehr an Einfluss. Kunst und Literatur sollen kein besseres Weltverständnis mehr ermöglichen, sondern zu einem intensiveren Erleben führen.

Auch die Philosophie des Idealismus wendet sich dieser Strömung zu und beschäftigt sich vorrangig mit Spekulationen über die Natur und den universellen Geist.

Um einen Überblick über den Kontext von Kleists Zeit zu ermöglichen, bietet es sich an, das **Arbeitsblatt 9**, S. 53 an die Lernenden auszuteilen und folgenden Arbeitsauftrag anzuschließen:

■ *Lesen Sie den vorliegenden Text von Manfred Schunicht aufmerksam durch. Markieren Sie die darin beschriebenen Haltungen Kleists und König Wilhelms III. über den politischen Umgang mit Napoleon. Geben Sie die Unterschiede beider Haltungen mit eigenen Worten wieder.*

Die Schülerinnen und Schüler können dem Text folgende unterschiedliche Haltungen von Kleist und Wilhelm III. entnehmen:

- Während König Friedrich Wilhelm III. zögerlich versuchte, den Bruch mit Napoleon (und damit einen Krieg) zu vermeiden, fragt sich Kleist, warum der König nicht seine Stände zusammenrief, da es nicht nur um einen Krieg, sondern um Sein oder Nichtsein ginge. Kleist versteht nicht, warum sich niemand findet, der Napoleon vernichtet. Doch Wilhelm III. will im Falle eines Krieges zwischen Österreich und Frankreich, dass die Ruhe und Ordnung im Lande erhalten bleibt und im Volk kein Kriegseifer gegen Napoleon ausbricht.

- Kleist hingegen steht auf Seiten der Reformer wie von Stein, Hardenberg, Humboldt, Scharnhorst, Gneisenau und Clausewitz. In Königin Louise sieht er den Kristallisationspunkt dieser neuen Bewegung, die u. a. auf eine Heeresreform abzielt. Diese lehnt der König ab, Kleist hingegen sieht darin die alleinige Rettung Preußens. Wilhelm III. interpretiert die reformierenden Kräfte als rein anarchistische Tendenzen. Er will seine Rechte als Souverän gewahrt sehen. Nur ihm gezieme es, zu entscheiden – Eigenmächtigkeiten seiner Offiziere will er nicht dulden.

- Kleist sieht in der Beteiligung der Bürger ein Mittel, Preußen in einen zu erneuernden Kampf gegen Napoleon zu zwingen. Vorbild ist ihm der Volksaufstand in Tirol und Spanien, der ihm die Möglichkeiten von Kleinkriegen und Widerstand vor Augen führte. Auch dies spricht für eine Heeresreform, die für eine allgemeine Wehrpflicht eintritt, für die Beseitigung von Vorrechten des Offizierskorps sowie für ein neues Denken in der Führung der Massenheere und der Vernichtungsstrategie. Doch der König sieht in diesen Reformen reine Anarchie, die er nicht duldet. Während die preußischen Patrioten – also auch Kleist – in einem Aufstand ein Mittel sehen, das verhasste Joch Napoleons abzuschütteln, erkennt der König darin ausschließlichen Ungehorsam gegen ihn.

Informativ und pointiert hat Friedrich August Ludwig von der Marwitz eine Charakterisierung König Wilhelms III. vorgenommen, die den Schülerinnen und Schülern von der Lehrkraft vorgetragen oder ihnen in Kopie vorgelegt werden kann. Sie ist als **Arbeitsblatt 10**, S. 56 beigefügt. Nachdem das Arbeitsblatt aufmerksam gelesen wurde, schließt sich folgender Arbeitsauftrag an:

■ *Fassen Sie Marwitz' Charakterbeschreibung von Friedrich Wilhelm III. zusammen. Wie verhält sich diese Einschätzung zur Einschätzung Kleists?*

Zur weiteren Vertiefung der Themen – etwa die napoleonische Einflussnahme, Preußens Politik und ihre Reaktion auf Napoleon, Kleists Haltung zu Napoleon und Preußen sowie der theoretische Ansatz einer modernen Staatsauffassung – können Karl Schweizers Aufsatz über die historische Situation Kleists (Textausgabe, S. 105–110) und Adam Müllers „Elemente der Staatskunst" (Textausgabe, Seite 162–165) herangezogen und mit den Schülerinnen und Schülern besprochen werden.

Kleist, der aufgrund seiner persönlichen Erfahrungen eine starke Ablehnung gegen das Militär hegte, war den Gedanken Gneisenaus, der eine grundlegende Reformierung anstrebte, zugeneigt. Die preußische Armee, die den Geist des despotischen Monarchen Wilhelm III. verkörperte, sollte nach der Niederlage von Jena und Auerstedt (1806) reformiert werden. Die Kenntnisnahme des **Arbeitsblattes 11**, S. 57 zur Heeresreform, die statt eines untertänigen, befehlsausführenden 'Haudegens' nun einen operativ mitdenkenden Offizier als militärischen Führungstyp anstrebte, und Gneisenaus Entwürfe zu Verordnungen über veränderte Strafen der Offiziere und die Abschaffung der Leibesstrafen erhellen das Bild damaliger militärischer Zustände.

■ *Was für ein Soldaten-Bild ergibt sich aus den Beschreibungen über die Heeresreform und aus Gneisenaus Verordnungsentwürfen?*

Folgende Ergebnisse können an der Tafel notiert werden:

Das Bild des Soldaten

- Generale bis Fähnriche waren „Brauseköpfe" oder hatten ein auffahrendes, brutales Wesen
- sofortiges Antworten auf Nachfragen, unabhängig von der Richtigkeit der Antwort
- gedrilltes Söldnerheer, das durch brutale Strafen zum Gehorsam gezwungen wird
- adelige Offizierskaste, die sich durch gegenseitige Demütigungen in Schach hält

---

Nach dem Zusammentragen der im Arbeitsblatt enthaltenen Beschreibungen soll nun ein Bezug zum „Prinzen von Homburg" hergestellt werden:

■ *Inwiefern sehen Sie dieses Soldaten-Bild im „Prinzen von Homburg" thematisiert?*

■ *Was strebt Kleist hinsichtlich dessen mit seinem Drama an?*

Für weitere differenziertere geschichtliche Hintergründe (wie etwa die sozialen Umstände der Zeit, die Französische Revolution und das Zeitalter der Aufklärung) kann das bereits gelernte Wissen aus dem Geschichtsunterricht herangezogen werden. Auch können Schülerreferate das Gesamtbild vervollständigen.

Zum Abschluss der Unterrichtseinheit können die Lernenden, die mit ihnen zuvor erarbeiteten Inhalte in ein Verhältnis zu ihrer eigenen Alltags- und Lebenserfahrung bringen:

■ *Sehen Sie Parallelen zwischen der Zeit Heinrich von Kleists und der unsrigen? In welcher Hinsicht?*

Zum Ausklang dieser Unterrichtseinheit kann gemeinsam mit den Schülerinnen und Schülern der erste Teil der vierteiligen, von MDR und WDR produzierten Dokumentarfilmreihe „Napoleon und die Deutschen"[1] angesehen und besprochen werden.

---

[1] Napoleon und die Deutschen. Vierteilige Dokumentarfilmreihe, Deutschland 2005, jeweils 52 Min., 1. Napoleon und die Deutschen, 2. Napoleon, der Revolutionär, 3. Napoleon, der Maßlose, 4. Napoleon, der Verlierer. Buch: Steffen Schneider, Regie: Georg Schiemann, Elmar Bartlmae. Produktion: MDR, WDR

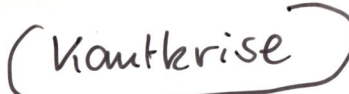

Brief Heinrich von Kleists an seine Schwester Ulrike

Berlin, den 5. Februar 1801

[…] Ach, liebe Ulrike, ich passe mich nicht unter die Menschen, es ist eine traurige Wahrheit, aber eine Wahrheit; und wenn ich den Grund ohne Umschweif angeben soll, so ist es dieser: sie gefallen mir nicht.
5 Ich weiß wohl, dass es bei dem Menschen, wie bei dem Spiegel, eigentlich auf die eigne Beschaffenheit beider ankommt, wie die äußern Gegenstände darauf einwirken sollen; und mancher würde aufhören über die Verderbtheit der Sitten zu schelten, wenn ihm der
10 Gedanke einfiele, ob nicht vielleicht bloß der Spiegel, in welchen das Bild der Welt fällt, schief und schmutzig ist. Indessen wenn ich mich in Gesellschaften nicht wohl befinde, so geschieht dies weniger, weil andere, als vielmehr weil ich mich selbst nicht zeige,
15 wie ich es wünsche. Die Notwendigkeit, eine Rolle zu spielen, und ein innerer Widerwillen dagegen machen mir jede Gesellschaft lästig, und froh kann ich nur in meiner eignen Gesellschaft sein, weil ich da ganz wahr sein darf. Das darf man unter Menschen
20 nicht sein, und keiner ist es – Ach, es gibt eine traurige Klarheit, mit welcher die Natur viele Menschen, die an dem Dinge nur die Oberfläche sehen, zu ihrem Glück verschont hat. Sie nennt mir zu jeder Miene den Gedanken, zu jedem Worte den Sinn, zu jeder
25 Handlung den Grund – sie zeigt mir alles, was mich umgibt, und mich selbst in seiner ganzen armseligen Blöße, und dem Herzen ekelt zuletzt vor dieser Nacktheit – Dazu kommt bei mir eine unerklärliche Verlegenheit, die unüberwindlich ist, weil sie wahrschein-
30 lich eine ganz physische Ursache hat. Mit der größten Mühe nur kann ich sie so verstecken, dass sie nicht auffällt – o wie schmerzhaft ist es, in dem Äußern ganz stark und frei zu sein, indessen man im Innern ganz schwach ist, wie ein Kind, ganz gelähmt, als
35 wären uns alle Glieder gebunden, wenn man sich nie zeigen kann, wie man wohl möchte, nie frei handeln kann, und selbst das Große versäumen muss, weil man vorausempfindet, dass man nicht standhalten wird, indem man von jedem äußern Eindrucke ab-
40 hängt und das albernste Mädchen oder der elendeste Schuft von Elegant uns durch die matteste Persiflage[1] vernichten kann. – Das alles verstehst Du vielleicht nicht, liebe Ulrike, es ist wieder kein Gegenstand für die Mitteilung, und der andere müsste das alles aus
45 sich selbst kennen, um es zu verstehen.

---

[1] Persiflage: geistreiche Verspottung

Selbst die Säule, an welcher ich mich sonst in dem Strudel des Lebens hielt, wankt – Ich meine, die Liebe zu den Wissenschaften. – Aber wie werde ich mich hier wieder verständlich machen? – Liebe Ulrike, es ist ein bekannter Gemeinplatz, dass das Leben ein 50 schweres Spiel sei; und warum ist es schwer? Weil man beständig und immer von neuem eine Karte ziehen soll und doch nicht weiß, was Trumpf ist; ich meine darum, weil man beständig und immer von neuem handeln soll und doch nicht weiß, was recht 55 ist. *Wissen* kann unmöglich das Höchste sein – handeln ist besser als wissen. Aber ein Talent bildet sich im Stillen, doch ein Charakter nur in dem Strome der Welt. Zwei ganz verschiedne Ziele sind es, zu denen zwei ganz verschiedne Wege führen. Kann man sie 60 beide nicht vereinigen, welches soll man wählen? Das höchste, oder das, wozu uns unsre Natur treibt? – Aber auch selbst dann, wenn bloß Wahrheit mein Ziel wäre, – ach, es ist so traurig, weiter nichts, als gelehrt zu sein. Alle Männer, die mich kennen, raten 65 mir, mir irgend einen Gegenstand aus dem Reiche des Wissens auszuwählen und diesen zu bearbeiten – Ja freilich, das ist der Weg zum Ruhme, aber ist dieser mein Ziel? Mir ist es unmöglich, mich wie ein Maulwurf in ein Loch zu graben und alles andere zu ver- 70 gessen. Mir ist keine Wissenschaft lieber als die andere, und wenn ich eine vorziehe, so ist es nur wie einem Vater immer derjenige von seinen Söhnen der liebste ist, den er eben bei sich sieht. – Aber soll ich immer von einer Wissenschaft zur andern gehen, 75 und immer nur auf ihrer Oberfläche schwimmen und bei keiner in die Tiefe gehen? Das ist die Säule, welche schwankt.

Ich habe freilich einen Vorrat von Gedanken zur Antwort auf alle diese Zweifel. Indessen reif ist noch kei- 80 ner. – Goethe sagt, wo eine Entscheidung soll geschehen, da muss vieles zusammentreffen. – Aber ist es nicht eine Unart, nie den Augenblick der Gegenwart ergreifen zu können, sondern immer in der Zukunft zu leben? – Und doch, wer wendet sein Herz nicht 85 gern der Zukunft zu, wie die Blumen ihre Kelche der Sonne? – Lerne Du nur fleißig aus dem Gaspari, und vergiss nicht die Laute. Wer weiß, ob wir es nicht früh oder spät brauchen. Gute Nacht, es ist spät. Grüße Deine liebe Wirtin und alle Bekannte. H. K. […] 90

Aus: Heinrich von Kleist: Sämtliche Werke und Briefe. Band 2. München 1987, S. 628–630

■ *Bitte lesen Sie den ausgewählten Text, einen Brief Heinrich von Kleists an seine Halbschwester Ulrike, aufmerksam durch. Markieren Sie jene Stellen, die auf die Auswirkungen seiner Kant-Lektüre hinweisen.*

■ *Was meint Kleist damit, wenn er schreibt: „Weil man beständig und immer von neuem eine Karte ziehen soll und doch nicht weiß, was Trumpf ist; ich meine darum, weil man beständig und immer von neuem handeln soll und doch nicht weiß, was recht ist. Wissen kann unmöglich das Höchste sein – handeln ist besser als wissen." Geben Sie den Inhalt in eigenen Worten wieder.*

■ *Wie denken Sie darüber? Erkennen Sie in der Beschreibung ebenfalls ein grundsätzliches Problem?*

■ *Kennen Sie Beispiele aus Ihrem Denken und Ihrer Erfahrung, die die Problematik Kleists widerspiegeln?*

Christa Melli: Kleists Freitod

Am 21. November 1811 ging Kleist, gemeinsam mit seiner Freundin Henriette Vogel, in den sorgsam geplanten Freitod. Henriette, geborene Kaeber, verheiratet mit Friedrich Ludwig Vogel, mit dem sie eine
5 Tochter hatte, war eine äußerst gebildete Frau mit ausgeprägtem Sinn für Kunst, Poesie und Musik. Kleist lernte sie 1809 durch seinen Freund Adam Müller kennen und schloss Freundschaft mit ihr. Im Herbst 1811 wurde ihre Beziehung inniger, war aber
10 keinesfalls eine leidenschaftliche, sondern vielmehr eine platonische Liebe auf Grundlage einer starken Ähnlichkeit beider Charaktere. Henriette, unheilbar an Gebärmutterkrebs erkrankt, fürchtete sich vor dem absehbar qualvollen Tod. Sie äußerte mehrfach
15 ihren Wunsch zu sterben, getraute sich jedoch nicht, selbst Hand an sich zu legen. Während ihr Beweggrund zum Selbstmord eindeutig ist, spielen bei Kleist wohl mehrere Faktoren eine Rolle: seine desolate finanzielle Situation, der mangelnde berufliche Erfolg,
20 die sozialen Dissonanzen und eine suizidale Neigung. In Kleist fand Henriette somit einen idealen Partner für ihr Vorhaben. Er erklärte sich bereit, Henriette zu töten. Am 20. November 1811 mieteten sich Kleist und Vogel zwei Zimmer in einem Berliner Gasthaus am Kleinen Wannsee. Doch statt zu schlafen, schrie-25 ben sie die ganze Nacht über und unterhielten sich. Anderntags spazierten sie entspannt und in bester Laune zum Wannsee hinunter, wo sie in einem Lokal Rum und Kaffee zu sich nahmen. Die nächtens geschriebenen Abschiedsbriefe an Familienangehörige 30 und Freunde schickten sie per Kurier nach Berlin; fragten mehrfach besorgt nach, ob diese schon zugestellt worden seien. Nachmittags begaben sie sich wieder an das Ufer des Kleinen Wannsees, bestellten erneut Kaffee und baten die Bedienung um einen 35 Bleistift, neben sich ein abgedeckter Korb, in dem die todbringenden Pistolen lagen. Nachdem die Bedienung, der geäußerten Bitte um einen Bleistift gemäß, zum Gasthaus zurückkehrte, vernahm sie kurz darauf aus der Ferne einen Schuss. Schon bald folgte ihm ein 40 zweiter. Als sie daraufhin zum See zurücklief, fand sie die Toten. Heinrich von Kleist hatte zuerst Henriette Vogel mitten ins Herz geschossen, dann die Pistole nachgeladen und sich ebenfalls, mit einem Kopfschuss, getötet. 45

■ *Können Sie die Beweggründe für den Freitod von Vogel und Kleist nachvollziehen?*

■ *Ist Ihrer Ansicht nach ein Selbstmord ethisch vertretbar?*

Manfred Schunicht: Der Landgraf Friedrich von Homburg und seine Insubordination

So vielschichtig das Schauspiel ‚Prinz Friedrich von Homburg' ist, so vielfältig sind seine Quellen und ihre Deutungen, sind Kleists politisch-patriotische Motivationen, sein rastlos gegen Widerstände und
5 Misserfolge anrennender poetischer Genius. Kleists Quelle: eine Episode aus der brandenburgisch-preußischen Geschichte, mit der der Anschluss Preußens an die europäischen Großmächte beginnt. Seine Titelgestalt: ein bravouröser Reitergeneral nach ver-
10 trauter volkstümlicher Schablone.

Friedrich von Homburgs Leben ist noch ganz aus den Traditionszusammenhängen mit den Reiterführern des 30-jährigen Krieges zu verstehen. Geboren am 6. Juni 1638 neuerer Zeitrechnung als fünfter Sohn
15 des Landgrafen Friedrich I. von Hessen-Homburg, erwarb er sich auf weiten Reisen durch Europa profunde militärische Kenntnisse. 1654 trat er unter König Karl X. Gustav Adolf in schwedische Kriegsdienste, überlebte einen intriganten Giftanschlag, wurde
20 aus einem Schiffbruch gerettet, führte dann ein in Deutschland geworbenes Reiterregiment nach Danzig, wobei es ihm gelang, einen Aufruhr seiner Soldaten zu beschwichtigen. Bei der Belagerung Kopenhagens im Januar 1659 zerschmetterte ihm eine
25 Kanonenkugel das linke Bein, das nur noch an einer Sehne hing. Er durchschnitt sie selbst mit einem Messer. Das künstliche Bein mit silbernen Gelenken, das er sich später anfertigen ließ, brachte ihm den Beinamen ‚Landgraf mit dem silbernen Bein' ein und si-
30 cherte ihm seine Popularität noch durch das ganze 18. Jahrhundert.

Nach dem Tode des Königs verließ er die schwedischen Dienste und heiratete 1661 Margarethe von Brahe, zweimalige Witwe, die um 30 Jahre älter war
35 als er. Ihre Hässlichkeit wurde durch ihren enormen Reichtum wohl mehr als aufgewogen. Diese Ehe bot ihm die Möglichkeit, umfangreiche Ländereien zu erwerben. Nach dem Tode seiner Frau heiratete er 1670 die Prinzessin Louise Elisabeth von Kurland,
40 eine Nichte des Großen Kurfürsten. Diese Heirat veranlasste seinen Übertritt von der lutherischen zur reformierten Konfession und seinen Eintritt als General der Kavallerie in brandenburgische Dienste. Nach dem Tode seines ältesten Bruders übernahm er
50 1681 die Regierung Hessen-Homburgs, das er bis zu seinem Tode 1708 in intensiver Arbeit zu neuem Aufschwung führte.

Zweifelloser Höhepunkt seines wechselvollen und vom Glück begünstigten Lebens war sein hervorra-
55 gender Anteil am brandenburgischen Sieg über die Schweden in der Schlacht von Fehrbellin am 28. Juni

1675. Hier wurde der Grundstein gelegt für die beginnende Machtposition Brandenburgs in der europäischen Politik. Der Große Kurfürst Friedrich Wilhelm von Brandenburg (1620–1688) hatte innerhalb seiner 60 Beteiligung am Reichskrieg gegen Ludwig XIV. von Frankreich nach zwei Schlachten im Elsass (1674/75) seine Truppen in das eigene Herrschaftsgebiet zurückführen müssen, um einen durch französische Initiative und Finanzierung ermöglichten Einfall schwe- 65 discher Truppen in die Mark Brandenburg abzuwehren. Hatte er die Schweden schon zum Rückzug zwingen können, so brachte doch erst die Schlacht von Fehrbellin die Entscheidung. Friedrich von Homburg führte mit 1600 Reitern den Vortrab an und 70 stieß dabei auf schwedische Vorposten, die sich zurückzogen. Für die Brandenburger unerwartet, hatte sich die Hauptmacht des schwedischen Heeres gesammelt und stellte sich zum entscheidenden Kampf. Ihn aufzunehmen war Friedrich von Homburg zu 75 schwach, aber er eröffnete mit seiner Vorhut ein Scharmützel, um den Feind so lange aufzuhalten, bis der Kurfürst ihm mit der ganzen Kavallerie zur Hilfe kommen konnte. Allerdings, so schrieb er nach der Schlacht an seine Frau, „war mir bang, ich möchte 80 wider andere Order bekommen, und fing ein hartes Treffen mit meinen Vortruppen an". Der Große Kurfürst sah sich vor einer veränderten Situation. Obwohl er bei der raschen Verfolgung der Schweden noch ohne Fußvolk und schweres Geschütz war, 85 nahm er nach der Beratung mit seinen Generalen den Kampf mit dem doppelt so starken Gegner auf, um die Überraschung des völlig demoralisierten Feindes auszunutzen. „Und so führte weder ein vorgefasster Plan des Kurfürsten, noch die voreilige Hitze des 90 Landgrafen von Homburg, der nichts mehr getan hatte, als wozu ihn seine Bestimmung als Führer des Vortrabs berechtigte, sondern eine Verkettung unvorhersehbarer Umstände, wodurch so oft die außerordentlichsten Erscheinungen hervorgebracht werden, 95 Zufall oder das unabänderliche Schicksal, die nachfolgende große und glänzende Begebenheit herbei", stellt Karl Curths 1804 fest.

Nach der entscheidenden Schlacht schreibt Friedrich von Homburg an seine Frau: „Nachdem alles nun 100 vorbey gewesen, haben wir auf der Walstett, da mehr als 1000 Todten umb uns lagen, gessen und uns braff lustig gemacht". Theodor Fontane, der in seinen ‚Wanderungen durch die Mark Brandenburg' eine biografische Skizze des Prinzen von Homburg ent- 105 wirft, zitiert diese Stelle und bemerkt lapidar: „Diese Worte des Briefes passen schlecht zu einem ange-

drohten Kriegsgericht". Und in der Tat, von einem Konflikt zwischen dem Kurfürsten und Friedrich von
110 Homburg nach der Schlacht von Fehrbellin wissen die Quellen nichts. Von einem Vorwurf des Ungehorsams ist keine Rede. Eine Insubordination von Homburgs wird selbst in dem zu wenig beachteten Tagebuch Dietrich Sigismund von Buchs aus den Jahren
115 1674–1683, in dem gleichsam protokollarisch die Ereignisse und die Namen der Beteiligten festgehalten sind, mit keinem Wort erwähnt.

Die entscheidende Veränderung in der Beurteilung Friedrich von Homburgs brachten erst die Memoiren
120 Friedrichs des Großen (1712–1786) von 1751. Mit ihnen beginnen Vorwurf und Problematik der Insubordination von Homburgs in der Schlacht bei Fehrbellin. Friedrich der Große verweist auf den Befehl des Kurfürsten, von Homburg habe lediglich zu re-
125 kognoszieren gehabt, ohne sich in eine direkte Kampfhandlung verwickeln zu lassen. Bei der Verfolgung der schwedischen Vorhut jedoch habe er sie bis zur Hauptmacht zurückgeschlagen und damit den strategischen Plan des Kurfürsten durch seine Eigen-
130 mächtigkeit gefährdet. „Der Landgraf von Homburg in seiner überschäumenden Kühnheit", so das Resümee, „lässt sich vom Kampfeseifer fortreißen und verwickelt sich in einen Kampf, der einen verhängnisvollen Ausgang genommen hätte, wäre nicht der
135 Kurfürst auf die Meldung von der gefährlichen Lage des Landgrafen schleunigst zur Hilfe herbeigeeilt".

Neben dem den Schlachtverlauf entscheidend korrigierenden Eingriff des Kurfürsten wird die eigentliche Tendenz und Intention Friedrichs des Großen zudem
140 deutlich durch seine folgende Erzählung des Opfertodes, durch den der Stallmeister Froben dem Kurfürsten das Leben rettete. Hatte dieser doch gerade seinen Herrn veranlasst, den auffälligen Schimmel des Fürsten mit seinem eigenen Pferd zu tauschen,
145 als ihn eine Kugel zerriss. Diese anekdotisch eingefügte Geschichte soll nicht nur rühren, sie kontrastiert vor allem den Opfertod Frobens mit der Insub-

ordination von Homburgs. Der machtvollen Größe des Kurfürsten und der intendierten Glorifizierung des brandenburgisch-preußischen Herrscherhauses 150 entspricht dann der abschließende Gnadenerweis des Kurfürsten, mit dem er von Homburg verzeiht: „Wenn ich Euch nach der Strenge der Kriegsgesetze richtete, hättet Ihr das Leben verwirkt. Aber verhüte Gott, dass ich den Glanz eines solchen Glückstages beflecke, 155 indem ich das Blut eines Fürsten vergieße, der ein Hauptwerkzeug meines Sieges war".

Damit war eine folgenreiche Legende in die Welt gesetzt. „Sie wurde in verschiedenen populären Darstellungen, in Kalendern und Lesebüchern und auch 160 bildlich dargestellt". Beispielhaft zeigt das J. J. Freidhoffs Stich nach dem Gemälde von K. H. Kretschmar (1802), das einen schuldbewussten, mit gesenktem Kopf dastehenden Friedrich von Homburg darstellt, der vom Großen Kurfürsten mit erhobenem Zeigefin- 165 ger zurechtgewiesen wird. Die Legende hielt sich, obwohl Friedrich der Große in der 2. Auflage seiner Memoiren (1762) auf die Froben-Anekdote verzichtete. K. H. Krauses ‚Mein Vaterland unter den hohenzollerischen Regenten' (1803) erwähnt sie nur noch 170 als „nicht hinlänglich begründet" in den Anmerkungen. Und schließlich wird auch die Insubordination von Homburgs insgesamt in den historiografischen Erörterungen von Karl Curths und Jean Pierre Ermanns grundsätzlich infrage gestellt. 175

Welche Quellen Kleist insgesamt *für* sein Schauspiel ‚Prinz Friedrich von Homburg' benutzte, ist nicht überliefert. Belegt ist lediglich, dass er im Januar 1809 aus der Dresdner Königlichen Bibliothek die Memoiren Friedrichs des Großen und die Darstellung K. H. 180 Krauses entliehen hat. So ist seine Kenntnis der Geschichte des Hauses Hessen-Homburg von François de Verdy Du Vernois möglich, die noch wichtigere von Karl Curths ‚Die Schlacht von Fehrbellin' wahrscheinlich. 185

Aus: Manfred Schunicht: Heinrich von Kleist: Prinz Friedrich von Homburg. Marionette, Patriot, Utopist? Paderborn 1996, S. 9–12

■ *Bitte bilden Sie Arbeitsgruppen, die nicht mehr als vier Schülerinnen und Schüler umfassen, und studieren Sie aufmerksam den vorliegenden Text. Fassen Sie die Unterschiede zwischen den realen historischen Ereignissen und ihrer Darstellung im Drama des „Prinzen von Homburg" zusammen.*

Manfred Schunicht: Der historische Kontext

Es bleibt zu fragen, was Kleist an der historischen Gestalt Friedrich von Homburgs fasziniert haben mag, was ihn veranlasste, auf die allein das preußische Königshaus glorifizierende Darstellung Friedrichs des Großen zurückzugreifen. War es das preußischblau eingefärbte Bild des Großen Kurfürsten, der allein durch seinen persönlichen mutigen Einsatz eine drohende Niederlage verhindern konnte, und damit zugleich ein Appell an den taktierenden König Friedrich Wilhelm III.? War es Frobens Opfertod als exemplarisches Gegenbild zur Insubordination und zum subjektiven Ruhmverlangen von Homburgs? Oder war es mit der Verkündigung des Todesurteils das in Kleists Werk so häufige Phänomen, einen Handlungsansatz bis in seine unbedingt letzte Konsequenz zu verfolgen, um die Fragen nach den Verhaltensweisen seiner Gestalten zu stellen?

Eine vorläufige Antwort bietet schon der historische Kontext, aus dem heraus sich Kleists Werk darstellt. Es sind die Jahre der tiefen Erniedrigung Preußens und seiner folgenreichen Erneuerung. Hatte sich Preußen 1795 nach dem Basler Friedensvertrag aus dem 1. Koalitionskrieg gegen Frankreich verabschiedet, so genoss man etwa zehn Friedensjahre mit ihrer jetzt auch in Berlin aufblühenden geistigen Kultur. Zudem täuschten die großen Landgewinne durch die polnische Teilung von 1795 mit der Hauptstadt Warschau und vor allem die Zugewinne durch die Säkularisation (1803) über die reale politische Potenz Preußens hinweg, von seiner militärischen ganz zu schweigen. König Friedrich Wilhelm III. versuchte zögerlich, den Bruch mit Napoleon zu vermeiden, und schloss am 12. Dezember 1805 nach dem Sieg Napoleons über Österreich bei Austerlitz die schmählichen Verträge zu Schönbrunn und Paris im Februar 1806. In einem Brief aus diesen Wochen stellte Kleist die auch seine Zeitgenossen bewegenden Fragen, weshalb „der König nicht gleich, bei Gelegenheit des" die Verträge brechenden „Durchbruchs der Franzosen durch das Fränkische seine Stände zusammenberufen" habe. Wäre das doch „die Gelegenheit gewesen, ihnen zu erklären, dass es hier gar nicht auf einen gemeinen Krieg ankomme. Es gelte Sein oder Nichtsein". Und zu Napoleon bemerkte Kleist: „Warum sich nur nicht einer findet, der diesem bösen Geist der Welt die Kugel durch den Kopf jagt. Ich möchte wissen, was so ein Emigrant zu tun hat".

Die Illusionen Preußens und das Zögern des Königs rächten sich schnell. Nach der Forderung Friedrich Wilhelms III., die französischen Truppen aus den widerrechtlich besetzten Gebieten abzuziehen, kam es zur kriegerischen Auseinandersetzung. Die preußische Armee wurde am 14. Oktober 1806 in der Schlacht bei Jena und Auerstedt entscheidend besiegt. Zwar blieb Preußen nach dem Verlust aller Gebiete westlich der Elbe und der Gewinne aus den polnischen Teilungen durch den Machtanspruch des Zaren bestehen, aber die vom Großen Kurfürsten bis zu Friedrich dem Großen aufgebaute Großmachtstellung Preußens in Europa war zerstört.

Der Kampf gegen Napoleon

Der Tiefpunkt ist zugleich der Wendepunkt. In schier hoffnungsloser Lage kam es zu einer Konzentration vieler Kräfte, die getragen wurde von ideenreichen Männern aus Preußen oder aus dem, was man bis zu seiner Auflösung (1806) das ,Reich' genannt hatte: von Stein, Hardenberg, Humboldt, Scharnhorst, Gneisenau oder Clausewitz und anderen. Kleist stand durchaus auf Seiten der Reformer und sah mit vielen anderen in Königin Louise einen Kristallisationspunkt der neuen Bewegung: „Sie hat den ganzen großen Gegenstand. auf den es jetzt ankommt, umfasst […] Sie versammelt alle unsere großen Männer, die der K(önig) vernachlässigt, und von denen uns doch nur allein Rettung kommen kann, um sich; ja sie ist es, die das, was noch nicht zusammengestürzt ist, hält". Zu ihrem Geburtstag am 10. März 1810 feierte Kleist sie in einem Sonett, durch dessen Panegyrik[1] die allgemeine Begeisterung transparent wird.

Ohne Frage konnte die notwendige Reform nur von oben kommen, kaum denkbar in Preußen eine Revolution der Volksmassen. Die Erneuerung in diesen Jahren setzte in den einzelnen Bereichen der Staatsführung eine behutsame Mitbeteiligung der Bürger in Gang, in der Kleist vor allem ein Mittel erblickte, Preußen in einen zu erneuernden Kampf gegen Napoleon zu zwingen. Dazu sah er mehrere Ansatzpunkte. Durch den Volksaufstand in Tirol und Spanien (1808) wurde nicht nur ein Signal zur Insurrektion[2] gegeben, sondern es wurden auch Möglichkeiten des Kleinkrieges und des Widerstandes vor Augen geführt. Wahrscheinlich Anfang Mai 1809 schrieb Kleist nach einem spanischen Vorbild den ,Katechismus der Deutschen', in dem das befragte Kind Napoleon bezeichnet „als einen, der Hölle entstiegenen, Vatermördergeist, der herumschleicht, in

---

1 Panegyrik: Lobpreisung eines Herrschers
2 Insurrektion: Aufstand, Volkserhebung

dem Tempel der Natur, und an allen Säulen rüttelt, auf welchen er gebaut ist". Gehe es in dem Kampf 100 doch um „die höchsten Güter der Menschen [...] Gott, Vaterland, Kaiser, Freiheit, Liebe und Treue, Wissenschaft und Kunst". Und so bejaht das Kind die Frage, „wenn alles unterginge, und kein Mensch, Weiber und Kinder mit eingerechnet, am Leben blie- 105 be, würdest du den Kampf noch billigen?"

Durch die Ereignisse in Spanien und in Tirol wurden die preußischen Patrioten in ihren Plänen bestärkt, durch einen Aufstand im nördlichen Deutschland in Abstimmung mit Plänen Österreichs das verhasste 110 Joch abzuschütteln. Die Situation war jedoch dadurch äußerst verzwickt, dass ein Aufstand gegen Napoleon zugleich den Ungehorsam gegen den eigenen König bedeutete. Und König Friedrich Wilhelm III. war aus seiner tiefsten Überzeugung von seinen 115 Rechten als Souverain absolut nicht bereit, Eigenmächtigkeiten seiner Offiziere zu dulden. So schrieb er am 12. März 1809 an Fr. W. Graf von Götzen, den Gouverneur von Schlesien, über eventuelle Aktionen „geziemt es keinem als mir allein zu entscheiden, und 120 unverantwortlich und strafbar erscheinen die, die meinen Befehlen nicht nachleben. Kommt es also zum Kriege zwischen Österreich und Frankreich, so verlange ich, dass [...] durchaus Ruhe und Ordnung erhalten, und kein Eklat aus unzeitigem Eifer, an dem 125 Krieg gegen Frankreich teilzunehmen, ausbreche. Ich gebe Ihnen hierzu den gemessensten und genauesten Befehl, und Sie sind mir mit Ihrem Kopf dafür verantwortlich, denn ich kann und werde keine Anarchie in meinem Lande dulden".

130 Das waren keine unbegründeten Drohungen. Prinz Louis Ferdinand von Preußen (1772–1806), ein Neffe Friedrichs des Großen, hatte sich an die Spitze einer ‚Kriegspartei' gestellt, die in eindeutiger Alternative zur Politik des Königs am 2. September 1806 in einer 135 Denkschrift den Krieg gegen Napoleon propagierte. Sie ist „in der preußischen Geschichte einmalig: Fünf Prinzen des königlichen Hauses, ein Minister und drei Generäle fordern vom König die Umbildung seines Kabinetts unter schweren Vorwürfen. Verständ- 140 lich, dass Friedrich Wilhelm III. über diese Eingabe außer sich war".

Damit nicht genug. In den entscheidenden Tagen, in denen es um die Existenz Preußens ging, sollte Prinz Louis Ferdinand die Avantgarde eines Korps bei Saal- 145 feld führen und den Saaleübergang sichern. Dazu erhielt er den ausdrücklichen Befehl, den Gegner nicht anzugreifen, sich bei einer Feindberührung vielmehr zurückzuziehen. Durch den überraschend schnellen Vormarsch der französischen Armee unter 150 Marschall Lannes war die strategische Planung überholt, der Prinz glaubte sich deshalb zu einem eigenmächtigen Angriff motiviert. Mit seinen 5000 Mann

warf er sich einer sechsfachen Übermacht entgegen, „ohne auf die Vorstellungen einiger verständigen Of- fiziere zu achten". So wurde er in dem äußerst verlust- 155 reichen Kampf „in einem Terrain geschlagen, das er nicht zu benutzen verstand, und das die Fechtart der Franzosen auf mannigfache Weise begünstigte". Prinz Louis Ferdinand fiel, die Franzosen gewannen den Übergang über die Saale. Das war ein entscheidendes 160 Ereignis vier Tage vor der Schlacht bei Jena und Au- erstedt. War es der Mut des Prinzen, war es die Faszi- nation, die von ihm als berühmtem Reiterführer von 1795 ausgegangen war, waren es sein exzentrisches Leben, seine Leistungen als Komponist und Klavier- 165 virtuose, schon bald rankten sich Legenden um sein Leben und Sterben. Kleist wird sie wie die biogra- fischen Fakten schon durch seine Beziehungen zum Hofe und zum Offizierskorps gekannt haben. Die Be- züge sind nicht zu übersehen. „Der Zusammenhang", 170 so konstatiert Klaus Kanzog, „zwischen dem Gefecht bei Saalfeld und der Kleist'schen Schlacht von Fehr- bellin ergibt sich aus der gemeinsamen Befehlssitua- tion und den jeweils subjektiven Momenten der In- subordination. Daneben sind beide Helden 175 wesensverwandt". Mit Recht verweist Kanzog auf die Vermutung Richard Samuels, „dass Kleist bei der Charakterzeichnung Homburgs den Prinzen Louis Ferdinand vor Augen hatte".

Die Insubordination des Prinzen Louis Ferdinand 180 blieb keine Ausnahme. In der Krisensituation des Frühjahrs 1809, als österreichische Truppen den Kampf gegen Napoleon aufnahmen und den Sieg bei Aspern errangen (22. Mai 1809), versuchte der preu- ßische Major Ferdinand von Schill (1776–1809) durch 185 seine Insurrektion den König in den Krieg gegen Na- poleon zu zwingen. Er rückte mit seinem Regiment aus Berlin aus, besetzte Stralsund, wo er sich trotz schärfster Missbilligung durch Friedrich Wilhelm III. verbarrikadierte und schließlich am 31. Mai 1809 von 190 napoleonischen Truppen im Straßenkampf getötet und seine Mitstreiter in Wesel erschossen wurden. Von diesen Insurrektionen führt eine unaufhaltsame Entwicklung bis zum eigenmächtig geschlossenen Neutralitätsvertrag General Yorks (30. Dezember 195 1812), den er mit dem russischen General Diebitsch bei Tauroggen schließt.

Insurrektionen und Insubordinationen jedoch be- stärkten König Friedrich Wilhelm III. in seiner Ab- wehrhaltung gegen die neuen Kräfte. So setzten die 200 Reformer andere Akzente. In der Heeresreform ist es neben der allgemeinen Wehrpflicht und der Beseiti- gung von Vorrechten des Adels innerhalb des Offi- zierskorps vor allem ein neues Denken in der Füh- rung der Massenheere und der Vernichtungsstrategie, 205 wie sie Napoleon anwandte. Man sollte nicht überse- hen, wie sehr der verhasste Napoleon zum Vorbild

wurde, auf dessen Lehren Clausewitz schließlich in seinem dann Strategie und Taktik auf lange Zeit be-
210 stimmenden Werk ‚Vom Kriege' zurückgegriffen hat. Schließlich gingen die strategischen Impulse von Napoleon aus, den Offizieren taktisch bedingte Entscheidungen aus der jeweiligen Kampfsituation zu ermöglichen. Das war für Kleist ein gewichtiger Aspekt der Heeresreform, den er den alten Kottwitz im 215 ‚Prinzen von Homburg' rechtfertigen lässt.

Aus: Manfred Schunicht: Heinrich von Kleist: Prinz Friedrich von Homburg. Marionette, Patriot, Utopist? Paderborn 1996, S. 12–15

■ *Lesen Sie den vorliegenden Text von Manfred Schunicht aufmerksam durch. Markieren Sie die darin beschriebenen Haltungen Kleists und König Wilhelms III. über den politischen Umgang mit Napoleon. Geben Sie die Unterschiede beider Haltungen mit eigenen Worten wieder.*

Friedrich von der Marwitz: Charakteristik Friedrich Wilhelms III.

Der König, dessen Gesinnung ganz von den Franzosen abgewendet war, ließ sich in allen Stärken mit ihnen ein, und sie hofften nun, ihn auch zum Handeln treiben zu können. Hierin irrten sie aber sehr. Er 5 war von Natur allem Handeln abgeneigt, aber genug absoluter Monarch, um den Satz begriffen zu haben und durchzusetzen, so oft es nötig war: „Ich bin König, und was ich befehle, muss geschehen; kein anderer hat darin mitzureden!" Denn sein Charakter 10 war gebildet aus zwei Potenzen, die sich gegenseitig ergänzten und bestimmten: Liebe der Ruhe und Furcht vor allen Geschäften, sodann aber: Eigensinn und Despotie. Hieraus erklärt sich seine ganze Regierung, das Versäumen der wichtigsten Momente, das 15 Nachgeben gegen verderbliche Neuerungen, denen er durch Selbstarbeit hätte steuern müssen, der Verfall des Heeres und aller guten Einrichtungen, dann wieder das Feststehen im Unglück (jedoch ohne irgendeine Anstrengung, um sich herauszuhelfen), und das Durchgreifen, wenn sich Widerstand zeigte 20 gegen Anordnungen, die er selbst früher am meisten getadelt hatte. Man hat ihm Unentschlossenheit und Mangel an Selbstvertrauen vorgeworfen, aber ganz mit Unrecht. Er war jederzeit entschlossen, nichts zu tun. Man hat ihn „den Gerechten" genannt, aber 25 außer einigen bürgerlichen Ansichten im Kleinen hatte er keinen Begriff vom Recht.

Zit. nach. Klaus Kanzog. Heinrich von Kleist. Prinz Friedrich von Homburg. Text, Kontexte, Kommentar. München 1977, S. 132f.

■ *Fassen Sie die Charakterbeschreibung Marwitz' von Friedrich Wilhelm III. zusammen. Wie verhält sich diese Einschätzung zur Einschätzung Kleists?*

BS 2

Heeresreform und Verordnungsentwürfe

„Es gab damals in der preußischen Armee von den Generalen bis zu den Fähnrichen Brauseköpfe ohne Zahl, und diejenigen, die es nicht von Natur waren, eigneten sich ein auffahrendes brutales Wesen an,
5 weil sie glaubten, es gehöre zum militärischen Handwerk, und Friedrich II. habe es so gewollt. Es galt damals als Regel, welche jedem jungen Offizier unaufhörlich wiederholt wurde, nicht allein (wie man es damals nannte) *determinirt* antworten, sondern
10 *überhaupt* antworten, ohne sich einen Augenblick zu besinnen, ob die Antwort eine richtige oder eine falsche sei. Friedrich II. habe *nie* eine, als Antwort *schnell* ausgesprochene Lüge getadelt, er habe aber die Offiziere, welche sich nach einer von ihm gestellten
15 Frage auf die Antwort besonnen hätten, weggejagt, und zwar mit vollem Recht.
Das war eine schlimme Lehre und es gehörte Scharnhorst's Muth dazu, ihr practisch entgegenzutreten."

„Nach der Niederlage von Jena und Auerstädt (14.10.
20 1806) untersuchten königliche Kommissionen, in denen Mitglieder des Königshauses, hohe Offiziere und Beamte vertreten waren, die Ursachen für das militärische Versagen und arbeiteten Vorschläge zur Änderung überholter Grundsätze und zur Moderni-
25 sierung der preußischen Armee aus.
In dem gedrillten Söldnerheer, das durch brutale Strafen zum Gehorsam gezwungen wurde, und der adligen Offizierskaste, in der man einander durch Demütigungen in Schach hielt, erkannten die Reformer
30 eine der Hauptursachen der Unterlegenheit gegenüber dem französischen Volksheer. Die Einführung der Wehrpflicht und eine bürgerlich-humane Milderung der Militärstrafen sollten Preußen wieder kampffähig machen. Entsprechende Vorschläge unterbrei-
35 tete Neithart von G n e i s e n a u (1760–1831), den Kleist bewunderte und in dessen Umgebung er zuletzt noch eine Anstellung suchte."

Gneisenaus Entwurf der Verordnung über veränderte Strafen der Offiziere. 1808.

„[…] Kein Militairvorgesetzter hat das Recht, seinen 40 untergegebenen Offizier, wie es wohl sonst, oft nur wegen Exercirfehler geschah, durch einen Unteroffizier und zwei Mann nach dem Arrestorte abführen zu lassen. Befindet sich ein Vorgesetzter in der Nothwendigkeit, über einen Offizier die Arreststrafe 45 zu verhängen, so geht dieser allein oder in Begleitung eines andern Offiziers in seinen Arrestort und sendet seinen Degen an seinen Vorgesetzten. Nur bei groben Verbrechen ist die Arretirung in Begleitung eines Unteroffiziers und zwei Mann als Sicherheitsmaaßregel 50 noch fernerhin erlaubt. […]"

Gneisenaus Entwurf der Verordnung über Abschaffung der Leibesstrafen.

„S. Kön. Majestät von Preussen haben Allerhöchst sich bewogen gefunden, die zeither in Dero Armeen 55 üblich gewesenen Stock- und Spitzruthenstrafen abzuschaffen, und verordnen, daß an deren Stelle künftighin nachbenannte Bestrafungsarten nach ihren verschiedenen Gradationen bei Allerhöchst dero Armee in Wirksamkeit treten sollen.   60
Die gelindeste Bestrafungsart ist, nächst Verweiß, Haußarrest, oder Arrest *ersten Grades.*
Die auf die höheren Stände auszudehnende Militair-Konscription wird junge Leute von guter Erziehung, Bildung und feinem Gefühl als gemeine Soldaten un- 65 ter die Fahnen stellen, und auf ein solches Individuum wird ein wegen kleinerer Vergehungen oder Uebereilungen gegebener Verweis oder ein ohne Aufsehen verhängter Haußarrest in denen meisten Fällen seine Wirkung nicht verfehlen, während Oef- 70 fentlichkeit der Bestrafung, das Ehrgefühl verschlechtert, und oft das Gemüth verstockt."

Aus: Fritz Hackert (Hg.): Erläuterungen und Dokumente. Heinrich von Kleist. Prinz Friedrich von Homburg. S. 100–102 © Philipp Reclam jun. GmbH & Co., Stuttgart 1981

■ *Was für ein Soldaten-Bild ergibt sich aus den Beschreibungen über die Heeresreform und aus Gneisenaus Verordnungsentwürfen?*

■ *Inwiefern sehen Sie dieses Soldaten-Bild im „Prinzen von Homburg" thematisiert?*

■ *Was strebt Kleist diesbezüglich mit seinem Drama an?*

Ein Drama der deutschen Klassik?

In diesem Baustein wird in einzelnen Unterrichtsschritten erarbeitet, in welche Literaturepoche Kleists Drama am ehesten einzuordnen ist. Durch eine formale wie inhaltliche Analyse soll den Schülerinnen und Schülern deutlich werden, dass sich der „Prinz von Homburg" einer eindeutigen Kategorisierung entzieht, auf der Grenze zwischen Klassik und Romantik steht. Formale Aspekte, wie die geschlossene Form und der Aufbau in fünf Akten, sprechen zwar für eine Einordnung in die deutsche Klassik; inhaltliche Kriterien, wie beispielsweise die Traumthematik oder die irrationalen Handlungen des Protagonisten, aber eher für die Einordnung in die Epoche der Romantik. Die Lernenden sollen durch die Ergebnisse dieses Bausteins nicht zuletzt auch erkennen, dass die Epochenzuordnung eines literarischen Werkes nie ‚allgemeingültige Objektivität' beansprucht, sondern allenfalls der ersten Orientierung dienen kann. Im Einzelnen geht es um:

- die allgemeinen Merkmale eines Dramas der deutschen Klassik
- die geschlossene Form
- die Stellung von Kleists Drama zwischen Klassik und Romantik

3.1 Merkmale des Dramas der deutschen Klassik

Bis heute herrscht Uneinigkeit in der Frage, welcher Literaturepoche Heinrich von Kleist und sein Werk zuzuordnen sind. Nicht selten wird er als „dritter Klassiker" neben Goethe und Schiller angeführt, und gerade der „Prinz von Homburg" wird häufig als Prototyp eines Dramas der deutschen Klassik aufgefasst und dementsprechend in Theaterprogrammen angepriesen. Diese Kategorisierung ist allerdings mehr als problematisch, wie bereits die vielen Stimmen zeigen, die sich gegen eine allzu schnelle Einordnung Kleists wehren. Dass die Epochenzuordnung in diesem Fall um einiges komplizierter ist, betont Axel Sanjosé in seinem Aufsatz über die Zeit ‚Zwischen Klassik und Romantik': „Die manchmal geheimnisvollen Wege der Literaturgeschichtsschreibung haben dahin geführt, dass eine entscheidende Periode der deutschen Literatur, die etwa das letzte Viertel des 18. und das erste des 19. Jahrhunderts umfasst, in zahlreiche Strömungen unterteilt worden ist, die sich teils ablösen, sich teils überlappen, teils sogar parallel verlaufen. Diese differenzierte Betrachtungsweise hat den – paradoxen oder folgerichtigen? – Effekt, dass drei der wichtigsten Autoren dieses Zeitraums ohne Zuordnung zu einer Strömung ‚übrig' geblieben sind: Jean Paul, Hölderlin und Kleist. Gelegentlich als *Paraklassik* oder *Gegenklassik* etikettiert, werden sie als etwas sperriger Block in den einschlägigen literarischen Handbüchern behandelt, wobei genauso gut Bezeichnungen wie *Neben Klassik und Romantik, Weder Klassik noch Romantik* oder *Sowohl Klassik als auch Romantik* zur Kennzeichnung des literaturhistorischen Standortes dienen könnten."[1]

---

[1] Axel Sanjosé: Zwischen Klassik und Romantik. In: www.xlibris.de; Unterpunkt: Epochen

In dieser Unterrichtseinheit sollen die Schülerinnen und Schüler selbst in die Lage versetzt werden, die Epochenfrage differenzierter zu beantworten. Zu Beginn bietet es sich an, ihnen Materialien zur Klassik, nämlich das Arbeitsblatt **12**, S. 75 und das **Zusatzmaterial 2**, S. 162, auszuteilen:

■ *Lesen Sie die Texte zur Klassik aufmerksam durch. Welche Merkmale der Klassik werden genannt? Notieren Sie sich die zentralen Merkmale stichpunktartig auf.*

Die Ergebnisse der Lernenden können während des gemeinsamen Unterrichtsgesprächs stichpunktartig an der Tafel zusammengefasst werden:

Die Weimarer Klassik/deutsche Klassik

- Hauptvertreter: Goethe, Schiller
- Zeit im engeren Sinn (bezogen auf Freundschaft zwischen Goethe und Schiller): 1794–1805
- Zeit im weiteren Sinn: 1786 (Italienreise Goethes) – 1832 (Tod Goethes)
- Begriffsbildung erst später
- Aneignung des antiken Kunstideals
- Ästhetisierung der Wirklichkeit
- anthropozentrische Deutung der Welt
- Kunst wird als autonom aufgefasst, schafft eigene Welt
- Dichtung zeigt nicht das Vergängliche und Spezielle, sondern das Konstante, Typische
- Idealvorstellung: Menschlichkeit, Toleranz, Einklang von Verstand und Gefühl, Geist und Natur
- Harmonie und Humanität
- eine der Natur entsprechende Schönheit
- Kunstideal: Bändigung, Maß, Formung
- …

Zur Vorbereitung auf die nächsten Unterrichtsschritte kann der Fokus nun auf die Gattung des Dramas gerichtet werden. Hierfür bietet sich zunächst die gemeinsame Lektüre des **Arbeitsblatts 13**, S. 76 an, auf dem zentrale Merkmale prägnant zusammengefasst sind:

■ *Lesen Sie das Arbeitsblatt 13. Welche Merkmale werden hier für das Drama der deutschen Klassik genannt?*

Die Merkmale können auf Grundlage dieses Arbeitsblatts und der zuvor gelesenen Texte in Form einer Gegenüberstellung zusammengefasst werden:

Das Drama der deutschen Klassik

Form

geschlossene Form:
- Handlung
- Zeit
- Ort
- Personen
- Sprache
- Komposition:
  Fünf Akte:
  1. Exposition
  2. zum Höhepunkt steigende Handlung
  3. Höhepunkt und Peripetie
  4. fallende Handlung mit retardierenden Momenten
  5. Lösung

Inhalt

Figuren:
- nur bewusste Handlungsmotive
- verfügen frei über ihr Inneres
- können alle inneren Vorgänge rational reflektieren und sprachlich ausdrücken
- → die Reden der Figuren geben restlos Auskunft über ihr Inneres

Handlung:
- Handlungsverlauf durch bewusste Entscheidungen der Figuren
- Häufig steht ein Konflikt zweier Figuren im Zentrum der Handlung
- rationale Auflösung des Konflikts am Ende

→ **Formale und inhaltliche Elemente verweisen aufeinander, ihr grundlegendes Prinzip ist das der rationalen Ordnung.**

Zur Vorbereitung auf die nächsten Unterrichtsschritte erhalten die Schülerinnen und Schüler folgende Aufgabe:

■ *Sie haben nun die wichtigsten Kriterien eines Dramas der deutschen Klassik kennengelernt. Beschreiben Sie auf dieser Grundlage stichpunktartig, welche Merkmale von Kleists Drama für eine Einordnung in diese Epoche sprechen. Welche Merkmale sprechen dagegen?*

Wie in den beiden folgenden Unterkapiteln ausführlich erarbeitet werden soll, sprechen die Merkmale der geschlossenen Form – also die Kriterien Handlung, Zeit, Ort, Personen, Sprache und Komposition – für eine Einordnung in die deutsche Klassik. Bezüglich des Inhalts erfüllt Kleists Schauspiel aber nicht alle Kriterien dieser Epoche: So handeln die Personen, insbesondere die Hauptfigur der Prinz von Homburg, keineswegs immer rational und in völligem Bewusstsein über ihre Motive, sondern sind häufig den irrationalen Mächten des Unbewussten ausgeliefert. Im Gegensatz zu Figuren der deutschen Klassik verfügen sie also nicht frei über ihr Inneres.

3.2 Die geschlossene Form

Im vorangegangenen Unterrichtsschritt wurde ein wesentliches Formmerkmal eines Dramas der deutschen Klassik – nämlich seine geschlossene Form – bereits hervorgehoben. In diesem Kapitel soll in Gruppenarbeiten überprüft werden, inwieweit Kleists Drama „Prinz Friedrich von Homburg" die einzelnen Kriterien dieser Form erfüllt. Zum Einstieg bietet es sich zunächst an, den Schülerinnen und Schülern auf einer Overhead-Folie eine Gegenüberstellung der beiden Dramenformen nach Volker Klotz[1], **Arbeitsblatt 14**, S. 77, zu zeigen.

---

[1] Volker Klotz: Geschlossene und offene Form im Drama. München 1960

Bevor die einzelnen Kriterien der geschlossenen Form im weiteren Unterrichtsverlauf (u. a. anhand von Arbeitsblättern) noch eingehend betrachtet werden, sollte mit den Lernenden zunächst die grundsätzliche Unterscheidung der beiden Dramenformen besprochen werden. Sie sollen ein Verständnis dafür gewinnen, dass die Form eines Dramas immer auch eng mit seinem Inhalt, seiner Aussage, ja mit dem gesamten Weltbild, das es vermittelt, zusammenhängt. Zur Motivierung des Unterrichtsgesprächs bieten sich verschiedene Frageimpulse an:

■ *Fallen Ihnen Beispiele für ein geschlossenes und für ein offenes Drama ein? Stellen Sie Ihren Mitschülern diese Dramen kurz vor und erläutern Sie, inwiefern es einer der beiden Formen zuzuordnen ist.*

■ *Inwiefern hängt das von dem Drama vermittelte Weltbild auch mit seiner Form zusammen? Welches Weltbild wird wohl eher durch die geschlossene Form vermittelt – welches Weltbild durch die offene Form?*

■ *Versetzen Sie sich in die Perspektive des Zuschauers. Welche Wirkung hat ein Drama der geschlossenen Form auf ihn? Welche Wirkung ein Drama der offenen Form?*

Volker Klotz nennt als Beispiel eines geschlossenen Dramas Goethes „Torquato Tasso" (1790), als Beispiel für die offene Form Büchners „Woyzeck" (1837). Bereits diese Beispiele weisen darauf hin, dass mit der geschlossenen Form auch eine (noch weitgehend) erklärbare und überschaubare Welt verbunden ist, in der alle Menschen und Dinge ihren Platz haben; das Weltbild ist geprägt von der Idee eines alles ordnenden Rationalismus. Das Drama der offenen Form teilt ein solches Weltbild nicht mehr. Häufig für Dramen der Moderne gewählt, bildet diese Form eine komplexe, nicht mehr überschau- und erklärbare Wirklichkeit ab, in der mehrere Handlungen gleichzeitig ablaufen und die unterschiedlichsten Ideen und Weltbilder, häufig unvermittelt und ohne spätere Versöhnung, aufeinandertreffen.

Nach diesem einleitenden Unterrichtsschritt, in dem die durch Volker Klotz geprägte Begriffsdichotomie vorgestellt und besprochen worden ist, kann der Fokus nun auf Kleists Drama „Prinz Friedrich von Homburg" gerichtet werden. Der Kurs wird in sechs Gruppen eingeteilt, die sich jeweils mit einem der Kriterien des geschlossenen Dramas beschäftigen und untersuchen, inwiefern Kleists Drama dieses Kriterium erfüllt:

1. Handlung   4. Personen
2. Zeit   5. Sprache
3. Raum   6. Komposition

Die Schülerinnen und Schüler erhalten das **Arbeitsblatt 15, S. 78**, auf dem Klotz' Kurzzusammenfassungen zu den einzelnen Merkmalen abgedruckt sind:

■ *Lesen Sie die Zusammenfassung des Kriteriums für die geschlossene Dramenform, das Ihre Gruppe behandeln soll, aufmerksam durch und besprechen Sie innerhalb Ihrer Gruppe, inwiefern auch Kleists Drama dieses aufweist. Fassen Sie die Ergebnisse stichpunktartig zusammen, sodass Sie sie später der gesamten Klasse vorstellen können.*

Im gemeinsamen Unterrichtsgespräch werden die einzelnen Gruppenergebnisse nun zusammengetragen, miteinander besprochen und durch weitere Informationen ergänzt.

1. Handlung: Die Gruppe, die sich mit dem Kriterium „Handlung" beschäftigt hat, stellt ihre Ergebnisse vor. Folgende Frageimpulse bieten sich während des darauf folgenden Unterrichtsgesprächs an:

■ *Erkennen Sie eine Haupthandlung im Drama? Fassen Sie sie in wenigen Sätzen zusammen.*

■ *Wie sind die einzelnen Szenen miteinander verbunden? Wäre es denkbar, auf manche dieser Szenen zu verzichten? Oder könnte man die Reihenfolge der Szenen teilweise sogar verändern?*

■ *Haben Sie – vor dem Hintergrund der Kriterien der geschlossenen Form – eine Idee, warum der Moment, in dem der Prinz sein eigenes Grab erblickt, nicht direkt dargestellt wird?*

Es ist zu erarbeiten, dass Kleists Drama hinsichtlich der Handlung die geschlossene Form aufweist: Im Zentrum steht eine einheitliche, in sich geschlossene Haupthandlung – hier die Befehlsverletzung des Prinzen von Homburg und die daraus resultierenden Konsequenzen, der sich alle Nebenhandlungen unterordnen. Diese Nebenhandlungen (etwa die Intervention der Soldaten, um eine Begnadigung des Prinzen herbeizuführen; 5. Akt, 1.-6. Auftritt) haben also kein Eigengewicht, sondern dienen der Ganzheit. Die einzelnen Szenen sind kausal miteinander verknüpft, sodass sich die Entwicklung der Handlung (hier insbesondere gespiegelt in der seelischen Entwicklung des Prinzen) schlüssig – von der Problementstehung über die wachsenden Verwicklungen bis hin zur Lösung am Schluss – nachvollziehen lässt. Diese Handlung wird, gemäß der Forderung der Einheit, zwar als Ganzes dargeboten, erweist sich bei näherer Betrachtung aber als Ausschnitt eines größeren Ganzen: Der im Drama dargestellten Handlung geht eine Vorgeschichte voraus, die lediglich an verschiedenen Stellen angedeutet wird, aber für den Grundkonflikt durchaus von Bedeutung ist: So ermahnt der Kurfürst im 1. Akt den Prinzen zur Besonnenheit, indem er ihn auf frühere, der eigentlichen Handlung vorausgehende Verfehlungen hinweist: „Herr Prinz von Homburg, dir empfehl ich Ruhe!/Du hast am Ufer, weißt du, mir des Rheins/Zwei Siege jüngst verscherzt". (V. 348–350) Auch die Forderung, dass im geschlossenen Drama „alles grelle, exzessive Geschehen" nur indirekt dargestellt wird, also „nur räumlich und zeitlich distanziert und rhetorisch gezähmt in die Szene" eindringt, erfüllt Kleists Drama: So wird das Ereignis, das den Prinzen während des Handlungsverlaufs sicherlich am meisten emotional trifft, nämlich der Anblick des offenen Grabes, nicht direkt auf der Bühne dargestellt, sondern lediglich durch seinen späteren Bericht – also zeitlich und räumlich versetzt – wiedergegeben (3. Akt, 5. Auftritt). Zusammenfassend lässt sich konstatieren, dass Kleists Drama hinsichtlich seiner Handlung das Kriterium der geschlossenen Form erfüllt.

Die Zwischenergebnisse dieses Unterrichtsschritts können stichpunktartig an der Tafel gesichert werden:

Handlung

- einheitliche Haupthandlung, in sich geschlossen
- Nebenhandlungen ordnen sich der Haupthandlung unter, dienen der Ganzheit
- Szenen kausal miteinander verknüpft
- schlüssig, aufeinanderfolgend wird eine bestimmte Entwicklung dargestellt
- Handlung einsträngig-kontinuierlich
- Handlung als Ausschnitt eines größeren Ganzen; dieser Teil wird aber als Ganzes dargeboten (Vorgeschichte wird angedeutet)
- alles Grelle, emotional Erschütternde wird nur indirekt geschildert (z. B. offenes Grab)

2. Zeit: Nachdem die zuständige Arbeitsgruppe ihre Ergebnisse präsentiert hat, kann das Unterrichtsgespräch im Klassenverband weitergeführt werden. Hierfür sind beispielsweise folgende Fragen möglich:

■ *In welcher Zeitspanne verläuft die Handlung? Begründen Sie Ihre Antwort.*

■ *Welche Bedeutung hat die Zeit in Kleists Drama? Kommt es beispielsweise zu einem spannenden Wettlauf mit der Zeit angesichts des drohenden Todesurteils?*

Im Gegensatz zum vorangegangenen Kriterium „Handlung" ergibt sich bzgl. des Kriteriums „Zeit" eine Schwierigkeit bei der Klassifizierung von Kleists Drama. So sollte zunächst die Frage geklärt werden, ob die Zeitspanne der Handlung tatsächlich unter der von Klotz genannten Höchstgrenze von 30 Stunden liegt. Wie sich herausstellen wird, ist es gar nicht einfach, die Zeitverhältnisse des Dramas genauer zu bestimmen – nicht zuletzt weil Kleist in seinen Regieanweisungen auf jegliche Zeitangaben (abgesehen von Angaben wie „Nacht" o. Ä.) verzichtet. Durch eine aufmerksame Lektüre lässt sich aber rekonstruieren, dass sich die Handlung nicht über lediglich 30 Stunden, sondern über mehrere Tage erstreckt. So vergehen allein von der Anfangsszene im Schlossgarten über die am nächsten Morgen stattfindende Taktikbesprechung bis hin zum Schlachtgeschehen am übernächsten Tag[1] über 30 Stunden – und auch die nachfolgenden Geschehnisse (Gespräch im Dorf, Entwaffnung des Prinzen, Gespräche im Kerker und im Schloss, Intervention der Soldaten etc.) erstrecken sich noch einmal über ein paar Tage. Abgesehen von dieser Überschreitung der Höchstgrenze der Handlungszeit erfüllt Kleists Drama aber durchaus auch die zeitlichen Kriterien der geschlossenen Form (zumal eine Zeitstrecke von wenigen Tagen allemal noch mit der geforderten Einheit der Zeit kompatibel ist). So weist bereits die angedeutete Schwierigkeit der exakten Bestimmung der Zeitverhältnisse auf ein anderes Merkmal hin: nämlich darauf, dass die Zeit im geschlossenen Drama keine zentrale Rolle spielt, sondern lediglich den notwendigen Rahmen für die Handlung bietet. Selbst in dem Moment, in dem das Leben des Prinzen durch das ausgesprochene Todesurteil konkret in Gefahr ist, kommt es nicht zu einem spannenden ‚Wettlauf mit der Zeit'. Im Gegenteil, die Zeit läuft auch in dieser Phase, wie in der gesamten Handlung, kontinuierlich, sukzessiv voran, es gibt keine merklichen Zeitsprünge. Die Zeit wird damit zwar zur Voraussetzung für den Handlungsverlauf, ist aber gewissermaßen gar nicht wahrnehmbar. Auch der einzelne Augenblick büßt, wie es für die Form des geschlossenen Dramas typisch ist, an Unmittelbarkeit und Eigenständigkeit ein, da er immer wieder durch Rückwärtsbezüge (z. B. den Verweis auf Entscheidungen des Kurfürsten, zurückliegende Verfehlungen in der Schlacht etc.) und Vorwärtsbezüge (z. B. den Hinweis auf die baldige Urteilsvollstreckung etc.) aufgeladen wird. Mit Klotz lässt sich hier von einer „Entgegenwärtigung" des Augenblicks sprechen, der aber dadurch zum „Träger von Beziehungs- und Bedeutungszusammenhängen" wird.

Ein zusammenfassendes Tafelbild kann folgendermaßen aussehen:

---

[1] Dass das Schlachtgeschehen einen Tag nach der Schlachtbesprechung stattfindet, wird durch die Frage des Prinzen an den Grafen Hohenzollern deutlich: „Was war's schon, was der Dörfling, mich betreffend,/Bei der Parol' hat *gestern* vorgebracht?" (V. 417 f.; Hervorhebung der Autoren)

Zeit

- Einheit der Zeit: Handlung innerhalb weniger Tage (allerdings wird das vorgeschriebene Limit von 30 Stunden deutlich überschritten!)
- Zeit wirkt als Rahmen der Handlung, spielt aber als eigener Faktor für den Handlungsverlauf keine zentrale Rolle
- keine Zeitsprünge
- Zeit wird als reine Sukzession (Fortlauf) dargestellt
- Augenblick keine Eigenständigkeit, ständige Vorwärts- und Rückwärtsbezüge
- Entgegenwärtigung des Augenblicks

3. Raum: Nach der Präsentation der Gruppenergebnisse soll im Klassenverband gemeinsam besprochen werden, inwiefern Kleists Drama auch hinsichtlich des „Raums" die Kriterien der geschlossenen Form erfüllt. Folgende Frageimpulse sind hierfür denkbar:

- *Ist die geforderte Einheit des Ortes erfüllt? Wo spielt die Handlung?*

- *Welche Bedeutung haben die einzelnen Orte? Sind sie für den Handlungsverlauf wichtig? Wie beschreibt Kleist die Schauplätze?*

- *Achten Sie auf die Anfangs- und auf die Schlussszene. Wo spielen diese beiden Szenen? Wie könnte man das Verhältnis von Anfang und Schluss angesichts der gleichen Ortswahl beschreiben?*

Die Schülerinnen und Schüler werden vermutlich erkennen, dass die geforderte Einheit des Ortes erfüllt wird: Die Handlung spielt durchgehend bei Fehrbellin und in Berlin. Dabei charakterisieren und determinieren die Räume/Orte das Verhalten der Figuren nicht. Ähnlich wie die Zeit fungieren sie ebenfalls nur als Rahmen, als Voraussetzung für die Handlung, haben aber keine eigene Funktion. Eine gewisse Ausnahme stellt der Schlossgarten in der Anfangs- und Schlussszene dar: Er lässt sich als symbolische Darstellung des Innenlebens des Protagonisten – konkreter: als Spiegelung seiner Stellung zwischen Traum und Realität – auffassen. Doch auch dieser Raum hat kein ‚Eigenleben'; er steht nicht für sich alleine, sondern nur in Bezug auf die Figuren und die Handlung. So ist es typisch für ein Drama der geschlossenen Form, dass die Räume in den Szenenangaben nur kurz genannt („Saal im Schloss", „Schlachtfeld bei Fehrbellin", „Zimmer in einem Dorf" etc.), aber niemals näher beschrieben werden. Auch die symmetrische Aufeinanderfolge der Räume im Handlungsverlauf – insbesondere die einrahmende Anfangs- und Schlussszene im Schlossgarten – ist ein typisches Merkmal eines geschlossenen Dramas.

Wieder können die Ergebnisse des Unterrichtsschrittes stichpunktartig an der Tafel zusammengefasst werden:

Raum

- Einheit des Ortes: bei Fehrbellin und in Berlin
- Ort nur Rahmen des Geschehens: Räume charakterisieren und determinieren das Verhalten der Figuren nicht
- Schlossgarten lässt sich als Spiegelung des Innenlebens des Prinzen auffassen, hat aber auch keine ‚Eigenfunktion'
- Räume/Orte werden in den Szenenangaben nur kurz genannt, nicht aber beschrieben
- Räume im Handlungsverlauf symmetrisch angeordnet (z. B. Schlossgarten als Rahmen des gesamten Schauspiels)

4. Personen: Wieder soll das allgemeine Unterrichtsgespräch erst stattfinden, nachdem die betreffende Gruppe ihre Ergebnisse vorgestellt hat. Zur Motivation und Weiterführung des Gesprächs bieten sich beispielsweise folgende Frageimpulse an:

- *Welchem Stand gehören die Personen an? Wie reden sie?*

- *Gehen Sie im Geist das Stück noch einmal durch und überlegen Sie sich, wie viele Personen in einer Szene normalerweise aufeinandertreffen. Gibt es auch Massenszenen?*

- *Wie sind die Personen miteinander verbunden? Denken Sie beispielsweise an den Prinzen und Natalie etc.*

- *Im typischen geschlossenen Drama sind sich die Figuren stets über ihre Motivationen im Klaren. Sie handeln vernünftig, werden nicht von ihren Gefühlen überwältigt. Trifft dies auch auf die Personen in Kleists Stück zu? Denken Sie hier insbesondere an den Prinzen von Homburg.*

Die Schülerinnen und Schüler haben sicherlich erkannt, dass eines der wichtigsten Personenmerkmale des geschlossenen Dramas – nämlich die sog. „Ständeklausel" – im „Prinzen von Homburg" erfüllt ist: Alle handlungsleitenden Figuren sind hohen (= adligen) Standes. Ebenfalls typisch für die geschlossene Form ist, dass zum einen die Gesamtzahl der Figuren überschaubar ist (sechs Hauptfiguren und einige Nebenfiguren), zum anderen meist nur wenige (häufig nur zwei oder drei) Figuren in einer Szene gleichzeitig auf der Bühne stehen. Massenszenen gibt es in Kleists Drama überhaupt nicht. Darüber hinaus sind die einzelnen Figuren in vielfältiger Weise mehr oder weniger deutlich miteinander verbunden (so etwa der Prinz von Homburg mit Prinzessin Natalie durch ihre gegenseitige Zuneigung). Außerdem stehen dem Protagonisten – auch dies ein typisches Merkmal des geschlossenen Dramas – Vertraute zur Seite, die ihn in der Not unterstützen (so etwa die Prinzessin Natalie oder die Kurfürstin, die das Verhalten des Prinzen vor dem Kurfürsten zu verteidigen suchen). Eine Diskrepanz zu den Merkmalen der geschlossenen Form zeigt Kleists Drama allerdings hinsichtlich des Bewusstseinszustands der Figuren. Im Gegensatz zum typischen geschlossenen Drama, in dem sich die Personen über ihre Motivationen stets bewusst sind und dementsprechend souverän, gewissermaßen mit innerem Abstand handeln können, ist das Verhalten der Figuren bei Kleist durchaus nicht immer rational motiviert und nachzuvollziehen. Insbesondere der Prinz ist sich ja bis fast zum Ende der Handlung über die eigentlichen Motive seines Verhaltens nicht im Klaren: Wie in Baustein 6 genauer zu erarbeiten sein wird, folgt er in seinem Tun größtenteils den irrationalen Mächten seines Unbewussten. Einen inneren Abstand zu sich und seinem Handeln, der ihn vor emotionalen Ausbrüchen schützt, zeigt der Prinz daher nicht, wie insbesondere in der Todesfurchtszene (3. Akt, 5. Auftritt) deutlich wird. Zusammenfassend ist also zu konstatieren, dass Kleists Drama hinsichtlich der Personen nicht in jeder Hinsicht die Kriterien der geschlossenen Form zeigt.

Ein zusammenfassendes Tafelbild könnte so ausschauen:

Personen

- hohen Standes

- geringe Zahl: 6 Hauptfiguren und einige Nebenfiguren

- nicht isoliert, sondern durch Gemeinsamkeiten und durch Handlung miteinander verbunden

- den Personen stehen Vertraute zur Seite: zwischen Prinz und Kurfürst vermittelt beispielsweise Natalie

- ABER. In Kleists Drama sind sich die Personen nicht immer über die Motivation ihres Handelns bewusst; dies gilt v. a. für den Prinzen, der häufig vom irrationalen Unbewussten getrieben wird

---

 5. Sprache: Die Arbeitsgruppe präsentiert erneut die ermittelten Ergebnisse, bevor das Unterrichtsgespräch auf deren Grundlage fortgeführt wird. Denkbar sind zunächst folgende Frageimpulse:

■ *Welchen Sprachstil pflegen die Personen?*

■ *Gibt es ein einheitliches Versmaß im Drama? Beschreiben Sie es: Achten Sie also beispielsweise auf die Zahl und Reihenfolge der Hebungen und Senkungen, auf mögliche Reime und auf das jeweilige Versende.*

Es ist zu erarbeiten, dass die Sprache von Kleists Drama ebenfalls auf dem Prinzip der Ständeklausel basiert: Der Sprachstil der Figuren ist getragen, gehoben, stets ihrem adeligen Status gemäß. Auch die nichtadeligen Bediensteten sprechen, als „Abspaltungen der Helden", diese gehobene Sprache. Wie es typisch für Dramen der geschlossenen Form ist, finden sich in Kleists Stück keine Stilmischungen (z. B. Mundart etc.). Abgesehen von einigen Ausnahmen ist das gesamte Drama in einer einheitlichen Versform geschrieben: Kleist verwendet den für das Drama des 19. Jahrhunderts üblichen Blankvers, also einen reimlosen fünfhebigen Jambus (= Senkung–Hebung resp. unbetont–betont: xX) mit einer männlichen, d. h. betonten, oder einer weiblichen, d. h. unbetonten, Kadenz (= Versende). Formal lässt sich der Blankvers also folgendermaßen darstellen (x für unbetonte Silbe, X für betonte Silbe):

Blankvers mit männlicher Kadenz: xXxXxXxXxX

Blankvers mit weiblicher Kadenz: xXxXxXxXxXx

Nachdem den Schülerinnen und Schülern die Merkmale des Blankverses vermittelt wurden, können sie das Versschema einer konkreten Textpassage selbst zu bestimmen versuchen:

■ *Bestimmen Sie die Versform der Verse 1–10 und stellen Sie die Abfolge der Betonungen formal dar. Achten Sie auch auf die Kadenz (männlich oder weiblich) der einzelnen Verse.*

Die Ergebnisse können anhand einer Overhead-Folie so dargestellt werden:

Der Blankvers im „Prinzen von Homburg" (am Beispiel der ersten zehn Verse)

Vers:	Senkung/Hebung:	Kadenz:
1. Der **Prinz** von **Hom**burg, **uns**er **tapf**rer **Vet**ter,	xXxXxXxXxXx	weiblich
2. Der **an** der **Reu**ter **Spi**tze, **seit** drei **Ta**gen	xXxXxXxXxX	weiblich
3. Den **flücht**gen **Schwe**den **mun**ter **nach**gesetzt,	xXxXxXxXxX	männlich
4. Und **sich** erst **heu**te **wie**der atem**los**,	xXxXxXxXxX	männlich
5. Im **Haupt**quar**tier** zu **Fehr**bel**lin** ge**zeigt**:	xXxXxXxXxX	männlich
6. Be**fehl** ward **ihm** von **dir**, hier **län**ger **nicht**,	xXxXxXxXxX	männlich
7. Als **nur** drei **Füt**trungs**stun**den **zu** ver**wei**len,	xXxXxXxXxXx	weiblich
8. Und **gleich** dem **Wran**gel **wie**derum ent**ge**gen,	xXxXxXxXxXx	weiblich
9. der **sich** am **Rhyn** ver**sucht** hat **ein**zuschanzen.	xXxXxXxXxXx	weiblich
10. Bis **an** die **Ha**ckel**ber**ge **vor**zurücken?	xXxXxXxXxXx	weiblich

Zur Weiterführung des Unterrichtsgesprächs sind folgende Frageimpulse denkbar:

- *Achten Sie auf die Syntax der Sätze. Sind es eher komplizierte Satzgefüge mit vielen Nebensätzen oder eher einfache Hauptsätze?*

- *Wie sind die Dialoge zwischen zwei Personen gewichtet?*

- *Ein Kriterium der geschlossenen Form ist, dass sich die Figuren in ihrer Rede immer bewusst über ihre Motivationen sind und sich von ihren Gefühlen nicht überwältigen lassen. Gilt dies auch immer für die Personen in Kleists Drama?*

Auch in syntaktischer Hinsicht erfüllt das Drama die Kriterien der geschlossenen Form: Die Figurenrede besteht zum großen Teil aus Hypotaxen, also aus Sätzen mit hierarchisch strukturierten Haupt- und Nebensätzen. (Als Beispiel hierfür lässt sich ebenfalls der soeben analysierte erste Satz des Dramas anführen, in dem sich u. a. eine Apposition, zwei Relativsätze und drei Infinitivsätze finden.) Treffen zwei Figuren aufeinander, so kommt es – typisch für das geschlossene Drama – zu gut abgestimmten Dialogpartien, die durch Rede und Gegenrede bestimmt sind.

Hinsichtlich der bislang genannten Merkmale weist Kleists Drama also auch bzgl. der Sprache die geschlossene Form auf. Eine Diskrepanz zum typischen geschlossenen Drama zeigt sich allerdings bzgl. des Reflexionsgehaltes der Figurenrede: Im Gegensatz zur Regel, dass im geschlossenen Drama nur Rationales, dem Verstand Einsichtiges und klar Erkanntes artikuliert wird, spricht der Prinz – vor allem in der Todesfurchtszene – von seinen sicherlich nicht in ihrer ganzen Tiefe erkannten Gefühlen, insbesondere von seinen aus dem Unbewussten stammenden Ängsten (obwohl hier einschränkend zu betonen ist, dass auch diese Gefühle in gehobener Sprache und im Versmaß, also in geordneter Form, ausgedrückt werden).

Wieder bietet sich ein zusammenfassendes Tafelbild zur Ergebnissicherung an:

Sprache

- gehobene Sprache, gemäß der Ständeklausel
- keine Stilmischung (also keine Mundart etc.)
- einheitlicher hoher Versstil
- Blankvers: reimloser fünfhebiger Jambus: xXxXxXxXxX (Ende betont: männlich)
  xXxXxXxXxXx (Ende unbetont: weiblich)
- Syntax: viele Hypotaxen; spiegeln das hierarchisch geordnete Weltbild des geschlossenen Dramas wider
- viele Dialogpartien: Rede und Gegenrede genau ausbalanciert
- ABER: Die Figuren sind sich nicht immer bewusst über das von ihnen Gesagte; Unbewusstes, Irrationales drängt sich hinein: besonders deutlich in der Todesfurchtszene

6. Komposition: Nach der Ergebnispräsentation der Schülergruppe kann die Komposition von Kleists Drama im gesamten Klassenrahmen betrachtet und miteinander besprochen werden. Mögliche Frageimpulse:

■ *Welche Bedeutung hat der einzelne Auftritt für das gesamte Drama? Steht er für sich alleine?*

■ *Wäre die Handlung noch verständlich, wenn man einzelne Auftritte – beispielsweise für eine Bühneninszenierung – weglassen würde?*

Wie es typisch für die geschlossene Form ist, ist die Handlung von oben nach unten gegliedert, d. h., das Ganze weist dem Einzelteil seine Stelle zu. Nichts steht für sich allein, sondern nur in Bezug auf die übergeordnete Handlung. Der einzelne Akt stellt hier die wichtigste Funktionseinheit dar, ordnet sich aber ebenfalls dem Gesamtgefüge unter; er ist also nur in Bezug auf alle anderen Akte adäquat zu verstehen. Besonders auffällig an Kleists Drama sind die starken Tendenzen zur symmetrischen Komposition: Symmetrien, Parallelen, Spiegelungen etc. zeigen sich auf allen Ebenen, angefangen von dem einrahmenden Spiegelungsverhältnis der Anfangs- und Schlussszene über die symmetrische Anordnung der fünf Akte bis hin zum (bereits oben genannten) ausgewogenen Verhältnis von Rede und Gegenrede in den Dialogen. Sinnvoll ist es, konkret nach dem symmetrischen Verhältnis der Anfangs- und der Schlussszene zu fragen:

■ *Lesen Sie noch einmal die Eröffnungsszene (1. Akt, 1. Auftritt) und die Schlussszene (5. Akt, 11. Auftritt). Was hat sich im Lauf der Handlung verändert? Was ist gleich geblieben? Was könnte der Grund dafür gewesen sein, dass Kleist für Anfang und Ende seines Stücks den gleichen Schauplatz wählt?*

Die Schülerinnen und Schüler werden sicherlich problemlos erkennen, dass die Äußerlichkeiten der beiden Szenen bis in die Details gleich geblieben sind: Wie in der Eröffnungsszene steht der Prinz auch in der Schlussszene allein im nächtlichen Schlossgarten, wieder tritt die Hofgesellschaft von der Rampe des Schlosses auf ihn zu. In beiden Szenen gibt der Kurfürst der Prinzessin den Lorbeerkranz mit der goldenen Kette, auf dass sie diese Insignien der Macht und des Erfolges dem Prinzen überreiche. Die Anfangs- und die Schlussszene stehen sich also einander spiegelnd gegenüber und bilden damit den Rahmen für die gesamte Handlung. Gleichen sich die beiden Szenen äußerlich auch bis ins kleinste Detail, so unterscheiden sie sich doch inhaltlich diametral voneinander. Am Anfang handelte es sich bei der Überreichung des Lorbeerkranzes und der goldenen Kette lediglich um einen leichtfertigen Scherz, den der Kurfürst mit dem schlafwandelnden und unreifen Prinzen treibt. Am Ende aber zollt er mit diesen Symbolen seinen hohen Respekt vor dem nun zum erwachsenen und verantwortungsvollen Mann gereiften Prinzen. Wie es zu dieser Wandlung des Prinzen kommen konnte, erzählt Kleist in der zwischen den beiden Szenen liegenden Handlung.

Wieder können die Ergebnisse an der Tafel gesichert werden:

Komposition

- Handlung von oben nach unten gegliedert
- jedes Einzelteil hat seinen Platz im übergeordneten Ganzen
- Akt wichtigste Bedeutungseinheit innerhalb des Dramas
- Symmetrie: z. B. Anfangs- und Endszene / Rede – Gegenrede der Figuren

Im Anschluss daran kann der Aufbau des Dramas in fünf Akte, ein weiteres typisches Merkmal des geschlossenen Dramas, genauer analysiert werden. Erneut wird die Klasse in einzelne (diesmal fünf) Gruppen aufgeteilt, die jeweils einen der Akte genauer betrachten sollen. Die Schülerinnen und Schüler erhalten das **Arbeitsblatt 16, S. 81**, auf dem die von Gustav Freytag systematisierte Fünfaktigkeit des Dramas[1] auch grafisch dargestellt ist:

> ■ *Lesen Sie das Arbeitsblatt 16 und prägen Sie sich den Aufbau des fünfaktigen Dramas gut ein. Lesen Sie danach den Ihrer Gruppe zugewiesenen Akt aus Kleists Stück und erarbeiten Sie mit Ihren Mitschülern, welche Funktion dieser Akt vor dem Hintergrund des Fünf-Akte-Schemas erfüllt.*

Außerdem kann den Schülergruppen jeweils ein Folienstreifen ausgeteilt werden, auf dem sie die Ergebnisse für ihren jeweiligen Akt zusammenfassen sollen:

> ■ *Fassen Sie Ihre Ergebnisse stichpunktartig auf dem Folienstreifen zusammen. Wenn nötig, können Sie diese Ergebnisse während des anschließenden Unterrichtsgesprächs auch noch erweitern bzw. verändern. Am Ende sollen die fünf Folien auf dem Overhead-Projektor so nebeneinandergelegt werden, dass die Gesamtstruktur der fünf Akte von Kleists Drama auf einen Blick deutlich wird.*

Die Ergebnisse werden vorgetragen und im Unterrichtsgespräch gemeinsam besprochen. Zu erarbeiten ist: Im **1. Akt**, der **Exposition**, werden die Zuschauer in Zeit, Ort und Atmosphäre der Handlung eingeführt. Sie erfahren, dass das Stück im 17. Jahrhundert in Brandenburg spielt und sich offensichtlich um die Thematik Krieg und Gehorsam dreht. Auch die zentralen Figuren – Prinz von Homburg, Kurfürst, Kurfürstin, Prinzessin Natalie, Graf Hohenzollern – treten bereits im 1. Akt auf oder werden zumindest, wie der Obrist Kottwitz, von anderen Personen erwähnt. Der Grundkonflikt – die Stellung des Prinzen auf der Schwelle zwischen Traum und Wirklichkeit, die schließlich zu seinem Todesurteil führen wird – zeichnet sich hier bereits ab: zum einen in der Gartenszene, in der der Prinz schlafwandelt, zum anderen in der darauffolgenden Szene der Befehlsausgabe, in der er so abgelenkt ist, dass er kein Gehör für die ihm gegebene Order hat. Sein abschließender Monolog (6. Auftritt) zeigt noch einmal deutlich, in welch narzisstischen Träumereien und Größenfantasien von Homburg schwebt – und das Publikum ahnt, dass er aus solchen Höhen zwangsläufig wird fallen müssen.

---

[1] Vgl. Gustav Freytag: Die Technik des Dramas. Berlin 2003

Und wirklich erhält die Handlung im **2. Akt** bereits in der 1. Szene **den entscheidenden Anschub** in Form der Insubordination des Prinzen auf dem Schlachtfeld. Seine Befehlsverletzung stellt hier **das geforderte „erregende Moment"** für die **steigende Handlung** dar: Es gibt nun kein Zurück mehr, alle folgenden Ereignisse resultieren fast zwangsläufig aus dieser Befehlsmissachtung. Zunächst glaubt der Prinz zwar, durch den Sieg über den Feind den Höhepunkt seines Triumphes erreicht zu haben. Doch schon kurz darauf wird er durch seine Entwaffnung und Inhaftierung durch den Kurfürsten eines Besseren belehrt. In dieser Szene (9. und 10. Auftritt) zeigt sich der die Handlung antreibende Konflikt zum ersten Mal ganz konkret: die Diskrepanz zwischen den egozentrischen Träumereien des Prinzen und dem vernunftbetonten, auf das Allgemeinwohl bedachten Weltbild des Kurfürsten. Deren beider Interessen stoßen direkt aufeinander und das Publikum fragt sich gespannt, wie sich dieser Konflikt wohl am Ende auflösen wird.

Als der Prinz im **3. Akt**, 1. Auftritt schließlich durch das Gespräch mit dem Grafen Hohenzollern erkennen muss, dass sein Leben durch das vom Kurfürsten unterzeichnete Todesurteil nun ganz real in Gefahr ist, ist der **Höhepunkt der Handlung** fast erreicht. Mit einigem Recht kann man sagen, dass der eigentliche Höhepunkt gar nicht direkt auf der Bühne dargestellt, sondern nur im Nachhinein indirekt (im 5. Auftritt) berichtet wird: Die Verzweiflung des Prinzen hat ihren Kulminationspunkt in dem Augenblick erreicht, in dem er auf dem Weg zur Kurfürstin das für ihn bestimmte offene Grab erblickt. Nun ist er endgültig aus seinen narzisstischen Träumen erwacht und erkennt die unmittelbar drohende Gefahr. Da der Prinz in seiner Todesangst nun alles daran setzt, dem Urteil zu entgehen, und die Kurfürstin sowie Natalie um Hilfe anfleht, stellt der Höhepunkt gleichzeitig den **Wendepunkt des Dramas** dar: Die folgenden Ereignisse nähern sich nun dem Ausgang der Handlung – ob nun einer befriedigenden Lösung oder einer Katastrophe …

Im **4. Akt fällt die Handlung auf das Ende zu**, wird allerdings durch verschiedene **retardierende (also verzögernde) Momente** immer wieder aufgehalten bzw. verlangsamt, sodass erneut Spannung entsteht. Zu diesen Verzögerungen und Ungewissheiten gehört die Intervention Natalies beim Kurfürsten (1. Auftritt): Wird er ihrer Bitte nach Begnadigung des Prinzen nachkommen oder bei seinem Urteilsspruch bleiben? Auch die Bittschrift der Soldaten, die Natalie zur Unterzeichnung vorgelegt wird (2. Auftritt), stellt ein retardierendes Moment dar, ist es doch durchaus denkbar, dass der Kurfürst angesichts des eigenmächtigen Verhaltens seiner Untergebenen erst recht ein Exempel von Gesetz und Ordnung statuieren will. Das deutlichste retardierende Moment ist aber die anschließende Weigerung des Prinzen, sich unschuldig zu erklären und damit seine Begnadigung herbeizuführen (4. Auftritt): Den Freispruch – und damit eine (zumindest scheinbare) Lösung des Konflikts – in greifbarer Nähe, droht die Handlung durch das Verhalten des Prinzen nun doch noch in der Katastrophe, nämlich der Vollstreckung des Todesurteils, zu enden.

Im **5. Akt** erreicht die Handlung schließlich die **Lösung des Konflikts**: Die anderen Soldaten verteidigen die eigenmächtige Handlung des Prinzen auf dem Schlachtfeld und signalisieren dem Kurfürsten damit, dass von Homburg nach wie vor ein respektierter und geachteter Führer in ihren Reihen sein wird: Seiner Wiedereinsetzung ins Heer steht demnach auch in Hinsicht auf die ‚Moral der Truppe' nichts im Wege. Durch die Einsicht des Prinzen in sein schuldhaftes Verhalten wiederum wird es dem Kurfürsten nun möglich, ‚Gnade vor Recht' ergehen zu lassen. Das Todesurteil wird aufgehoben, der Prinz wird in der letzten Szene als ruhmvoller Held gefeiert, dem jetzt auch die begehrte Frau, die Prinzessin Natalie, an die Seite gestellt wird. Der Prinz hat nun tatsächlich den Höhepunkt seines Triumphs erreicht. Alle Konflikte sind gelöst.[1]

---

[1] Ein Kommentar zur Begrifflichkeit: Da Kleists im adligen Milieu spielendes Drama nicht in einer Katastrophe endet, sondern die Lösung des Konflikts durch die innere Einsicht der Figuren herbeigeführt wird, handelt es sich nicht um eine Tragödie (oder Komödie, deren Figuren ja Nichtadlige sind), sondern um ein sog. **Schauspiel** resp. **Lösungsdrama.** (Ein besonders bekanntes Beispiel für ein Lösungsdrama ist Lessings „Nathan der Weise".)

Nach der Besprechung der einzelnen Akte können nun zum Abschluss die fünf Folienstreifen der Schülergruppen nebeneinandergelegt werden. Die grafische Zusammenfassung der fünf Akte von Kleists Schauspiel kann folgendermaßen ausschauen:

Die fünf Akte in Kleists „Prinz Friedrich von Homburg"

1. Akt Exposition	2. Akt Steigende Handlung mit erregendem Moment	3. Akt Höhepunkt und Wendepunkt	4. Akt Fallende Handlung mit retardierenden Momenten	5. Akt Lösung
(1. Szene:) 1.–4. Auftritt: Im Schlossgarten: Hauptfiguren werden eingeführt; Grundkonflikt wird deutlich; Vorgeschichte wird angedeutet (2. Szene:) 5. Auftritt: Saal im Schloss Taktikbesprechung: Prinz geistesabwesend, Befehlsverletzung kündigt sich an 6. Auftritt: Größenfantasien des Prinzen; seine Disposition ist nun klar	(1. Szene:) 1.–2. Auftritt: Auf dem Schlachtfeld: Insubordination des Prinzen, Auslöser aller nachfolgenden Verwicklungen (2. Szene:) 3.–8. Auftritt: Zimmer in einem Dorf: Kurfürst scheinbar tot; Prinz glaubt sich am Höhepunkt seines Triumphs; dann Nachricht vom Überleben des Kurfürsten: Gefahr für den Prinzen deutet sich an (3. Szene:) 9.–10. Auftritt: Garten vor Schloss: Prinz wird durch Kurfürst wegen Befehlsmissachtung entwaffnet und abgeführt; Kriegsgericht soll über ihn richten; Prinz nun konkret in Gefahr; Konflikt ist nun offen zutage getreten; Spannung steigt: Wie wird es weitergehen?	(1. Szene:) 1.–2. Auftritt: Im Gefängnis: Durch Gespräch mit Hohenzollern realisiert Prinz die Todesgefahr, will nun aktiv etwas dagegen unternehmen *(Eigentlicher Wendepunkt nicht direkt dargestellt, sondern nur indirekt berichtet: Anblick des offenen Grabes – Prinz erwacht endgültig aus seinen Träumen, erkennt die Realität)* (2. Szene:) 3.–5. Auftritt: Zimmer der Kurfürstin: Todesfurchtszene; Prinz hat Gefahr endgültig erkannt; bittet Kurfürstin und Natalie um Hilfe; Ereignisse gehen nun der Lösung entgegen	(1. Szene:) 1. Auftritt: Zimmer des Kurfürsten: Natalie bittet Kurfürsten um Begnadigung des Prinzen; retardierendes Moment: Wie wird er entscheiden? (2. Szene:) 2. Auftritt: Zimmer der Prinzessin: Graf Reuß überbringt Natalie die Bittschrift der Soldaten, Natalie unterschreibt selbst; retardierendes Moment: Wird diese Bittschrift die Begnadigung herbeiführen oder womöglich rückgängig machen? (3. Szene:) 3.–4. Auftritt: Im Gefängnis: Zynischer Monolog des Prinzen: Hat er sich mit seinem Schicksal abgefunden? Natalie überbringt Prinz den Brief des Kurfürsten; Prinz kann Unschuldserklärung nicht abgeben; retardierendes Moment: Stellt sich der Prinz selbst gegen mögl. Begnadigung?	(1. Szene) 1.–9. Auftritt: Saal im Schloss: Kurfürst erhält Bittschrift; er debattiert mit verschiedenen Soldaten über Schuld und Unschuld des Prinzen; es wird deutlich, dass der Prinz nach Ermessen der anderen Soldaten seinen militärischen Dienst problemlos wieder aufnehmen kann; Prinz von Homburg fordert nun selbst seinen Tod, will Kriegsgesetz verherrlichen (2. Szene:) 10.–11. Auftritt: Schloss und Schlossgarten: Prinz wird begnadigt; er gewinnt Natalie an seine Seite; Triumph → Tragischer Konflikt führt nicht zur Katastrophe, Drama endet in Problemlösung durch Einsicht der Figuren: keine Tragödie oder Komödie, sondern **Schauspiel** resp. **Lösungsdrama**

Zum Abschluss dieses Unterrichtsschritts bietet sich folgende Aufgabe an:

■ *Wir haben nun die Kriterien eines Dramas der geschlossenen Form kennengelernt und gemeinsam erarbeitet, inwiefern Kleists Drama diese Kriterien erfüllt. Reka-pitulieren Sie die gewonnenen Ergebnisse noch einmal, indem Sie schriftlich beantworten, ob Kleists „Prinz Friedrich von Homburg" ein geschlossenes Drama ist.*

Eine darüber hinausgehende Aufgabe könnte auch folgendermaßen lauten:

■ *Ist Ihnen, z. B. aus der Mittelstufe, ein Drama bekannt, das eine ganz andere, offenere Form hat? (z. B. Max Frischs „Andorra" oder Bertolt Brechts „Der gute Mensch von Sezuan") Welches Weltbild vermittelt dieses Drama?*

3.3 Zwischen Klassik und Romantik

Im vorangegangenen Unterrichtsschritt haben die Schülerinnen und Schüler erkannt, dass Kleists „Prinz von Homburg" die Kriterien des geschlossenen Dramas erfüllt. Hinsichtlich seiner *Form* spricht also alles für die Epocheneinordnung in die Klassik. In diesem abschlie-ßenden Unterrichtsschritt soll nun mit den Lernenden erarbeitet werden, dass eine solche Einordnung dennoch nicht eindeutig möglich ist, da das Drama hinsichtlich seines *Inhalts* viel eher in die Epoche der Romantik einzuordnen ist. Das Unterrichtsgespräch kann durch folgenden Frageimpuls weitergeführt werden:

■ *Wir haben die formalen Kriterien von Kleists Drama erarbeitet, die für eine Ein-ordnung in die Epoche der Klassik sprechen. Warum ist eine solche Einordnung aber dennoch problematisch? Was spricht dagegen?*

Die Schülerinnen und Schüler werden vermutlich schnell auf die richtige Antwort kommen. Bereits in der vorangegangenen Formanalyse deutete sich ja anhand der wenigen Details, die gegen die Kriterien der geschlossenen Form sprechen, an, dass der „Prinz von Homburg" bzgl. seines Inhalts kein Drama der Klassik ist: So wurde bereits erarbeitet, dass sich die Fi-guren bei Kleist – insbesondere der Prinz – im Gegensatz zu Figuren des klassischen Dramas nicht immer im Klaren über ihre Handlungsmotive sind, sondern häufig von ihrem Unbe-wussten angetrieben werden. Sie stehen ihren Gefühlen auch nicht immer in rationaler in-nerer Distanz gegenüber, sondern werden von ihnen mitunter beherrscht und überwältigt (beispielsweise der Prinz in der Todesfurchtszene).

Im anschließenden Schritt kann den Schülerinnen und Schülern der Lexikonartikel (**Arbeits-blatt 17**, S. 83) ausgeteilt werden, auf dem zentrale Merkmale der Romantik zusammenge-fasst sind:

■ *Lesen Sie den ausgeteilten Lexikonartikel und schreiben Sie die typischen Merk-male der Romantik heraus. Stellen Sie diese Merkmale dann den bereits heraus-gearbeiteten Merkmalen der Klassik gegenüber.*

Eine Gegenüberstellung von Klassik und Romantik kann an der Tafel in folgender Form dar-gestellt werden:

Gegenüberstellung von Klassik und Romantik

Klassik strebt nach:	Romantik drängt nach:
Vollendung	Unendlichkeit
Ruhe	leidenschaftlicher Bewegtheit
fester Ordnung	Grenzenlosigkeit
Klarheit	Vieldeutigkeit
Maß	Maßlosigkeit, Universalpoesie
Objektivität	Subjektivität, Individualisierung
Typisierung	Freiheit
Gesetz	Regellosigkeit
Vernunft	Fantasie, Wunderbarem, Unbewusstem
gültiger, geschlossener Form	unfertiger Dichtungsform
sittlicher Willensstärke	Individualität
Ablehnung des Fantastischen, Unklaren	Vorliebe für das Übersinnliche, Traumhafte,
Gleichgewicht, Harmonie von Gefühl und Verstand	Sprengung der Grenzen von Verstand, Wissenschaft und Poesie

Nachdem die Schülerinnen und Schüler die inhaltlichen Unterschiede zwischen Klassik und Romantik erarbeitet haben, können die Ergebnisse nun auf Kleists Drama übertragen werden. Folgender Auftrag bietet sich hierfür an:

■ *Welche Merkmale der Romantik finden Sie im „Prinzen von Homburg"? Beziehen Sie sich bei Ihrer Antwort sowohl auf die gesamte Handlung als auch auf einzelne Szenen. (Viele Merkmale der Romantik finden sich beispielsweise bereits in der Eröffnungsszene im Schlossgarten.)*

Die Lernenden werden voraussichtlich problemlos eine Vielzahl an romantischen Merkmalen in Kleists Drama benennen können. Schon in der Anfangsszene im nächtlichen Schlossgarten bewegt sich die Handlung eindeutig auf romantischem Terrain: Somnambulismus, Träume, Irreales, ein vernebelter Geist, der nicht mehr zwischen Wirklichkeit und Fiktion zu unterscheiden vermag, das erwachende sexuelle Begehren, grenzenlose Wünsche und Gefühle – all dies sind romantische Sujets *par excellence*. Auch in der nachfolgenden Handlung wird – zumindest was die Hauptfigur des Dramas angeht – eher die Gefühlsseite als die Verstandesseite des Menschen, eher das Innere als das Äußere thematisiert. Der Prinz von Homburg gerät ja letztlich wegen nichts anderem in Todesgefahr, als dass er seine Handlungen nicht rational abwägt, sondern aus emotionalen Impulsen heraus entscheidet und agiert. Häufig ist er sich über seine Motive gar nicht im Klaren, sondern wird von den irrationalen Kräften seines Unbewussten gesteuert (siehe hierzu ausführlich Baustein 6). So ist es auch kein Wunder, dass er – im Gegensatz zu den Figuren eines klassischen Dramas – nicht immer die Contenance zu sich und seinen Gefühlen wahrt, sondern, typisch für die Romantik, von seinen leidenschaftlichen Gefühlen hin- und hergerissen wird, gleichsam zum Spielball seiner emotionalen Kräfte wird: so beispielsweise in seiner Liebe gegenüber Natalie, aber auch und vor allem in der Todesfurchtszene, in der ihn die empfundene Angst zu einem jammernden ‚Nervenbündel' macht. Auch diese Konfrontation mit dem Tod wäre in einem klassischen Drama – in dieser Form – nicht denkbar, auch hier bewegt sich Kleist eindeutig in der Welt der Romantik, wird der Tod hier doch als für das rationale Ich unbegreiflich und daher unerträglich dargestellt, als dunkel und unheimlich. Der Tod ist hier ein für Vernunft und Verstand nicht ergründbares

Mysterium, ein Paradox (ein beliebtes Form-Motiv der Romantik!), wie es auch an anderen Stellen in Kleists Drama gestaltet wird. So erlangt der Prinz seine Begnadigung bei genauer Betrachtung ebenfalls auf paradoxem Weg: Gerade *weil* er seinen Tod annimmt, gewinnt er sein Leben. Seine Auseinandersetzung mit dem Tod ist mit einem anderen zentralen Motiv der Romantik verbunden, nämlich mit der Betonung des Ichs gegenüber der Allgemeinheit, der Betonung des freien Individuums gegenüber einer konformen Gesellschaft.

Die Ergebnisse können an der Tafel stichpunktartig gesichert werden:

Merkmale der Romantik im „Prinzen von Homburg"

- Somnambulismus, Träume, kein klares Bewusstsein
- Betonung des Inneren, der Gefühlsseite des Menschen
- Figuren werden von irrationalem Unbewussten angetrieben, ihre Handlungen sind häufig widersprüchlich
- Prinz wird mit der Unendlichkeit, der Grenzenlosigkeit konfrontiert
- Neigung zum Widerspruch, zum Paradox, z. B.: Erst durch die Annahme des Todes gewinnt Prinz sein Leben
- Überwältigende Gefühle: beispielsweise die Verzweiflung des Prinzen in der Todesfurchtszene
- Vieldeutigkeit der Handlung, z. B.: Könnte der Prinz am Ende nicht doch hingerichtet werden, erträumt er sich die glückliche Lösung vielleicht nur? Was ist im Stück real, was imaginär?
- Betonung der Individualität, der Einzigartigkeit des Ichs gegenüber der Allgemeinheit
- Tod als gefährlich, dunkel, für das rationale Bewusstsein des Menschen nicht erklärbar und daher auch nicht erträglich
- …

Die Schülerinnen und Schüler haben in dieser Unterrichtseinheit durch detaillierte Textanalysen erarbeitet, warum es nicht möglich ist, Kleists „Prinz von Homburg" einer einzigen literarischen Epoche zuzuordnen. Die formalen Kriterien (geschlossene Form, fünf Akte) sprechen zwar für eine Einordnung in die Klassik, die inhaltlichen Kriterien aber eher für die Einordnung in die Romantik. Das Drama – ebenso wie Kleists gesamtes Werk und er selbst als Dichter und Mensch – steht gleichsam im ‚Grenzland' zwischen diesen beiden Epochen.

Zum Abschluss und zur Rekapitulation dieser Unterrichtseinheit ist eine produktionsorientierte Hausaufgabe denkbar, in deren Rahmen die Schülerinnen und Schüler versuchen sollen, das Gelernte im Hinblick auf einen anderen Autor ihrer Wahl[1] anzuwenden:

■ *Fällt Ihnen ein anderer Dichter ein, der wie Kleist auf der Schwelle zwischen Klassik und Romantik steht? Recherchieren Sie Details über sein Leben und Werk. Schreiben Sie im Anschluss einen Aufsatz über diesen Dichter, in dem Sie insbesondere begründen, inwiefern eine eindeutige Epocheneinordnung seines Werkes nicht möglich ist.*

---

[1] Wie zu Anfang dieses Bausteins bereits angedeutet, sind Jean Paul und Friedrich Hölderlin zwei besonders bekannte Beispiele für weitere Dichter im ‚Grenzland' zwischen Klassik und Romantik.

Die Weimarer Klassik (Lexikonartikel)

Weimarer Klassik (auch deutsche Klassik genannt), vage literarhistorische Bezeichnung mit normativer Bewertungstendenz. Klassik und Antike waren bis hin zu G. W. F. Hegel identisch. Seit dem 18. und
5 mehr noch seit dem 19. Jh. umschließt der Begriff Klassik die Gipfelleistungen vieler Nationalkulturen. Unter W. K. versteht man – allzu verengt – die während der Freundschaftszeit Goethes und Schillers (1794–1805) entstandenen literarischen und dich-
10 tungstheoretischen Werke dieser Autoren; frühklassisch werden Goethes Dichtungen genannt, die auf oder seit der Italienischen Reise entstanden. Die Bezeichnung deutsche oder W. K. setzte sich erst spät durch. H. Laube sprach 1839 davon; Friedrich Theo-
15 dor Vischer (1807–1887) nannte Goethe und Schiller „Klassiker des modernen Ideals". Mit dem Literarhistoriker Hermann Hettner (1821–1882) verfestigte sich der Begriff, der Goethe und Schiller kanonisiert und isoliert sowie in verwandtem Geist wirkende
20 Zeitgenossen – die idealistischen Philosophen, Ch. M. Wieland und J. G. Herder, K. Ph. Moritz und W. v. Humboldt u. a. – separiert. Epochenmerkmale der W. K. bilden die Aneignung des antiken Kunstideals, die Ästhetisierung der Wirklichkeit und die – in der Früh-
25 aufklärung begonnene – anthropozentrische Deutung der Welt. Das ästhetische Credo besteht auf der Autonomie der Kunst, die ihre Eigenwelt erschafft. Die Dichtung will die Konstanten des Menschlichen demonstrieren und transparent sein für das Typische,
30 das Goethe an der Natur, Schiller an der Geschichte abliest. Der Wille zur poetologischen Gesetzgebung gründet in einem Ethos, das auf Maß, Ausgleich und Einordnung ins gesellschaftliche Ganze ausgeht. In der W. K. findet der Wunschgedanke der Humanität
35 und der allseits gebildeten Persönlichkeit seine angemessenste Kunstform; ihre zentralen Themen sind die Kollision der unbedingten Leidenschaft mit dem bedingenden Ordo, die Freisetzung des Ideellen durch das am wertblinden Reellen tragisch scheiternde In-
40 dividuum und das Zerbrechen des exponierten Subjekts an den Gegenkräften der Geschichte wie am eigenen Unmaß. Die W. K. vollendete die von G. E. Lessing ausformulierte Aufklärung; in ihr gipfelte die europäische Antikerezeption.

Weimars geistige Physiognomie zwischen 1770 und 45 1830 repräsentierten vier Männer aus dem Bürgertum: Wieland, Herder, Goethe und Schiller, die der Nähe zum Hof Ansehen und manche Unterstützung verdankten, ohne dass deshalb die Hochklassik um 1800 als Hofklassik abgetan werden darf. Das Standes- 50 ideal des Adels wurde vielmehr zum Leitbild des „edlen", humanistisch gebildeten und human handelnden Menschen.
Die Kunst erhielt eine bis dahin unbekannte Bedeutung und Würde. Sie wollte alle menschlichen Kräfte 55 – das Denken, Fühlen, Wollen und die Fantasie – in ihrer Ganzheit und Einheit aus- und ansprechen. Mit dem Sturm und Drang begann der subjektive, „regellose" Gefühlsausdruck, der sich zur Zeit der Klassik aber wieder an strengen Gattungsnormen orientierte. 60 Die Klassik bestand auf der Form der Dichtung, die dem Gehalt ihre Dignität vermittelt, als Ausdruck von Formen der geselligen Bildung, des schonenden Umgangs mit „fremder Freiheit".
[...] 65
Da die Kunst eine „andere", zweite Natur ist, sollte auch sie objektiv sein, der Stil auf strenger Erkenntnis basieren. Goethe suchte nach der „Dauer im Wechsel", nach dem Bleibenden, Gesetzhaften in der Flucht der Erscheinungen. Daher ging er als Dichter 70 wie als Forscher auf das Allgemeine und Typische aus, in dem das kurzlebige Einmalig-Besondere gründet. Wie die Natur alles Willkürliche, so sollte das Kunstwerk alles Ungefähre und Zufällige ausschließen. Auf das tektonische Drama der W. K. übertragen, bedeu- 75 tet dies: Jede Szene ist in sich strukturiert, durch ihre Funktion bestimmt und final ins Ganze eingefügt. Symmetrie bestimmt die Komposition. Die Handlung – ein geistiger Konflikt – entwickelt sich folgerichtig aus den in der Exposition vorgegebenen Prä- 80 missen. Der seit Lessing bevorzugte Blankvers weist die Alltagssprache wie das Alltägliche ab. Der eigentliche Schauplatz ist das Innere der Personen. Der Nachteil: Die stilisierte Ordnung entwirklicht das Natürliche, verkürzt die Figuren auf ihre Gesinnung und 85 verringert ihre individuelle Konkretheit.
[...]

Aus: Harenberg Lexikon der Weltliteratur. Autoren – Werke – Begriffe. Vollständig überarbeitete und aktualisierte Studienausgabe 1989, S. 3043 f.: © Bibliographisches Institut & F. A. Brockhaus, Mannheim

■ *Lesen Sie den Lexikonartikel zur Weimarer Klassik und notieren Sie die wichtigsten Merkmale.*

■ *Was spricht dafür, Kleists „Prinzen von Homburg" der Weimarer Klassik zuzuordnen? Was dagegen?*

Erika Fischer-Lichte: Das Drama der deutschen Klassik

Zu den formalen Elementen, die Kleist auch im *Prinzen von Homburg* verwendet, gehören vor allem die Gliederung in fünf Akte, eine Komposition nach den Prinzipien von Symmetrie, Analogie und Propor-
5 tion sowie der Blankvers der Dialoge.

Auf diese formalen Elemente sind nun im Drama der deutschen Klassik die inhaltlichen Elemente der Figurenkonzeption und der Handlungsführung eng bezogen. Die Personen werden nur von bewussten
10 Handlungsmotiven angetrieben. Sie verfügen frei und souverän über ihr Inneres. Ihre Gefühle und Aufwallungen, seelischen Zustände und Vorgänge sind jederzeit ihrem Bewusstsein zugänglich. Darüber hinaus besitzen diese Figuren die besondere Fähigkeit,
15 alles, was in ihrem Inneren vorgeht, sprachlich ausdrücken, nachvollziehen und reflektieren, es ohne jeden Rest in Worte fassen zu können. Den Reden der Personen lassen sich daher vollständig alle jene Prozesse entnehmen, die in ihnen ablaufen.
20 Daraus ergeben sich wichtige Konsequenzen für die Handlungsführung. Denn die Handlung wird vor allem durch Entscheidungen der Personen vorangetrieben, die ausnahmslos sprachlich als argumentative Prozesse vollzogen werden. Der dramatische Konflikt entsteht in der Regel aus dem Antagonismus 25 zweier Personen, die zwei unterschiedliche Ideen, ideologische Konzepte, Weltsichten, Lebensformen, Verhaltensweisen etc. repräsentieren (z.B. die Griechen – die Skythen; Tasso – Antonio; Maria – Elisabeth; Wallenstein – Piccolomini). Er findet eine rati- 30 onale Auflösung entweder durch den Tod eines der Antagonisten (Marias, Wallensteins), den eine argumentativ begründete Entscheidung des Gegners herbeiführt, oder durch die Versöhnung beider (Iphigenies mit Thoas, Tassos mit Antonio), die ihrerseits als 35 Konsequenz eines Argumentationsprozesses vollzogen wird.

Der Rationalität des Aufbaus entspricht also die Rationalität der Personen und der Handlungsführung. Formale und inhaltliche Elemente verweisen derge- 40 stalt aufeinander und konstituieren die Gattungsform des klassischen deutschen Dramas als eine komplexe Struktur, als deren grundlegendes Prinzip das der Rationalität bestimmt werden kann.

Aus: Erika Fischer-Lichte: Heinrich von Kleist: Prinz Friedrich von Homburg. Grundlagen und Gedanken zum Verständnis des Dramas. Frankfurt a.M.: Diesterweg 1985, S. 22

■ *Welche Merkmale für das Drama der deutschen Klassik werden genannt?*

■ *Treffen diese Merkmale auf Kleists „Prinzen von Homburg" zu?*

Volker Klotz: Geschlossene und offene Form des Dramas

Geschlossene Form	Offene Form

Handlung

• einheitliche, in sich abgeschlossene Haupt-handlung • kausale Verknüpfung der Szenen (Nichtaus-tauschbarkeit) • einzelne Handlungen als Schritte einer logisch und psychologisch zwingenden Abfolge	• mehrere Handlungen gleichzeitig (Polyme-thie) • Zerrissenheit der Handlungsabfolge • relative Autonomie einzelner Episoden

Zeit

• Einheit der Zeit • Zeit nur Rahmen des Geschehens • keine Zeitsprünge	• ausgedehnter Zeitraum • Zeit als in die Ereignisse eingreifende Wir-kungsmacht • Zeitsprünge zwischen Szenen

Raum

• Einheit des Ortes • Ort nur Rahmen des Geschehens	• Vielheit der Orte • Räume charakterisieren und determinieren Verhalten

Personen

• geringe Zahl • Ständeklausel • hoher Bewusstseinsgrad	• große Zahl • keine ständischen und sozialen Beschrän-kungen • komplexes Zusammenspiel von Innenwelt und Außenwelt

Sprache

• einheitlicher, an der Rhetorik ausgerichteter Sprachstil (Versform) • Dialog als Rededuell (Stichomythie) • Bewusstsein dominiert Sprache	• Pluralismus des Sprechens • Mischung der Stilebenen und der Aus-druckshaltung • Orientierung an der Alltagssprache • Dominanz der Sprache über das Bewusstsein

Komposition

• Handlungszusammenhang als Ganzes • Gliederung vom Ganzen zu den Teilen • Funktionale Zuordnung der Szene zum Akt und des Aktes zum Drama • lineare Abfolge des Geschehens • Fünf Akte	• Dominanz des Ausschnitts • Gliederung von den Teilen zum Ganzen • Szenen haben ihren Schwerpunkt in sich selbst • Variation und Kontrastierung von Szenen

Volker Klotz: Die geschlossene Form im Drama

Handlung

Einheit, Ganzheit und Unverwechselbarkeit der Teile bestimmen den Charakter der Handlung im geschlossenen Drama. Nebenhandlungen, soweit vorhanden, haben kein Eigengewicht, sie ordnen sich völlig der
5 Haupthandlung unter: sie sind reine Funktionsgrößen, die der Ganzheit dienen. Da die Forderung nach Einheit nur eine begrenzte Zeit-, Raum- und Ereignisspanne zulässt, kann die Handlung nur den Ausschnitt eines größeren Ganzen wiedergeben: End-
10 phase und Höhepunkt. Da andererseits die Forderung nach Ganzheit besteht, wird dieser Teilcharakter getilgt. Der Teil wird als Ganzes dargeboten. Einmal durch technische Mittel, um die notwendige ausgeklammerte Außenwelt, die den Weg zum gezeigten
15 Ausschnitt enthält, dem Werk zu integrieren (Exposition, Botenbericht); zum andern durch architektonische Mittel (deutliche Staffelung der Begebnisse von einem Anfang zu einem Höhepunkt, zu einem Ende). Die Handlung ist geschlossen und schlüssig,
20 klar und übersichtlich. Eine Szene geht folgerichtig aus der anderen hervor, jede hat ihren festen Ort im Gefüge des Ganzen. Die Handlung dient der jeweiligen übergeordneten Idee, aus deren Eigenart sie die ihre empfängt. Ein festes, allen Dramen der geschlos-
25 senen Form gemeinsames Konstruktionsschema verbürgt den Eindruck von Ganzheit und wirkungsvoller Implikation der Idee. Besonders deutlich vermag bei dieser Formung die dramatische Grundsituation des Kampfes zu werden, die bei übersichtlicher, gleichar-
30 tiger Gegnerschaft an Höhepunkten – den Schnittpunkten von Spiel und Gegenspiel – gerne zum Duell stilisiert wird. Die Übermacht der Idee über die Handlung wirkt entstofflichend. Alles grelle, exzessive Geschehen, wie Mord und Totschlag und das Auftreten
35 von Volksmassen, wird in „verdeckte" Handlung hinter der Bühne verbannt. Von dort dringt es nur räumlich und zeitlich distanziert und rhetorisch gezähmt in die Szene ein. Durch Vermittlung hat es seine lebendige Gegenwärtigkeit eingebüßt. Interessant sind
40 dem geschlossenen Drama dabei vornehmlich die Reaktionen derer, die die Botschaft empfangen. Durch diese Reinigung der Szene von der bedrohlichen Gegenwart des Brutal-Vorgänglichen erhalten die subtilen Ausdrucksweisen innerer Regungen
45 Raum. Das Sensorium verfeinert sich. Auch werden, vom Stofflich-Einmaligen der jeweiligen pragmatischen Situation gelöst, die darunterliegenden theatralischen Grundgebärden freigelegt (dies besonders bei Racine). Das Allgemeine sucht sich so vom Beson-
50 deren seiner Erscheinungsform zu befreien, was auch in der typisch „klassischen" Abkehr vom Charakteristischen deutlich wird. Indem das Allgemeine – in unserm Beispiel das „Barbarische" – zu unvermittelter Darstellung strebt, schwächt es die Unmittelbarkeit der Szene, die von sinnlicher Verwirklichung lebt. 55 Indirektheit, Entstofflichung, Verinnerlichung: das gleichberechtigte Nebeneinander von Realis und Potentialis, von Fakten und Bewusstseinsspielen, schränkt die Dynamik der szenisch-mimischen Wirklichkeit ein.
60

Zeit

Die Zeiterstreckung im geschlossenen Drama ist beschränkt. Eine Höchstgrenze von 30 Stunden (Corneille) wird nicht überschritten. Meist ist die Zeitspanne wesentlich kürzer. Zeit und Raum sind nur Rahmen des Geschehens, sie greifen nicht aktiv in die Hand- 5 lung ein. Ja, der Zeitfluss ist so ebenmäßig und kontinuierlich (zwischen den einzelnen Szenen gibt es keine Unterbrechung), dass Zeit nur als reine Sukzession sich äußert; das heißt, sie wird als Zeit kaum empfunden. Spezifische Zeitqualität der einzelnen 10 Szenen tritt nicht ins Bewusstsein, sodass man von Entgegenwärtigung sprechen kann. Der Augenblick büßt durch ständige Vorwärts- und Rückwärtsbezüge Unmittelbarkeit und zeitliche Eigenständigkeit ein, gewinnt aber dadurch als Träger von Beziehungs- und 15 Bedeutungszusammenhängen an Funktionsgewicht.

Raum

Die Handlung des geschlossenen Dramas vollzieht sich in einem einheitlichen, geschlossenen, Außenwelt abschirmenden Raum (meist Innenraum). Er charakterisiert nicht, er bedeutet. Wo Raumbeschreibungen im Text auftauchen (Szenenangaben sind 5 äußerst selten) mangelt es dem Beschriebenen an Eigenleben, es ist nur auf Person oder Idee bezogen, somit heteronom. Der Hintergrund der Personen ist unbewegt, sie stehen im leeren Raum, aus dem die Dinge verbannt sind. Kommen Dinge – selten genug 10 – einmal zu Wort, so gehen sie in reiner Hinweisfunktion auf. Der Raum wird nicht aktiv, er verschmilzt nicht, in einmaliger Konstellation mit Person, Sprache, Geste und Zeit zur eigenständigen dramatischen „Situation". Die choreografische Einteilung des 15 Raums in der mise en scène vermittelt den Eindruck statuarischer Gemessenheit, aus der plötzliches Bewegen und Schwerpunktsverlagern ebenso wie span-

nungsvolle Gruppierungen (z. B. Belauschungssze-
20 nen) ausgeklammert sind. Die beiden andern
Raumaspekte, die sich dem Betrachter des geschlossenen Dramas darbietet, Raum als aristokratische
Welt und als Bewusstseinsraum, Agon der inneren
Kämpfe, bestätigen und ergänzen die Eigenschaften
25 des sinnlich wahrnehmbaren Raums: den Mangel an
einmaligen Situationen; das beherrschende Ordnungsgefüge gesellschaftlicher Regeln, welches den
Dingen und Bewegungen im Raum und in der Zeit
die Größenverhältnisse und Bewegungsmodi be-
30 stimmt; schließlich die Entaktivierung des sinnlichen
Raums durch weitgehende Verinnerlichung.

Personen

Die Personen des geschlossenen Dramas sind durchweg hohen Standes. Ihr soziales Herausgehobensein
verbürgt einem tragischen Schicksal die angemessene
Angriffsfläche. Sie sind einseitig gestaltet – Umwelt-
5 und Milieubedingungen enthoben –, da nur diejenige
Seite ihrer Person belichtet ist, die den in der Handlung sich verwirklichenden Konflikt unmittelbar be-
rührt. Ihre Bewusstheit ist ungleich größer als ihre
Spontaneität. Das wird schon daran deutlich, dass sie
10 sich selbst und ihre Kon-Figuren sowohl als individuelle Menschen sehen wie als „Rolle", sei es als zoon
politikon, sei es als Träger der gemeinsamen Welt- und
Wertanschauung, sei es auch nur allgemein als be-
wusstes Mitglied der Spezies Mensch. Die sprachlichen
15 Stilzüge einer zur Rolle münzenden Substantivierung
von Nicht-Nomina und einer Personifikation der Eigenschaften lassen die Menschenauffassung vom Einmaligen, Besonderen, Akzidentiellen zum Steten, Allgemeinen, Substanziellen tendieren. Die Person im
20 geschlossenen Drama hat Abstand zu sich selbst und
zur Aktion. Selbst ihre wildesten Ausbrüche sind gegen das Ungegliederte, Amorphe gefeit.
In mannigfacher Weise sind die Figuren miteinander
verbunden und verwoben, sowohl durch innere Ge-
25 meinsamkeiten wie durch äußere dramaturgische
Gegebenheiten. Ein weiterer Umstand noch belässt
den Helden hier nicht so einsam und isoliert wie im
offenen Drama: häufig steht ihm ein Vertrauter zur
Seite, gleichsam ein abgespaltener Teil der eigenen
30 Person (so zumindest bei Racine), welcher besonders
in Entscheidungssituationen sich zum Sachwalter
des Helden macht.

Komposition

Das geschlossene Drama gliedert die Handlung von
oben nach unten. Das Ganze weist jedem Einzelteil
seine Stelle zu, der Einzelteil besitzt weniger Eigenge-

wicht als Funktionsgewicht im Gesamtgefüge. Daher
kommt dem Akt als Abschnittsgrenze, als „Zwischen- 5
bilanz" größere Bedeutung zu als der Szene, die zum
Auftritt eingeschränkt wird. Überwiegend geome-
trische Kunstprinzipien wie Proportion, Parallelität
und Symmetrie bestimmen die Komposition der Akte, der Personen und der Monologe. Sie wirken mit- 10
unter bis in den Einzelvers hinein.

Sprache

Die Sprache des geschlossenen Dramas bedient sich
durchweg eines einheitlichen hohen *Vers*stils. Dieser
Tatsache widerspricht nicht, dass Goethes „Ur-Iphige-
nie" in Prosa geschrieben ist, es bestätigt sie eher.
Denn die Urfassung von 1779 ist erst Station auf Goe- 5
thes Weg vom offenen Drama („Götz von Berlichin-
gen", 1772/73), zum „klassisch" geschlossenen Drama (letzte Fassung der „Iphigenie", 1786, „Torquato
Tasso", 1789, „Die natürliche Tochter", 1803).
Stilmischungen, wie sie etwa durch mundartliche 10
oder standessprachliche Idiomatik entstehen, sind
dieser hohen Sprache fremd.
Alles vollzieht sich im Bereich des Klar-Bewussten.
Was sich dem Zugriff der Logik entzieht, das Chaotische, Ungestalte, wird nicht sprachlich Ereignis, 15
existiert nicht. Bewusste Ordnung verbürgt auch die
Syntax: unterordnend, hierarchisch abstufend, ver-
deutlichend das Netz konjunktionaler Bezüge, auf-
weisend den Vorrang des Ganzen vor dem Einzelnen
in der Stetigkeit und berechnungslosen Geschmei- 20
digkeit der Fügungen von Satz zu Satz. Vor allem aber
in der einheitlich durchgeführten Satzperspektive, in
der klaren Fluchtlinienstaffelung der Satzteile, vom
Anfang zum Ende, vom Vordergrund zum Hintergrund, welche kein Herausbrechen oder Verselbstän- 25
digen der Teile zulässt. Eng verfugen sich die Dialogpartien. Ein Partner liefert dem andern die Stichworte,
die jeder dann in seinem Sinne in die eigene weitge-
spannte, klar und kunstvoll aufgebaute Redepartie
einfügt. Sogar an affektbetonten Stellen entspringt 30
der Dialog nicht unmittelbar der dramatischen Situation. Insofern wirken die Dialogisierenden verhält-
nismäßig „unbefangen", selbst in bewegten Höhepunkten stichomythischer Streitrede. Denn auch
hier vermag sich reine Spontaneität nicht durchzu- 35
setzen gegen die Übermacht kunstreicher und distan-
zierender Bewältigung des Verhandelten. Auffällig ist
dabei der Rückzug ins Normative, von der plötzlichen
Entscheidung in den gesicherten Raum der gno-
mischen Sentenz: des formelhaften Satzes, in dem 40
nicht einmalige persönliche Erfahrungen sich ver-
dichten, sondern jederzeit für jedermann gültige.
Noch einmal ist Vormacht des Allgemeinen über das
Besondere festzustellen: nämlich in der Metaphorik

(deren dramatische Fungibilität hier weit schwächer ist als im Drama der offenen Form, wo sie, siehe „Woyzeck"-Beispiel, in der Lage ist, zum Handlungsaggregat umzuschlagen). Ein Reservoir anerkannter und bewährter Bilder und Bildfelder meidet das Unerwartet-Plötzliche und Ausgefallene. Die Dingkomponente im Dingvergleich ist dabei weitgehend entsinnlicht und durch lange Tradition bedeutungsmäßig vorgeprägt. Die metaphorische Übereinkunft zeigt nun nicht nur die Ohnmacht der Dinge. Sie bestätigt vielmehr, indem sie die äußere Erscheinung der Dinge zugunsten ihrer Bestimmung entmächtigt (so auch der explikative Genitiv), das Prinzip, das Einzelne, Besondere, Zufällige einer verbergenden Gemeinsamkeit, einem alles überspannenden Ordnungsgefüge zu unterstellen. Somit spiegelt sich auch in der Eigenart der Metaphorik das zugrundeliegende Weltbild.

■ *Lesen Sie die Zusammenfassung des Kriteriums für die geschlossene Dramenform, das Ihre Gruppe behandeln soll, aufmerksam durch und besprechen Sie innerhalb Ihrer Gruppe, inwiefern es auch Kleists Drama aufweist. Fassen Sie die Ergebnisse stichpunktartig zusammen, sodass Sie sie später der gesamten Klasse vorstellen können.*

BS 3

Das aristotelische Drama

Der Erste, der eine Theorie des Dramas entwickelte und dabei Grundsätzliches zu dessen Struktur formulierte, war der griechische Philosoph Aristoteles (384–322 v. Chr.) in seiner Schrift „Über die Dicht-
5 kunst". Diese Theorie war nichts anderes als die systematische Zusammenfassung seiner Eindrücke und Beobachtungen zu den Theaterstücken seiner Zeit. Ein Problem für die Nachwelt war, dass die genannte Poetik des Aristoteles nur in Bruchstücken überliefert
10 ist und dass sie überdies wohl eher Notizen für den Unterricht an seiner Philosophenschule darstellten als eine ausgearbeitete Theorie.

Dennoch galten die erhalten gebliebenen Definitionen und Lehrsätze in der Geschichte des europäischen Theaters lange Zeit als oberster Maßstab. Bis ins 15 19. Jahrhundert hinein waren die Dichter und Literaturtheoretiker bestrebt, ihre Werke und Poetiken mit der Autorität des Aristoteles zu legitimieren. […]
Der Schriftsteller und Literaturwissenschaftler Gustav Freytag hat 1863 in seinem Buch „Die Technik 20 des Dramas" die Theorie des klassischen, aristotelisch geprägten Dramas in stark schematisierter Form dargestellt, indem er die Dramenstruktur als „pyramidalen Bau" beschrieb.

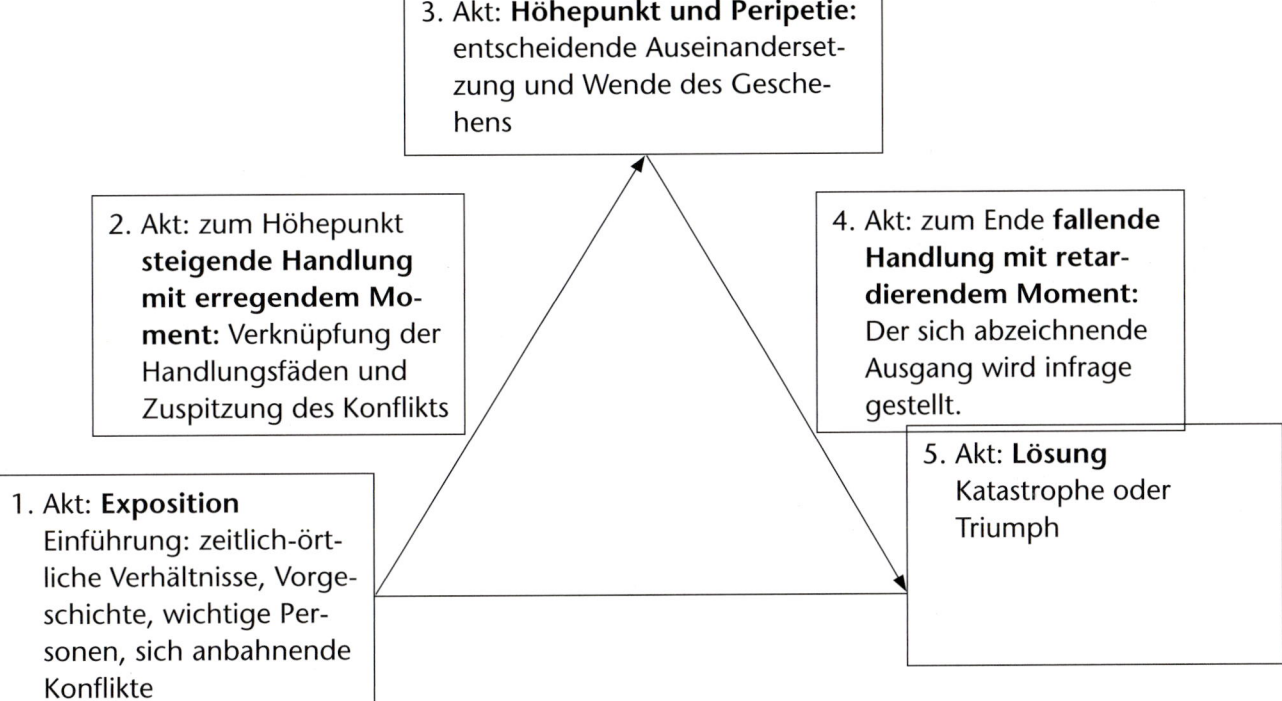

3. Akt: Höhepunkt und Peripetie: entscheidende Auseinandersetzung und Wende des Geschehens

2. Akt: zum Höhepunkt steigende Handlung mit erregendem Moment: Verknüpfung der Handlungsfäden und Zuspitzung des Konflikts

4. Akt: zum Ende fallende Handlung mit retardierendem Moment: Der sich abzeichnende Ausgang wird infrage gestellt.

1. Akt: Exposition Einführung: zeitlich-örtliche Verhältnisse, Vorgeschichte, wichtige Personen, sich anbahnende Konflikte

5. Akt: Lösung Katastrophe oder Triumph

25 Wesentlich für die Struktur des klassischen Dramas sind die auf Aristoteles zurückgehenden drei Einheiten: **die Einheit der Handlung, der Zeit und des Ortes.** Jede Szene des Dramas erweist sich als Teil des einen geradlinigen, zeitlich eng begrenzten und an
30 einen Ort gebundenen Handlungsstranges. Die Szenen (Auftritte) sind zu fünf Akten (Aufzügen) gebündelt. Diese fünf Akte stehen in einem die Spannung aufbauenden Funktionszusammenhang, sie bilden die Etappen, die den dramatischen Prozess in seiner
35 idealtypischen Verlaufsform gliedern.
Gustav Freytag bezog seine Aussagen auf die klassische Tragödie, mit einer „Katastrophe" am Ende. Die Strukturbeschreibung ist jedoch mit unwesentlichen Änderungen auch auf ein Schauspiel mit po-
40 sitivem Ausgang übertragbar.

1. Akt, **Exposition:** Die Zuschauer/innen werden eingeführt in Zeit, Ort, Atmosphäre der Handlung; sie lernen die für die Handlung wichtigen Personen direkt (sie treten auf) oder indirekt (es wird über sie gesprochen) kennen; der Konflikt beginnt sich mehr 45 oder minder deutlich abzuzeichnen.

2. Akt, **steigende Handlung mit erregendem Moment:** Die Handlung erhält einen entscheidenden Anschub, Interessen stoßen aufeinander, Intrigen werden gesponnen, der Ablauf des Geschehens be- 50 schleunigt sich in eine bestimmte Richtung; dadurch steigt die Spannung auf den weiteren Verlauf der Handlung und das Ende (Aufbau einer Finalspannung).

55 3. Akt, **Höhepunkt und Wendepunkt:** Die Entwicklung des Konflikts erreicht ihren Höhepunkt, der Held/die Heldin steht in einer entscheidenden Auseinandersetzung, der Einfluss auf das weitere Schicksal hat. Es erfolgt eine Wende zu Sieg oder Niederlage, 60 zu Absturz oder Erhöhung.

4. Akt, **fallende Handlung mit retardierendem Moment:** Die Handlung fällt jetzt auf das Ende zu; dennoch wird die Spannung noch einmal gesteigert, indem die Entwicklung im sogenannten retardieren- 65 den Moment verzögert wird.

5. Akt, **Lösung des Geschehens** in Form einer **Katastrophe** oder eines **Triumphes** bzw. positiven Endes: Die Schlusshandlung bringt die Lösung des Konflikts mit dem Untergang des Helden/der Heldin oder die Auflösung aller Verwicklungen. Im Falle einer Katas- 70 trophe ist der äußere Untergang, der Tod des Helden/der Heldin mit einem inneren, z. B. moralischen Sieg verbunden.

Ziel des aristotelischen Theaters ist es, den Zuschauer/die Zuschauerin an das Geschehen zu binden, in- 75 dem er sich zum Beispiel mit den Figuren identifiziert, mit ihnen mileidet, sich mit ihnen in Gefahrensituationen fürchtet und sich mit ihnen freut. Auf diesem Weg sollte eine innere Reinigung (**Katharsis**) von derartigen Gemütsbewegungen be- 80 wirkt werden.

Aus: Texte, Themen und Strukturen. Deutschbuch für die Oberstufe. © Cornelsen Verlag, Berlin 1999, S. 164 f., BN 410048

■ *Prägen Sie sich den Aufbau des fünfaktigen Dramas gut ein. Lesen Sie danach den Ihrer Gruppe zugewiesenen Akt aus Kleists Stück und erarbeiten Sie mit Ihren Mitschülern, welche Funktion dieser Akt vor dem Hintergrund des Fünf-Akte-Schemas erfüllt.*

Romantik (Lexikonartikel)

[...] Die R. suchte (mittelbar, aber entscheidend angeregt durch die Frz. Revolution und deren Folgeereignisse) alle die geist.-literar. Strömungen aufzunehmen, die im 18. Jh. im Widerspruch gestanden hatten
5 zum absolutist. Staat, zum philosoph. Rationalismus, zur mechanisch-vernünftigen Theologie (Deismus, Aufklärung), v. a. aber zum frz. Klassizismus. [...] Die R. selbst fügte zu diesen Vorbildern v. a. Dante, Ariosto, Tasso, Cervantes u. Calderon hinzu und
10 knüpfte ihre ersten Theorien an den Gegensatz zwischen einer „romant. Poesie" des christl. Mittelalters u. der Renaissance, geprägt durch den Widerspruch von „Endlichem und Unendlichem" und der noch immer vorbildl. klass. Antike als „Vollendung im
15 Endlichen" (F. Schlegel). Mystik u. Pietismus (J. Böhme) wirkten insbes. auf Schelling und Novalis. Vorweggenommen sind viele Bestrebungen der R. bei J. J. Rousseau (Verbindung von Vernunft u. Gefühl, naturhaftem Lebensideal u. Staatsbewusstsein, Haltung
20 persönl. Bekenntnisse und Glaube an die unendl. Erziehbarkeit des Menschen) u. J. G. Herder (Organismusdenken, histor. Individualitätssinn u. Vernunftutopie, Begriffe der „Ursprache" u. „Naturpoesie"). Unmittelbar anregend wirkten der dt. Idealismus,
25 insbes. die Ästhetik I. Kants u. F. Schillers, sowie J. G. Fichtes Lehre von der freien Tätigkeit des Ich, welche die R. auf den Vorgang künstler. Produktion übertrug. Vorbild war schließl. Goethes „Wilhelm Meister" (1795/96), in dem die R. eine spieler. Verbindung von
30 Poesie, Selbst- und Weltbildung verwirklicht sah. In diesem Sinne nennt F. Schlegel die Frz. Revolution, Fichtes „Wissenschaftslehre" (1794) und Goethes „Meister" „die größten Tendenzen des Zeitalters" und fordert für die noch zu schaffende romant. Dichtung,
35 sie solle „die Poesie lebendig und das Leben und die Gesellschaft poetisch machen", d. h. mit Sensibilität u. freier, sinnvoller Tätigkeit erfüllen. – Die R. brachte sehr unterschiedl. *Themen und Tendenzen* hervor, mit Vorliebe suchte sie gerade die *Produktivität von*
40 *Widersprüchen* zu nutzen. Eine Gemeinsamkeit ist daher nur im Sinne von Berührungspunkten beschreibbar; charakterist. bleibt die Vieldeutigkeit der R.: sie macht jede Darstellung zur auswählenden und wer-

tenden Interpretation. Eine gewisse *Fortsetzung der Aufklärung* bedeutet es, wenn die R. die menschl. Ver- 45 nunft zu vermitteln sucht mit den vernunftlosen, bzw. dem Bewusstsein noch nicht zugängl. Bereichen in der menschl. Seele, in der Geschichte, in der Natur u. in der Existenz Gottes. Der Weg dazu führt einerseits über die Freiheit der Einbildungskraft, näml. 50 dass die Erkenntnis ihre Gegenstände und die Kunst ihre eigene Wirklichkeit hervorzubringen vermöge, andererseits über das Auffinden der in der Wirklichkeit vorgebildeten Vermittlungsmöglichkeiten wie Traum, Weltverhalten des Kindes, Volksdichtung etc. 55 V. a. im Märchen sowie zunehmend zentraler im Mythos sah die R. diese Einheit von Bewusstem und Unbewusstem verwirklicht. Die vielen Märchendichtungen, eine „neue Mythologie" (F. Schlegel), die Verbindung von in die Realität projizierten Vorstel- 60 lungen, Ängsten und Hoffnungen („Veräußerung des Inneren") und Durchdringen der Außenwelt mit Gefühlen und Bedeutungen („Verinnerungen") z. B. in Natur-Stimmungen oder in ausgebauten Symbol-Ketten, die Versenkung in die Geschichte, v. a. in das als 65 geschlossene Wert- u. Gefühlswelt gesehene MA., eine Verschmelzung der Künste (Wackenroder, Hoffmann) bzw. der Künste und Wissenschaften (F. Schlegel, Novalis), die Deutung der Natur als „bewusstlosen Geist" (Schelling), die dichter. Verteidigung der Ein- 70 heit natürl.-sinnl. und geistig-freier Liebe (F. Schlegel, „Lucinde", 1799; C. Brentano, „Godwi", 1801/02), Dichtungen, die den Tod thematisieren, um die Erlebnisfähigkeit zu erweitern (Novalis, Arnim), ein Verständnis der Religion, das gerade die Begrenztheit 75 und Zufälligkeit des Menschen zum Ausgangspunkt seiner fühlend und ahnend erfahrenen Abhängigkeit vom Unendlichen macht (Schleiermacher), schließl. eine Verschmelzung von Religion, Philosophie und staatl. Ordnung, deren gemeinsames Organ die Poe- 80 sie sein solle (Novalis); all dies spiegelt auf verschiedene Weise gemeinsame Tendenzen.
[...]

Aus: Dieter Burdorf/Christoph Fasbender/Burkhard Moennighoff (Hrsg.): Metzler Literatur Lexikon. Begriffe und Definitionen. Begründet von Günther und Irmgard Schweikle. 3., völlig neu überarbeitete Auflage. S. 664–666 © 2007 J. B. Metzlersche Verlagsbuchhandlung und Carl Ernst Poeschel Verlag GmbH in Stuttgart

■ *Lesen Sie den Lexikonartikel zur Romantik und notieren Sie die wichtigsten Merkmale.*

■ *Gibt es in Kleists Drama auch romantische Merkmale? Welche?*

Die zentralen Figuren des Dramas

In diesem Baustein sollen sich die Schülerinnen und Schüler mit den zentralen Figuren des Dramas – dem Kurfürsten von Brandenburg und dem Prinzen von Homburg, der Prinzessin Natalie von Oranien und dem Obristen Kottwitz sowie dem Grafen Hohenzollern – auseinandersetzen. Ziel ist, dass sich die Lernenden in die einzelnen Figuren hineinversetzen, die jeweiligen Charaktere und Handlungen der Protagonisten von innen heraus begreifen und ihre Funktion im Drama verstehen. Weiterhin soll die Beziehung der Akteure untereinander erarbeitet werden, da eine einzelne Figur stets in Abhängigkeit zu den anderen zu interpretieren ist. Erst so kann gesichert werden, dass die Kernaussagen des Dramas und die für Kleist typische Vieldeutigkeit verstanden und eingeordnet werden können. Folgende Erarbeitungsschritte stehen im Zentrum:

- Charakterisierung von Prinz und Kurfürst
- Charakterisierung von Natalie und Kottwitz
- Charakterisierung von Hohenzollern

4.1 Der Prinz von Homburg und der Kurfürst

Für den Beginn der Unterrichtseinheit bietet es sich an, dass die Schülerinnen und Schüler Charaktereigenschaften des Prinzen nennen, die aus dem Drama hervorgehen. Diese werden von der Lehrperson an die Tafel notiert. Anschließend werden die Charaktereigenschaften des Kurfürsten gesammelt und neben die bereits notierten Eigenschaften des Prinzen geschrieben, sodass ihre Gegensätze wie möglichen Gemeinsamkeiten auf einen Blick ersichtlich werden.

Folgende Frage kann den Unterricht einleiten:

■ *Was für ein Mensch ist der Prinz? Was sind seine typischen Merkmale und Eigenschaften, die seinen Charakter im Drama ausmachen? Nennen und belegen Sie diese anhand passender Textstellen.*

Nachdem die Schülerantworten an die Tafel geschrieben wurden, wird die Liste durch die Charakterisierung des Kurfürsten komplettiert:

■ *Nennen und begründen Sie nun die typischen Merkmale und Eigenschaften des Kurfürsten.*

Das Tafelbild könnte wie folgt aussehen:

Prinz und Kurfürst

Prinz:	**Kurfürst:**
träumerisch	realistisch
unzuverlässig	zuverlässig
eitel	uneitel
individuell	gesellschaftlich
gefühlsbetont	rational
lustbetont	pflichtbetont
unverantwortlich	verantwortlich
verliebt	verheiratet
unbewusst	bewusst
unreflektiert	reflektiert
unaufmerksam	aufmerksam
untergeben	herrschend
egozentrisch	altruistisch
jung	alt
uneinsichtig	einsichtig
liebend	liebend
staatstreu	staatstreu
sohnesgleich	väterlich
…	…

Nach Fertigstellung der Liste bietet sich eine mündliche Zusammenfassung der zentralen Gegensätze durch die Lernenden an:

■ *Worin erkennen Sie die hauptsächlichen Gegensätze zwischen Fürsten und Prinzen?*

■ *Welche der beiden Figuren ist Ihnen sympathischer? Begründen Sie Ihre Antwort.*

Für die nachfolgende Aufgabe wird die Klasse in zwei Gruppen geteilt: Gruppe eins repräsentiert den Prinzen, Gruppe zwei den Kurfürsten. Die Schülerinnen und Schüler sollen sich jeweils in ihre Rolle versetzen und einen Tagebucheintrag verfassen, in dem sie ihre Gedanken über die jeweils andere Person formulieren:

■ *Versetzen Sie sich in die Perspektive von Prinz bzw. Kurfürst und schreiben Sie einen Tagebucheintrag über den jeweils anderen, in dem Sie Ihre Ansichten und Bedenken über die andere Person darlegen.*

Diese Tagebucheinträge könnten beispielsweise so lauten:

> **Kurfürst:** „Mich befremdet das Verhalten des Prinzen, der für mich wie ein Sohn ist. Nachts wandelt er schlafend im Park herum und begeht seltsam irrationale Handlungen. Statt pflichtbewusst seinen militärischen Aufgaben nachzugehen und für seine Untergebenen ein Vorbild darzustellen, kommt er immer wieder zu spät, versagt bei den Schlachten, wodurch dem Land mögliche Siege entgehen, und beschäftigt sich stattdessen mit egoistischen und eitlen Nebensächlichkeiten, wie Träumereien und Fantasien von Ruhm und Ehre! Das wirkt sehr unreif und unverantwortlich auf mich. Erkennt er denn nicht, dass man Erfolge nicht durchs Träumen, sondern nur durch pflichtbewusste, verantwortliche Taten erringt? Ich verstehe nicht, warum er nicht erwachsen wird."
>
> **Prinz:** „Der Fürst ist wie ein Vater für mich. Er ist mir ein Vorbild, und so wie er wäre ich auch gern. Allerdings würde ich einiges anders machen als er, denn manchmal ist er doch recht verknöchert und festgefahren in seinen Ansichten. Wenn ich das Sagen hätte, würde ich sicher Siege um Siege erringen; alle würden mich lieben und verehren. Ich hätte die Macht, könnte Gesetze erlassen und über andere bestimmen. Außerdem könnte ich dann vieles an andere delegieren und hätte Zeit, mich mit Natalie in den Garten zu setzen und ihr meine Liebe zu gestehen."

Die erarbeiteten Gegensätze, die durch die Introspektion von den Lernenden vertieft begriffen wurden, stehen exemplarisch für die Grundkonflikte im Drama, etwa für: Individuum versus Gesellschaft, Freiheit versus Gesetz, Traum versus Realität, Gefühl versus Verstand. Die Schülerinnen und Schüler sollen diese Themen nun deutlicher aus dem zuvor Erarbeiteten ableiten und ausformulieren:

■ *Mit welchen Gegensatzpaaren können die im Drama behandelten Grundkonflikte, die in den Gegensätzen zwischen Kurfürst und Prinz angelegt sind, ausgedrückt werden?*

Die Antworten der Lernenden werden von der Lehrkraft an die Tafel notiert:

Grundkonflikte des Dramas

Individuum versus Gesellschaft

Freiheit versus Gesetz

Traum versus Realität

Gefühl versus Verstand

Anschließend können nun Auszüge des Dramas von den Schülerinnen und Schülern in verteilten Rollen vorgelesen werden. Die Einstiegsszene ist für eine Verdeutlichung der oben genannten Gegensatzpaare besonders geeignet. (Siehe hierzu auch Baustein 1.2) Im Anschluss daran werden vier Schülergruppen gebildet, die jeweils eines der Gegensatzpaare, die an der Tafel notiert sind, bearbeiten. Die einzelnen Gruppen sollen Textstellenbelege zusammentragen, die ihr jeweiliges Thema verdeutlichen, und im Anschluss ihre Ergebnisse der Klasse vorstellen.

■ *Analysieren Sie den 1. Auftritt des 1. Akts hinsichtlich Ihres jeweiligen Gegensatzpaares und stellen Sie Ihr schriftliches Ergebnis im Anschluss der Klasse vor.*

Beispielhaft könnte eine mögliche Antwort auf das Gegensatzpaar Individuum/Gesellschaft folgendermaßen ausfallen:

Im 1. Akt, 1. Auftritt verdeutlicht Kleist das Gegensatzpaar Individuum/Gesellschaft durch die den Prinzen heimlich beobachtende und ihn beurteilende Hofgesellschaft. So wird der Prinz bereits in der Szenenbeschreibung als allein im Schlosspark schlafwandelnd eingeführt, während die anderen heimlich als Gruppe hinzutreten. Die Gesellschaft schaut quasi von oben auf ihn hinab, während der träumende Prinz ihren Blicken schutzlos ausgeliefert ist, wie in V. 29 deutlich wird. Ihre Fackeln beleuchten die Szene und durchleuchten das sie befremdende Verhalten des Prinzen. Durch Hohenzollern wird in V. 18–21 der Hofgesellschaft zugetragen, dass eine Reitergruppe auf den Prinzen – ihren Anführer – warten musste. Hier wiederholt sich das Bild des Einzelnen, der von den gesellschaftlichen Vorstellungen korrekten Verhaltens abweicht, was der Gruppe durch sein seltsames Tun im Park bestätigt wird. Dieses wird in V. 32 von den Frauen sogar als krank, der Hilfe anderer benötigend bezeichnet. Sein abweichendes Verhalten veranlasst die Gruppe in V. 40–41, ihn noch genauer betrachten zu wollen. Aufgrund seines somnambulen Zustands kann der Prinz sich nicht dagegen wehren und offenbart mehr und mehr seinen Seelenzustand, der nach Ehre und Ruhm, also gesellschaftlicher Anerkennung trachtet. Damit offenbart er ungeschützt sein Inneres, während die anderen innerhalb der gesellschaftlichen Normen bleiben und sich nur indirekt offenbaren, so wie der Kurfürst, der in V. 64f. den Prinzen durch einen Scherz vorführt, wodurch dieser träumend seine Gefühle für Natalie und das Fürstenpaar äußert. Gerade diese konkreten und von der Norm abweichenden Gefühlsäußerungen veranlassen die Gesellschaft nun, sich vom Prinzen zu entfernen (Szenenbeschreibung am Ende). Die Schlosstür fliegt rasselnd vor dem Prinzen zu. Die Gesellschaft lässt das von ihr abweichende Individuum außen vor, lässt es allein zurück – der Prinz ist kein Teil der Gesellschaft.

Nach Beendigung der Gruppenarbeit sowie dem Zusammentragen und Besprechen der Ergebnisse bietet sich nun eine Differenzierung der bislang dichotomen Charakterzuschreibungen von Prinz und Kurfürst an. Die Lernenden sollen durch Textarbeit begreifen, dass die Figuren bei aller Gegensätzlichkeit auch Anteile des jeweils anderen in sich bergen. Hierzu kann das **Arbeitsblatt 18**, S. 100 herangezogen werden, in dem Friedrich Gundolf eine Charakterisierung von Prinz und Kurfürst vornimmt, die vor allem deren Gemeinsamkeiten betont. (Siehe hierzu auch **Arbeitsblatt 2**, S. 31.) Das Arbeitsblatt kann kopiert an die Schülerinnen und Schüler verteilt und mit ihnen besprochen werden:

■ *Unterstreichen Sie die Kerngedanken des Textes. Worin sieht Gundolf die Gemeinsamkeiten von Prinz und Kurfürst? Wie beurteilen Sie seine Meinung?*

■ *Definieren Sie den Unterschied zwischen Helden- und Herrschertum. Recherchieren Sie zu den Begriffen „Held" und „Herrscher" auch im Internet und fassen Sie Ihre Ergebnisse zusammen.*

Im Folgenden mögliche Ergebnisse einer Internetrecherche:

> „Ein Held (althochdeutsch helido) ist eine (meist männliche) Person mit besonders herausragenden Fähigkeiten oder Eigenschaften, die sie zu besonders hervorragenden Leistungen, sog. Heldentaten, treibt. Dabei kann es sich um reale oder fiktive Personen handeln, also um Gestalten der Geschichte, aber auch der Legende oder Sage. Die Taten des Helden bescheren ihm entsprechenden Heldenruhm. Seine heldischen Fähigkeiten können von körperlicher Art (Kraft, Schnelligkeit, Ausdauer etc.) oder auch geistiger Natur sein (Mut, Aufopferungsbereitschaft, Einsatzbereitschaft für Ideale oder Mitmenschen). Helden stehen meist in einem Gegensatz zum Schurken oder Feigling (Neiding)."[1]

> „Ein Herrscher (auch ‚Potentat') ist das Oberhaupt eines Stammes, Volkes, Reiches oder Landes. Herrscher wurden und werden beispielsweise Sultan, Zar, Kaiser, König, Herzog oder, allgemeiner, Fürst und Monarch genannt.

---

[1] Auszug aus: http://de.wikipedia.org/wiki/Held

Das Wort Regent wird meist für einen Herrscher gebraucht, der die Regierungsgewalt stellvertretend für einen anderen, als legitim anerkannten Herrscher ausübt, der daran (z. B. durch Krankheit oder durch sein jugendliches Alter) gehindert ist.

In den europäischen Monarchien wurden die Herrschernamen aus ihrem Vornamen, gefolgt von einer Ordinalzahl gebildet (z. B. Ludwig XIV).“[1]

„Herrschaft ist sozialwissenschaftlich nach dem deutschen Soziologen Max Weber wie folgt definiert: ‚Herrschaft soll heißen die Chance, für einen Befehl bestimmten Inhalts bei angebbaren Personen Gehorsam zu finden‘. Im Unterschied zu seiner Definition der Macht (die er als soziologisch amorph, also formlos bezeichnet) setzt Herrschaft ein bestimmtes Maß an Dauerhaftigkeit voraus; sie ist eine institutionalisierte Form von Über- und Unterordnung (Subordination), die jedoch keinerlei hierarchische Strukturen voraussetzt.

Dadurch, dass Weber ein Minimum an Gehorsam voraussetzt, geht seine Definition über die von Karl Marx hinaus, dessen Herrschaftsbegriff auf Macht basierte. Ähnlich meint Franz Oppenheimer mit Herrschaft eine Beziehung zwischen zwei rechtsungleichen sozialen Klassen. Er unterscheidet mit Otto von Gierke die Herrschaft als vertikale Sozialbeziehung von der Genossenschaft als horizontale Beziehung.

In der Geschichtswissenschaft ist Herrschaft die Ausübung der Macht über Untergeordnete und Abhängige durch Machtmittel. Herrschaft ist nur legitim, wenn über dem Herrscher und dem Beherrschten stehende Rechte zur Machtausübung eingehalten werden. Der Ursprung der Herrschaft ist in der Hausherrschaft (Gewalt des Hausherrn über die Hausgenossen) zu suchen, aus dieser entwickelte sich die Grundherrschaft. Der Ausübende der Herrschaft war der Adel; die Königsherrschaft, die ihre Legitimität durch symbolische Rituale (Wahlen, Salbung, Krönung) und durch Herrschaftsinsignien repräsentierte, war im Feudalismus nur eine Sonderform der Adelsherrschaft (vgl. Lehnsherrschaft). Im Zeitalter der Stände ist die Macht des Herrschers durch erzwungene Herrschaftsverträge beschränkt. In der Neuzeit setzte sich die einheitliche Staatsgewalt durch. Die neuen Herrschaftsformen unterliegen einem fortlaufenden Prozess der Neuorientierung ihrer Legitimitätsgrundlage.“[2]

 Im Anschluss kann eine auf die Jetztzeit bezogene Fragestellung den Bezug zwischen Literatur und eigener Lebenswirklichkeit herstellen:

 ■ *Welchen Helden begegnen wir in unserem Alltag, in den Medien und der Kunst? Nennen Sie Beispiele und begründen Sie Ihre Wahl. Unterscheiden sich diese von der Heldenvorstellung, wie sie uns im Drama begegnet?*

Um den Schülerinnen und Schülern die auch im Prinzen angelegten Anteile von Pflichtbewusstsein, Vernunft und Gesetzesgehorsam nahezubringen, für die vor allem der Kurfürst im Drama steht, eignet sich die Szene, in der der Prinz entscheiden muss, ob er recht- oder unrechtmäßig zum Tode verurteilt ist (1. Akt, 4. Auftritt). Die Lehrperson bittet die Schülerinnen und Schüler, V. 1354–1378 aufmerksam zu lesen und die veränderte innere Haltung des Prinzen mit eigenen Worten zu formulieren:

 ■ *Lesen Sie aufmerksam die Verse 1354–1378. Wie stellt sich die veränderte Haltung des Prinzen dar? Markieren Sie jene Stelle, die Ihres Erachtens diese Änderung thesenhaft wiedergibt. Beschreiben Sie, inwiefern Anteile des Kurfürsten im Charakter des Prinzen deutlich werden.*

Durch die eigene selbstverantwortliche Beurteilung des Prinzen kommt er zu folgender Einsicht: „Er handle, wie er darf;/Mir ziemt's hier zu verfahren, wie ich soll!“ (V. 1374–1375) Diese Kernthese erinnert an den Pflichtbegriff Immanuel Kants, der diesen folgendermaßen

---

[1] Auszug aus: http://de.wikipedia.org/wiki/Herrscher
[2] Ebenda

definiert: „Pflicht ist die Notwendigkeit einer Handlung aus Achtung fürs Gesetz". Kant meint, dass die Vernunft es uns ermögliche, das Sittengesetz zu erkennen. Handeln aus Pflicht sei eine Handlung aus Achtung des Gesetzes. Pflicht ist also das Handlungsmotiv, nicht Lust, Freude, Vermeidung oder Ähnliches. Dabei ist zu beachten, dass der Mensch nicht nur pflichtgemäß, sondern motiviert durch die Achtung vor dem Gesetz aus Pflicht handelt. Ein Gespräch mit den Schülerinnen und Schülern über den philosophischen Überbau, der Kleist bekannt war, bietet sich an dieser Stelle an. Siehe hierzu ausführlich Baustein 5.3 und Kants Text über den kategorischen Imperativ (Textausgabe, S. 165–169).

Um den Schülerinnen und Schülern nun auch die andere Seite des Kurfürsten – die Seite des Gefühls, die im Drama vor allem durch den Prinzen personifiziert wird – nahezubringen, kann die Textstelle V. 1431–1442 (5. Akt, 3. Auftritt) herangezogen werden, in der sowohl die Haltung des Kurfürsten zum Gesetz als auch sein Gefühl deutlich werden. Sie zeigt, dass er kein Tyrann, sondern ein Staatsmann ist, der sich selbst den Regeln der Vernunft unterstellt (kantisches Prinzip), aber sehr wohl auch Gefühle und Verständnis für diese andere Seite in sich trägt, der er manchmal sogar nachgibt. Damit wird verdeutlicht, dass auch der Kurfürst nur ein Mensch ist, der nicht immer perfekt sein kann, aber das Beste anstrebt.

■ *Lesen Sie die Verse 1431–1442. Was wird durch die Äußerungen des Kurfürsten bezüglich Recht und Gefühl deutlich?*

■ *Nennen Sie weitere Beispiele für die Gefühlswelt des Kurfürsten.*

Die Antworten der Lernenden können an der Tafel festgehalten werden, beispielsweise in folgender Form:

Beispiele für die Gefühlswelt des Kurfürsten:

● erlaubt sich in der Anfangsszene einen Scherz mit dem Prinzen (1. Akt, 1. Auftritt)

● ist durch Natalies Bitte, den Prinzen zu begnadigen, ihr Weinen und über die berichteten Reaktionen des Prinzen getroffen (4. Akt, 1. Auftritt)

● lässt durchgehen, dass Natalie eigenmächtig Obrist Kottwitz und das Regiment – entgegen der kurfürstlichen Anordnung – mit einer Bittschrift ins Schloss beordert (5. Akt, 3. Auftritt)

● …

→ Auch der Kurfürst zeigt Gefühle, ist nicht nur von seiner Ratio gesteuert.

Zum Abschluss dieser Unterrichtseinheit sollen die Schülerinnen und Schüler durch Textstellen belegen, wie sich die Haltung des Prinzen zum Kurfürsten im Verlauf des Dramas verändert. Zu erarbeiten sind insgesamt fünf Entwicklungsschritte des Prinzen, die mit den Lernenden nacheinander erarbeitet werden können:

■ *Innerhalb des Dramenverlaufs ändert sich die Einstellung des Prinzen zum Kurfürsten. Lesen Sie zunächst den 3. Akt, 1. Auftritt. Wie stellt sich die Haltung des Prinzen zum Kurfürsten dar? Was sieht er in ihm? Wie sind seine Gefühle dem Kurfürsten gegenüber? Belegen Sie Ihre Ergebnisse durch Zitate/Textstellenverweise.*

1. Entwicklungsschritt:

Der Prinz sieht im Kurfürsten einen väterlichen Freund, der warme Gefühle für ihn hegt, die Entwicklung des Prinzen freudig beobachtet und begünstigt. Der Prinz vertraut dem Kurfürsten und dessen positiven Gefühlen ihm gegenüber gänzlich.

> „Der Kurfürst hat getan, was Pflicht erheischte,
> Und nun wird er dem Herzen auch gehorchen.
> Gefehlt hast du, so wird er ernst mir sagen,
> Vielleicht ein Wort von Tod und Festung sprechen:
> Ich aber schenke dir die Freiheit wieder –
> Und um das Schwert, das ihm den Sieg errang,
> Schlingt sich vielleicht ein Schmuck der Gnade noch
> – Wenn der nicht, gut; denn den verdient ich nicht!"
>
> (3. Akt, 1. Auftritt, V. 820–827)

Und weiter:

> „Ich denk's mir so! Ich bin ihm wert, das weiß ich,
> Wert wie ein Sohn; das hat seit früher Kindheit,
> Sein Herz in tausend Proben mir bewiesen.
> Was für ein Zweifel ists, der dich bewegt?
> Schien er am Wachstum meines jungen Ruhms
> Nicht mehr fast, als ich selbst, sich zu erfreun?
> Bin ich nicht alles, was ich bin, durch ihn?
> Und er, er sollte lieblos jetzt die Pflanze,
> Die er selbst zog, bloß, weil sie sich ein wenig
> Zu rasch und üppig in die Blume warf,
> Missgünstig in den Staub daniedertreten?
> Das glaubt ich seinem schlimmsten Feinde nicht,
> Viel wen'ger dir, der du ihn kennst und liebst."
>
> (3. Akt, 1. Auftritt, V. 829–841)

Nach der Ergebnissicherung mit den Lernenden kann die Erarbeitung des nächsten Entwicklungsschrittes des Prinzen in Auftrag gegeben werden:

■ *Beschreiben Sie nun anhand des 2. Akts, 10. Auftritt, und des 3. Akts, 1. Auftritt, den weiteren Entwicklungsschritt des Prinzen in seinem Verhältnis zum Kurfürsten. Wie sieht er den Kurfürsten nun? Was hat sich im Verhältnis zu seiner vorherigen Sicht verändert? Belegen Sie Ihre Ergebnisse durch Zitate/Textstellenverweise.*

2. Entwicklungsschritt:

Der Prinz erkennt im Kurfürsten den rationalen, kühl berechnenden Vertreter der Staatsraison. Sein Vertrauen, d. h. sein altes (falsches) Bild von ihm, ändert sich Schritt für Schritt:

> „Mein Vetter Friedrich will den Brutus spielen,
> Und sieht, mit Kreid auf Leinewand verzeichnet,
> Sich schon auf dem kurulschen Stuhle sitzen:
> Die schwedschen Fahnen in dem Vordergrund,
> Und auf dem Tisch die märkschen Kriegsartikel.
> Bei Gott, in mir nicht findet er den Sohn,
> Der, unterm Beil des Henkers, ihn bewundre."
>
> (2. Akt, 10. Auftritt, V. 777–783)

Trotz seiner Verhaftung fühlt der Prinz sich sicher, glaubt fest daran, dass ihn der Kurfürst schützen wird. Auf Hohenzollerns Frage, worauf sich seine Sicherheit denn stütze, antwortet der Prinz: „Auf mein Gefühl von ihm!" (3. Akt, 1. Auftritt, V. 868)
Und weiter:

> „Das Kriegsrecht musste auf den Tod erkennen;
> So lautet das Gesetz, nach dem es richtet.
> Doch eh er solch ein Urteil lässt vollstrecken,
> Eh er dies Herz hier, das getreu ihn liebt,
> Auf eines Tuches Wink, der Kugel preisgibt,
> Eh sieh, eh öffnet er die eigne Brust sich,
> Und sprützt sein Blut selbst tropfenweis in Staub."
>
> (3. Akt, 1. Auftritt, V. 870–876)

Der Prinz unterscheidet hier zwischen einem allgemeinen Gesetz, dem Tribut gezollt werden muss, jedoch nur pro forma, und der Ausnahme aufgrund der persönlichen Beziehung und der Zuneigung, die Kurfürst und Prinz zueinander haben. Der Prinz hat somit noch keine Empfindung für die Amtsausübung des Kurfürsten, er erkennt nur seine dahinterliegenden Gefühle, denen der Kurfürst aber nicht nachgeben wird.

Nachdem die Ergebnisse von den Lernenden vorgestellt und abschließend besprochen wurden, erteilt die Lehrkraft den nächsten Frageimpuls zum dritten Entwicklungsschritt:

> ■ *Ermitteln Sie im 2. Akt, 10. Auftritt, im 3. Akt, 1. Auftritt, und im 4. Akt, 4. Auftritt, inwiefern und wodurch sich neuerlich das Bild des Kurfürsten für den Prinzen verändert. Belegen Sie Ihre Aussagen mit Zitaten/Textstellenverweisen.*

3. Entwicklungsschritt:

Als der Prinz verhaftet wird, reicht allein diese Tatsache aus (an ein mögliches Todesurteil denkt er gar nicht!), um über den Kurfürsten zu spotten und die Prinzipien, die dieser Entscheidung zugrunde lagen, aus der Antike abzuleiten. Diesem stellt er ein Ideal deutschen Denkens gegenüber, das seiner Auffassung nach menschlicher sei:

> „Ein deutsches Herz, von altem Schrot und Korn,
> Bin ich gewohnt an Edelmut und Liebe,
> Und wenn er mir, in diesem Augenblick,
> Wie die Antike starr entgegenkömmt,
> Tut er mir leid, und ich muss ihn bedauren!"
>
> (2. Akt, 10. Auftritt, V. 784–788)

Während für den Prinzen Gefühl und (vor allem sein persönlicher) Erfolg Maßstab aller Dinge zu sein scheinen, steht für den Kurfürsten das allgemeinverbindliche, absolute Gesetz über allem, auch über persönlichen Wünschen und Gefühlen, die auch er in sich hegt. Für diese Haltung hat der Prinz jedoch noch kein Verständnis, er bewertet sie als bedauernswert veraltet.
In der Haft rechnet er mit seiner baldigen Entlassung. Auf Hohenzollerns Anmerkung, dass er für seine Tat zum Tode verurteilt wird, reagiert er ungläubig:

> „Er könnte – nein! So ungeheure
> Entschließungen in seinem Busen wälzen?
> Um eines Fehls, der Brille kaum bemerkbar,
> In dem Demanten, den er jüngst empfing,
> In Staub den Geber treten? Eine Tat,
> Die weiß den Dei von Algier brennt, mit Flügeln,
> Nach Art der Cherubinen, silberglänzig,
> Den Sardanapel ziert, und die gesamte

> Altrömische Tyrannenreihe, schuldlos,
> Wie Kinder, die am Mutterbusen sterben.
> Auf Gottes rechter Seite hinüberwirft?"
> (3. Akt, 1. Auftritt, V. 897–907)

 Nach dem Zusammentragen der Resultate schließt sich folgender Arbeitsauftrag zur Erarbeitung des vierten Entwicklungsschrittes an:

■ *Ermitteln Sie nun das vierte Entwicklungsstadium des Prinzen bezüglich seines Verhältnisses zum Kurfürsten. Sehen Sie sich hierzu nochmals genau die Verse 916–928 an. Der Prinz kann den Beweggrund des Kurfürsten für seine Verhaftung nicht nachvollziehen. Welche Lösungen bieten sich ihm an und was verursachen diese in ihm?*

4. Entwicklungsschritt:

Da der Prinz (wie auch Hohenzollern!) den eigentlichen Beweggrund des Kurfürsten nicht nachvollziehen kann, werden nun andere Gründe gesucht und diese in Homburgs Heiratsantrag an Natalie gefunden, die gleichfalls einen Antrag des schwedischen Gesandten, also aus politischen Erwägungen, erhalten hat. (3. Akt, 1. Auftritt, V. 916–923 und V. 925–928)
Erst hier erkennt der Prinz, wenn auch aus falschen Gründen, dass sein Leben verloren ist. Gleichfalls verliert er sein Vertrauen in den Kurfürsten.

In einem letzten Schritt sollen die Lernenden nun das fünfte Entwicklungsstadium des Prinzen erarbeiten. Folgende Frage ist möglich:

■ *Ermitteln Sie den fünften und letzten Entwicklungsschritt des Prinzen, der sein verändertes Verhältnis zum Kurfürsten beschreibt. Lesen Sie hierzu nochmals den 4. Akt, 1. und 4. Auftritt, sowie den 5. Akt, 7. und 10. Auftritt. Belegen Sie Ihre Ergebnisse mit Zitaten/Textstellenverweisen.*

5. Entwicklungsschritt:

Der Kurfürst, dessen Gefühl selbst durch die Tatsache beschwert ist, dass er den Prinzen nach der gültigen Satzung richten muss, da seine Bestrafung ansonsten eine Willkür darstellen würde (4. Akt, 1. Auftritt, V. 1181–1186), findet hieraus einen Ausweg, indem er durch sein Schreiben den Prinzen selbst entscheiden lässt, ob die Verurteilung unrechtmäßig erfolgte. Nun muss sich der Prinz der (moralischen) Verantwortung stellen, kann diese nicht mehr abgeben und begreift von innen heraus, dass der Kurfürst recht entschieden hat:

> „Recht wacker, in der Tat, recht würdig!
> Recht, wie ein großes Herz sich fassen muss!"
> (4. Akt, 4. Auftritt, V. 1343–1344)

Er begreift sein Verschulden aus innerer Einsicht: „Er handle, wie er darf;/Mir ziemt's hier zu verfahren, wie ich soll!" (V. 1374–1375) und akzeptiert sein Schicksal und die Entscheidung des Kurfürsten:

> „Ich will ihm, der so würdig vor mir steht,
> Nicht, ein Unwürdger, gegenüberstehn!
> Schuld ruht, bedeutende, mir auf der Brust,
> Wie ich es wohl erkenne; kann er mir
> Vergeben nur, wenn ich mit ihm drum streite,
> So mag ich nichts von seiner Gnade wissen."
> (4. Akt, 4. Auftritt, V. 1380–1385)

Der Prinz hat sein Vertrauen in den Kurfürsten wiedererlangt. Er erkennt dessen innere Größe und versteht, dass der Kurfürst die auch in ihm vorhandenen tiefen Gefühle aufgrund seiner Position hinter das Gesetz stellen muss. Der Prinz findet durch diese Einsichten seine Reifung und dadurch den Weg in die Gemeinschaft, die hier durch den Staat vertreten ist. Die Unterordnung des Einzelnen sieht er nun als selbstverständliche Voraussetzung: „Ich will das heilige Gesetz des Kriegs,/Das ich verletzt im Angesicht des Heers,/Durch einen freien Tod verherrlichen!" (5. Akt, 7. Auftritt, V. 1750–1752)

Die Reifung Homburgs, seine aus freiem Willen erfolgte Einordnung in die Gemeinschaft, sein neu erlangtes Verantwortungsbewusstsein können den Kurfürsten erst zur Begnadigung bewegen. So betrachtet, ist der Kurfürst als seelischer und moralischer Erzieher des Prinzen zu werten. Nachdem der Prinz seine staatsbürgerliche Würde erlangt hat (dargestellt nicht zuletzt durch die überwundene Todesangst, in der das Ich um sein Leben bangt und keine übergeordneten Ziele erkennt), empfindet er seine Unsterblichkeit:

> „Nun, o Unsterblichkeit, bist du ganz mein!
> Du strahlst mir, durch die Binde meiner Augen,
> Mir Glanz der tausendfachen Sonne zu!
> Es wachsen Flügel mir an beiden Schultern,
> Durch stille Ätherräume schwingt mein Geist;
> Und wie ein Schiff, vom Hauch des Winds entführt,
> Die muntre Hafenstadt versunken sieht,
> So geht mir dämmernd alles Leben unter:
> Jetzt unterscheid ich Farben noch und Formen,
> Und jetzt liegt Nebel alles unter mir."
>
> (5. Akt, 10. Auftritt, V. 1830–1839)

Die Ergebnisse der Unterrichtsschritte können nun an der Tafel folgendermaßen zusammengefasst oder als Overhead-Folie präsentiert werden:

Die fünf Entwicklungsschritte des Prinzen in seinem Verhältnis zum Kurfürsten

1. Vertrauen in den Kurfürsten, setzt auf dessen väterlich liebendes Gefühle für ihn.

2. Prinz erkennt den rationalen, kühlen Anteil des Kurfürsten, seine Staatsraison.

3. Trotz der Erkenntnis hält der Prinz an den Gefühlen des Kurfürsten für ihn fest. Bleibendes Vertrauen, spottet aber der Möglichkeit, würde der Kurfürst anders entscheiden.

4. Nach der Erkenntnis des Todesurteils verliert der Prinz, wenn auch aus falschen Gründen, sein Vertrauen in den Kurfürsten.

5. Durch die eigene Entscheidung, ob der Kurfürst unrecht geurteilt habe, erkennt der Prinz dessen Beweggründe, reift und erlangt sein ursprüngliches Vertrauen in den Kurfürsten wieder, das durch die Erkenntnis um dessen seelische und staatsmännische Reife erweitert wird, die nun auch dem Prinzen zuteil wird.

➞ **Nach der inneren Erkenntnis beider Anteile des Fürsten – rationale Beweggründe wie emotionale Zugeneigtheit – erlangt der Prinz sein ursprüngliches Vertrauen in den Kurfürsten zurück und ist persönlich gereift.**

Alternativ können die zuvor genannten Textauszüge auch einzeln von den Schülerinnen und Schülern interpretiert werden.

4.2 Prinzessin Natalie und Obrist Kottwitz

Diese Unterrichtseinheit behandelt die Charakteristik zweier wichtiger Nebenfiguren: der Prinzessin Natalie und des Obristen Kottwitz. Während Natalie die Funktion einer Vermittlung zwischen Prinz und Kurfürst übernimmt, vertritt Kottwitz das alte militärische Prinzip des blinden Gehorsams, das nicht mehr zu einer modernen Staatsauffassung im Sinne Kleists passt. Ziel ist, dass sich die Schülerinnen und Schüler durch Figurenanalyse und Textarbeit das Verstehen dieser beiden Rollen erarbeiten.

Prinzessin Natalie ist eine Randfigur des Dramas, die keine sinntragende Aufgabe besitzt und keine persönliche Entwicklung vollzieht. Obwohl auch sie in die Konventionen des Hofes eingeordnet ist und den somnambulen Zustand des Prinzen anfangs als krankhaft einstuft, ist Natalie es, die die scheinbar entgegengesetzten Positionen von Prinz und Kurfürst einzunehmen bzw. auszugleichen versteht. Als Mittlerin bewegt sie sich zwischen diesen beiden Welten von Gesetz und Gefühl und tritt als Anwältin wie Kritikerin beider Seiten auf. Natalie steht im Drama für die personifizierte altruistische Liebe. So trägt sie sämtliche Sichtweisen und Entscheidungen des Prinzen mit, auch wenn sie diese nicht immer teilt oder sich diese negativ für sie auswirken. Hierdurch erklärt sich auch ihre Unverletztheit, als der Prinz um seines Überlebens willen auf die Hochzeit mit ihr verzichtet.

Folgende Frage an die Schülerinnen und Schüler bietet sich zum Einstieg an:

■ *Lesen Sie den 4. Akt, 1. Auftritt. Welches Bild vermittelt Prinzessin Natalie? Welche Art von Liebe wird durch ihr Verhalten und durch ihre Äußerungen deutlich? Belegen Sie ihre Ansicht durch Textstellen.*

Beim Kurfürsten tritt Natalie als Bittstellerin um die Freilassung des Prinzen auf – obwohl sie sich selbst eine mutige Akzeptanz eines Todesurteils zuerkennt – und weist den Kurfürsten darauf hin, dass Gefühl und Gesetz einem Vaterlandsbegriff nicht widersprechen müssen, sondern eine Synthese bilden können. Hierdurch spiegelt sie die gefühlsbetonte, abweichende Haltung des Prinzen in die bestehende Gesetzesordnung ein und appelliert zugleich an die verdrängte Gefühlsseite des Kurfürsten. Ebenso aber spiegelt sie auch dem Prinzen eine reife Haltung wider, die der des Kurfürsten entspricht: Entgegen ihrer Liebe zu Homburg und dem Wunsch seines Überlebens akzeptiert sie seine innere Wandlung zu einem selbstverantwortlichen, erwachsenen Helden, der furchtlos seine Todesstrafe annimmt.

Möglicherweise wird diese Form altruistischer Liebe auf die Jugendlichen etwas befremdlich wirken. Folgende Frage bietet den Lernenden eine Möglichkeit, diese Sichtweise zu reflektieren:

■ *Wie sehen Sie aus heutiger Sicht diese weibliche Rollenzuschreibung bzw. das Liebeskonzept einer altruistischen Liebe?*

Nach einem offenen Gespräch mit den Schülerinnen und Schülern über den Vergleich damaliger und heutiger Rollenzuschreibungen sowie das Liebeskonzept altruistischer Liebe soll nachfolgender Arbeitsauftrag eine Introspektion von Natalies Gefühlswelt ermöglichen:

■ *Schreiben Sie aus Natalies Perspektive einen Brief an den zum Tode verurteilten Prinzen, in dem Sie offen ihre (auch zweigeteilten) Gefühle/Sichtweisen beschreiben.*

Der Brief könnte folgendermaßen aussehen:

„Mein Geliebter!
Auch wenn ich deine Angst vor dem Tode verstehe, aufgrund der du jede Möglichkeit beim Schopfe packst, um diesen von dir abzuwenden (und sei es auch der Verzicht auf unsere Liebe) – so wisse, dass ich dich in jeder deiner Handlungen unterstützen werde, da ich mir selbst aus liebendem Herzen wünsche, du mögest überleben! Trotzdem hofft ein anderer Teil in mir darauf, dass sich in dir Einsicht in dein Schicksal entwickeln möge, wodurch du, im Falle einer Verurteilung, diesem mutigen Hauptes entgegentreten könntest und somit der mutige, ehrvolle und reife Mensch geworden wärest, den du dir einst vor dir selbst erträumtest. Wie stolz wäre ich auf dich! Wie auch immer du dich aber entscheiden wirst, aus innerer Überzeugung entscheiden kannst: Dessen ungeachtet liebe ich dich!"

Zum näheren Verstehen von Natalies Rolle und Charakter kann das **Arbeitsblatt 19**, S. 101, ein Textauszug von Günter Blöcker, herangezogen werden. Hierzu sind folgende Fragen möglich:

- *Fassen Sie Blöckers Hauptthese in eigenen Worten zusammen.*

- *Wo finden sich im Drama ähnlich widersprüchliche Bestrebungen Natalies?*

- *Kennen Sie vergleichbar paradoxe Situationen aus Ihrem Alltag? Beschreiben Sie diese.*

- *Wie beurteilen Sie Blöckers Satz: „Natalie muss zwei einander feindliche, ja einander aufhebende Dinge mit gleicher Stärke wollen. Sie will Homburg frei, und sie will ihn als Helden." Bezeichnet er hinlänglich ihren inneren Widerspruch oder welche Aspekte wären diesem noch hinzuzufügen?*

Nun kann in verteilten Rollen der Abschnitt V. 1112–1207 laut in der Klasse vorgetragen werden. Bei der anschließenden Interpretation sollen die unterschiedlichen Auffassungen von Kurfürst und Natalie (beispielsweise von Vaterland, Gesetz, Ordnung, Gerechtigkeit) sowie die jeweiligen Wendungen und deren Gründe erarbeitet werden. Nachdem der Text gemeinsam gelesen wurde, kann die Lehrkraft die Schülerinnen und Schüler wie folgt befragen:

- *Beschreiben Sie, was Natalie in der zuvor gelesenen Szene vom Kurfürsten fordert und wie sie ihre Forderung begründet.*
  Schauen Sie sich Vers 1122 bis 1130 nochmals genau an. Was meint Natalie mit ihrem Ausspruch:

„O Herr! Was sorgst du doch? Dies Vaterland!
Das wird, um dieser Regung deiner Gnade,
Nicht gleich, zerschellt in Trümmern, untergehen.
Vielmehr, was du, im Lager auferzogen,
Unordnung nennst, die Tat, den Spruch der Richter,
In diesem Fall, willkürlich zu zerreißen,
Erscheint mir als die schönste Ordnung erst:
Das Kriegsgesetz, das weiß ich wohl, soll herrschen,
Jedoch die lieblichen Gefühle auch."

- *Wie beschreibt Natalie den Prinzen? (V. 1165–1174) Fassen Sie zusammen, worüber sie enttäuscht ist. Sehen Sie hierin einen Widerspruch zu ihrer Liebe?*

Die Lehrkraft kann nun die Antworten der Schülerinnen und Schüler an der Tafel mitschreiben. Das Tafelbild kann wie folgt aussehen:

Natalies Beschreibung des Prinzen im 4. Akt, 1. Auftritt

schleichend
verstört
schüchtern
heimlich
unwürdig
unerfreulich
jammernswürdig
ins Elend gesunken
zermalmt
fassungslos
unheldenmütig

→ **Natalie sieht beim Prinzen keine Größe, keinen Mut, keine Ehre, keinen Ruhm.**

■ *Wie erklären Sie sich, dass der Kurfürst den Prinzen dann doch begnadigt? Was ist der Auslöser, was ist seine Motivation?*

Zu erarbeiten ist: Die Verzweiflung Natalies rührt den Kurfürsten zwar, doch dies allein würde den rationalen Souverän nicht dazu veranlassen, gegen seine innere Überzeugung, gegen seine Aufgabe als erster Diener des Staates zu verstoßen. Der Auslöser für die Begnadigung liegt vielmehr in der Erkenntnis des Kurfürsten über das Ausmaß der charakterlichen Unreife des Prinzen. Von dieser erfährt er durch Natalies Wiedergabe des jammervollen Verhaltens des Prinzen (V. 1163–1174). Der Kurfürst achtet zwar das Gefühl des Prinzen (V. 1181–1184) und erkennt somit dessen Unreifegrad an, will ihn aber durch eine erzieherische Maßnahme zu eigener Erkenntnis und Reifung bringen. Deshalb bindet er die Freilassung des Prinzen an dessen eigene Entscheidung über die Rechtmäßigkeit seiner Verurteilung.

In einem weiteren Unterrichtsschritt kann der Fokus nun noch kurz auf eine andere wichtige Figur gerichtet werden, nämlich auf den Obristen Kottwitz. Trotz scheinbarer Ähnlichkeit zwischen ihm und dem Prinzen überwiegen doch ihre charakterlichen Unterschiede. Kottwitz vertritt ein altes Prinzip, seine Begriffe von Gehorsam, Vaterland usw. passen nicht mehr zu einer modernen Staatsauffassung im Sinne Kleists. Der Prinz aber steht für dieses neue Verständnis, nachdem er seine innere Reifung vollzogen hat, Kottwitz aber bleibt ganz der Alte. Um die Schülerinnen und Schüler auf die Figurencharakteristik von Kottwitz einzustimmen, bietet sich das **Arbeitsblatt 20**, S. 102 mit Beiträgen von Friedrich Koch und Franz Hafner an, das kopiert an die Schülerinnen und Schüler ausgeteilt und im Unterricht gelesen und bearbeitet werden kann. Die nachfolgenden Fragen eignen sich aber ebenfalls als Hausaufgabe:

■ *Lesen Sie aufmerksam die ausgeteilten Textkopien von Koch und Hafner. Welche Unterschiede und Gemeinsamkeiten finden sich in ihren Ausführungen?*

Laut Koch geht es Kottwitz um das Vaterland, den Ruhm des Fürsten, nicht um die Ehre. Für den Fürsten würde Kottwitz alles tun. Dies sieht Hafner anders: Er meint, dass Kottwitz der geborene Untergebene ist, der ausschließlich auf Befehle reagiert, nur das Erlaubte tut; zwar kühn in den Gefühlen ist, aber zaghaft und ängstlich im Herzen. Beide Autoren gleichen sich aber in der Ansicht darüber, dass Kottwitz' Verteidigungsrede für den Prinzen in Wirklichkeit eher dazu führen wird, dass auch noch die letzten Einwände gegen eine Verurteilung beiseitegeräumt werden. Kottwitz meint, dass das Vaterland, die Krone das Gesetz sind – letztlich also der Kurfürst selbst. Er erkennt nicht, dass sich auch der Kurfürst dem Gesetz unterstellt und nicht der Kurfürst das Gesetz ist. (V. 1570–1578)

In einer offenen Frage der Lehrkraft an die Schülerinnen und Schüler, die sich der Ergebnissicherung anschließt, können die Lernenden ihre Meinung zur Haltung Kottwitz' äußern und somit die Thematik tiefer durchdringen:

> ■ *Wie beurteilen Sie die Figurencharakteristik Kottwitz'?*
>
> ■ *Beschreiben Sie nun, worin sich die Haltung von Kottwitz, Prinz und Kurfürst unterscheiden.*

Zu erarbeiten ist:
- Dem Obristen Kottwitz geht es um das Vaterland, repräsentiert bzw. personifiziert durch den Kurfürsten, dem in jedem Fall Gehorsam zu leisten ist.
- Dem Prinzen von Homburg geht es um die Ehre, ihm geht es weder um das Vaterland oder den Kurfürsten noch um die Einhaltung des allgemeinen Gesetzes.
- Dem Großen Kurfürsten geht es um die Einhaltung des für alle gültigen Gesetzes, dem auch er sich unterstellt.

Im Anschluss daran kann im Klassenverband das Gespräch zwischen Kurfürst und Kottwitz (5. Akt, 5. Auftritt, V. 1524–1614) behandelt werden, in dem sich das zuvor Erarbeitete besonders deutlich ausdrückt.

4.3 Graf Hohenzollern

Kleist gestaltet den Grafen Hohenzollern als eine Figur, die die äußerlichen Vorgänge und Zusammenhänge aufdeckt. Er ist es, der in der Einstiegsszene die Hofgesellschaft zum Prinzen führt, diese über dessen Pflichtversäumnis und auch über sein Schlafwandeln im Park informiert. Und auch später nimmt er immer wieder mehr oder weniger subtil Einfluss auf den Handlungsverlauf. Stets weiß Hohenzollern Bescheid und kann für alles eine Ursache, eine Erklärung anführen. Franz Hafner vergleicht ihn mit einem Rokoko-Kavalier, der sich galant in der Sphäre des Hofes bewegt: „Der Graf bringt [...] Licht ins Dunkel der Ereignisse. Er klärt bald den Fürsten, bald den Prinzen über das Vorgefallene auf und greift selber entscheidungsvoll in die Handlung ein. Er spielt geradezu die Rolle des Regisseurs."[1]

Um die Figur des Grafen zu begreifen, bietet es sich an, die einzelnen Stationen seiner Einflussnahme gemeinsam mit den Schülerinnen und Schülern zu erörtern:

> ■ *Der Graf Hohenzollern nimmt an zahlreichen Stellen des Dramas Einfluss auf den Prinzen und den Verlauf der Handlung. Welche Stellen finden Sie? Beschreiben Sie jeweils Art und Inhalt seiner Beeinflussung.*

Die Abfolge könnte folgendermaßen ausfallen und an der Tafel zusammengefasst werden:

---

[1] Franz Hafner: Hohenzollern. In: Rudolf Ibel: Heinrich von Kleist: Prinz Friedrich von Homburg. Grundlagen und Gedanken zum Verständnis des Dramas. Frankfurt a.M. 1981, S. 55

Einflussnahme des Grafen Hohenzollern

Führt Hofgesellschaft zum Prinzen (1. Akt, 1. Auftritt)

Verrät Befehlsmissachtung des Prinzen zum Abmarsch (1. Akt, 1. Auftritt)

Offenbart dem Hof das Traumwandeln des Prinzen und dessen Eitelkeit (1. Akt, 1. Auftritt)

Weckt Prinz aus Träumen, scherzt über dessen Verliebtheit und die Handschuhgeschichte (1. Akt, 4. Auftritt)

Mahnt Prinzen zur Aufmerksamkeit bei der Erteilung der Schlachtorder (1. Akt, 5. Auftritt)

Klärt Prinzen über den Schlachtbefehl des Fürsten auf (2. Akt, 2. Auftritt)

Verhält sich zum Angriff des Prinzen in der Schlacht indifferent, ist dagegen und kämpft dann doch (2. Akt, 2. Auftritt)

Mahnt erbost den Prinzen zum Gehorsam, als dieser bei seiner Verhaftung uneinsichtig ist (2. Akt; 10. Auftritt)

Eröffnet Homburg das Todesurteil, überzeugt den noch Naiven von dieser Tatsache (3. Akt, 1. Auftritt)

Bietet Homburg politische Gründe (Hochzeit Natalies) als Erklärung für sein Todesurteil an (3. Akt, 1. Auftritt)

Weist Kurfürsten auf dessen Schuldteilhabe an Homburgs Fehlverhalten aufgrund seines Scherzes im Park hin (5. Akt, 5. Auftritt)

Nach dem Zusammentragen und Besprechen der einzelnen Stationen im Klassenverband können sich folgende Fragen anschließen:

■ *Sehen Sie in Hohenzollern einen Freund des Prinzen? Unterstützt er ihn?*

■ *Welche Funktion übernimmt er im Drama?*

Obwohl Hohenzollern die Entwicklung der Geschehnisse erst dadurch in Gang brachte, dass er die Hofgesellschaft zum Prinzen in den Park führte, weist er den Kurfürsten auf dessen Anteil an Homburgs Fehlverhalten hin. Die Themen Schuld und Unschuld, Ursache und Wirkung, sowohl den Kurfürsten als auch Hohenzollern betreffend, können nun mit den Schülerinnen und Schülern erarbeitet werden. Hierzu bietet sich das gemeinsame Lesen von V. 1633 – 1722 (5. Akt, 5. Auftritt) in verteilten Rollen an.

■ *Wir lesen nun gemeinsam die Verse 1633 – 1722. Hierin weist Hohenzollern den Kurfürsten auf seinen Anteil am Fehlverhalten des Prinzen hin. Wie beurteilen Sie die Situation? Ist der Kurfürst ursächlich an Homburgs Insubordination schuld?*

Vermutlich werden die Schülerinnen und Schüler zu unterschiedlichen Auffassungen gelangen. Obwohl der Kurfürst durch seinen Scherz die Fantasien des Prinzen in Bezug auf Ehre und Liebe nährte und somit seine Unkonzentriertheit forcierte, ist der Prinz für seine Taten selbst verantwortlich. Diese resultieren aus seinem Charakter, nicht aus dem Verhalten des Kurfürsten. Trotzdem ist dessen scherzendes Eingreifen in die Handlung als verstärkender Faktor zu werten.

Im Anschluss daran sollen die Lernenden die jeweiligen Haltungen des Kurfürsten und des Grafen nochmals mit eigenen Worten zusammenfassen. Danach bittet die Lehrperson zwei Lernende darum, die Rolle von Anwälten einzunehmen, von denen einer den Kurfürsten, der andere den Grafen vertritt. Ihre Plädoyers sollen erst geplant, dann geschrieben und im Anschluss vor der Klasse gehalten werden. Die restlichen Schülerinnen und Schüler stellen die Geschworenen dar, die nach den Vorträgen über Schuld und Unschuld zu urteilen haben. Der Auftrag an die Lernenden, die die Rolle der Anwälte einnehmen, kann so lauten:

> ■ *Bereiten Sie zwei kurze schrjftliche Plädoyers für Ihre Mandanten, Prinz und Kurfürst, vor, in dem Sie Ihre jeweiligen Gründe für deren Verteidigung, deren Unschuld vortragen. Lassen Sie eine Bewertung über das Verhalten der anderen Partei in Ihr Plädoyer einfließen. Im Anschluss werden die Geschworenen dann ein Urteil fällen.*

Nach dem Vortrag beider Plädoyers, deren Inhalt von einem Lernenden stichpunktartig an der Tafel mitnotiert werden kann, bittet die Lehrkraft nun den Rest der Klasse, sich als Geschworene offen zu beraten, um anschließend ihr Urteil zu verkünden.

Vermutlich werden sich die Schülerinnen und Schüler mit einer einseitigen Schuldzuweisung schwer tun, denn Anteil für das Entstehen der Ausgangssituation hat das zusammenwirkende Verhalten von Prinz, Graf und Kurfürst. Diese Erkenntnis leitet zur allgemeinen Thematik von Schuld und Verantwortung/Verantwortlichkeit über. In diesem Zusammenhang können die Lernenden dazu aufgefordert werden (wahlweise auch in Arbeitsgruppen), zur ethischen und strafrechtlichen Bedeutung von Schuld und Verantwortung im Internet und/oder in der Bibliothek zu recherchieren:

> ■ *Recherchieren Sie in der Bibliothek und/oder im Internet die ethische und strafrechtliche Bedeutung von Schuld und Verantwortung. Tragen Sie Ihre Rechercheergebnisse anschließend der Klasse vor.*

Nach dem Vortrag der Ergebnisse und der Besprechung im Klassenverband bietet sich folgende Abschlussfrage an:

> ■ *Ändern die vorgetragenen Recherche-Ergebnisse nun Ihr Geschworenenurteil?*

Notizen

_____

_____

_____

_____

_____

_____

_____

Friedrich Gundolf: Prinz und Kurfürst

Zwischen dem Prinzen von Homburg und dem Großen Kurfürsten spielt sich das Drama ab: der eine
verkörpert all die Triebe hold und gefährlich irrationalen Menschtum von denen die jugendlichen
5 Helden Kleists bisher besessen waren, als wehrloser
Träger einer geheimnisvollen Dämonie. Ihm gegenüber der Große Kurfürst, die Verkörperung des überlegenen Weltverstandes, des bedingten sachlichen
Gesetzes und des stetigen zuchtvollen Herrscherwil-
10 lens. […]
Auch im Kurfürsten ist Kleist und ist Prinz von Homburg […] ein Heldentum abgekühlt zum Herrschertum, und eine unbedingte Leidenschaft, aber ohne
Ekstase und so dem als notwendig anerkannten Ge-
15 setz einverleibt wie bei den früheren Kleistischen
Helden dem Dämon. Die Kleistischen Familienzüge
erkennen wir übrigens an der Spielfreude des Kurfürsten. Auch dieser überlegene Mensch hat seine Freude
am quälenden Necken, am grausam spannenden
20 Hinhalten, am Katz- und Maussspielen. Die Art, wie
er dem Prinzen den Lorbeerkranz hinhält und die
Begnadigung sich entwinden lässt, nachdem er sämtliche Bittsteller in Gram, Zorn, Wut und das Opfer
selbst in Todesangst hat schmachten lassen, geht weit
25 über die bloße Erziehung hinaus. Sie ist freilich vor
allem der Träger der szenischen Spannung […] aber
dennoch kommt diese Art Spannung aus Kleists tiefs-
ter Natur […]
Wie im Kurfürsten ein Funke Prinz Friedrich glimmt,
30 so steckt im Prinzen Friedrich ein Kern Kurfürst – und
durch diesen Kern findet er sich zurecht, bändigt und
unterwirft sich und ermöglicht dadurch dem Herrscher erst die Gnade. Man könnte den Kurfürsten einen gereiften Prinzen Friedrich nennen, den Prinzen
35 einen jugendlichen Kurfürsten; sind gleichsam zwei

verschiedene Altersstufen desselben Heldentums, des
spezifisch Kleistischen Wesens. Daraus ergibt sich wieder die fast symmetrische Kontrapunktik[1] der Handlung, die uns an den Aufbau der Familie Schroffen-
stein erinnert. Die Spannung zwischen Gesetz und 40
Heldendrang (um es kurz zu benennen) spielt sich
zunächst zwischen dem Kurfürsten und dem Prinzen
ab, als ein äußerer Konflikt. Von da an dringt er infol-
ge der zwei Seelen, die jeder von ihnen in der Brust
hat, nach innen, im Kurfürsten spricht etwas zuguns- 45
ten des Verwandten, das allmählich unterirdisch reift
und von außen durch die Bitten der verschiedensten
Art unterstützt, doch zugleich gehemmt und zurück-
gedrängt wird. Gleichzeitig reift im Prinzen, nachdem
er alle Stadien des Trotzes, des Grolls und der Ver- 50
zweiflung bis zum Ende durchlaufen hat, die hero-
ische Unterwerfung – und im Augenblick, da der Kurfürst reif ist zur Gnade, ist der Prinz reif zum Tod:
sodass am Schluss die beiden Pole sich vereinigen. Im
Kurfürsten hat der Prinz, im Prinzen der Kurfürst ge- 55
siegt, und der Konflikt löst sich durch eine Umschal-
tung der konflikterregenden Kräfte, nachdem er auf
beiden Seiten bis zum Ende gekämpft ist.
Dies macht das Werk zu einer so (im engern Sinn)
„harmonischen" Schöpfung unter Kleists Dramen 60
und in der Dramenliteratur überhaupt. Es hat die ganze Spannung der Tragödie, ohne tragische Zerreißung,
und die Lösung ergibt sich ganz von innen her.

Aus: Friedrich Gundolf: Prinz und Kurfürst (1922). In: Rudolf Ibel: Heinrich von
Kleist: Prinz Friedrich von Homburg. Grundlagen und Gedanken zum Verständnis
des Dramas. Diesterweg: Frankfurt a. M. 1981, S. 52 f.

---

[1] Kontrapunktik: Kunst der kontrapunktischen Stimmführung.
Kontrapunkt: Gegenstimme, bezeichnet eine Tonfolge, die
gleichzeitig mit einer gegebenen Melodie erklingt

■ *Unterstreichen Sie die Kerngedanken des Textes. Worin sieht Gundolf die Gemeinsamkeiten
von Prinz und Kurfürsten? Teilen Sie seine Meinung?*

■ *Definieren Sie den Unterschied zwischen Helden- und Herrschertum. Recherchieren Sie zu den
Begriffen Held und Herrscher auch im Internet und fassen Sie Ihre Ergebnisse zusammen.*

Günter Blöcker: Natalie

Die Prinzessin kommt, um Homburg die Nachricht seiner Befreiung zu bringen. Glühend vor Eifer, überreicht sie ihm das Schreiben des Kurfürsten und „erblasst" (dies die wörtliche Szenenanmerkung), als sie
5 erfährt, an welche Bedingung der Fürst die Freilassung knüpft:

> Meint Ihr, ein Unrecht sei Euch widerfahren,
> So bitt ich, sagts mir mit zwei Worten –
> Und gleich den Degen schick ich Euch zurück.

10 Natalie erkennt sofort, dass diese von einem genialen Herzen eingegebene Wendung an eine Zone innerster Aufrichtigkeit und Noblesse in Homburg appelliert, in der es kein Feilschen und keinen Selbstbetrug gibt. Er müsste wider besseres Wissen handeln, wollte er
15 – um des lieben Lebens willen – behaupten, ihm sei Unrecht geschehen. Natalie weiß, dass der Prinz über diese Wendung nicht hinweglesen kann – so sehr sie es wünschen muss und so wenig sie es wünschen darf. Sie muss es wünschen, weil sein Leben daran
20 hängt. Doch auch seine Ehre hängt daran, und so kann sie es wiederum nicht wünschen. Gibt Homburg dem Kurfürsten recht, spricht er sein eigenes Todesurteil, gibt er ihm unrecht, rettet er seinen Kopf, aber um den Preis seines Gewissens. Das bedeutet:
25 Natalie muss zwei einander feindliche, ja einander aufhebende Dinge mit gleicher Stärke wollen. Sie will Homburg frei, und sie will ihn als Helden.
Als der Prinz, der sich wenige Szenen zuvor noch in Todesgrauen wand und alle Würde von sich warf, auf

den Anruf des Edlen unfehlbar reagiert und zum Adel 30 einer nach Maßgabe ihrer besten Eigenschaften über sich gebietenden Natur aufwächst, steht seine Partnerin neben ihm, erlebt ergriffen das Schauspiel einer Menschwerdung und sucht es doch zu verhindern. Sie bemüht sich, die gestellte Bedingung zu bagatel- 35 lisieren, sie als „Vorwand" und „äußere Form" abzutun. Doch je eifriger Natalie in bänglicher Geschäftigkeit auf Homburg einwirkt, desto sicherer und ruhiger wird er; und je stärker sie selbst ihrer Erfolglosigkeit innewird, um so großartiger wechselt ihr 40 Ton vom Beschwörenden ins Segnende. „Bleich", „erschrocken", „schmerzvoll" ist sie, und das aus innerster Not. Zugleich aber beugt sie sich gerührt über ihn, beseligt und entzückt, und küsst ihn, weinend und jubelnd in einem Atemzuge. 45
Das ist ein strahlendes Beispiel dafür, wie Kleist stets – nicht nur in der Triebsphäre – an die geteilte, vielverästelte Wurzel unserer Entschließungen geht. Wie er Situationen herzustellen weiß, in denen das Mehrstimmige unserer Gefühle dramatische Bewegung 50 wird. Kleist greift in das Ungesonderte von Tod und Lust, von Angst, Zweifel und Erwartung, von Traum und Wollen, Müssen und Begehren und humanisiert es.

Aus: Günter Blöcker: Heinrich von Kleist oder das absolute Ich. Berlin: Argon Verlag 1960

■ *Fassen Sie Blöckers Hauptthese in eigenen Worten zusammen.*

■ *Wo finden sich im Drama ähnlich widersprüchliche Bestrebungen Natalies?*

■ *Kennen Sie vergleichbar paradoxe Situationen aus Ihrem Alltag? Beschreiben Sie diese.*

Kottwitz und der Prinz

Aufsatz von Friedrich Koch

Kottwitz will die Tat des Prinzen rechtfertigen. Nicht das starre Gesetz ist, wie er beteuert, das Höchste, sondern das Vaterland. In der Person des Fürsten aber verkörpert sich für ihn dieses Vaterland, in ihm wird es
5 Gestalt. Vollendeter Ausdruck der Haltung des alten Haudegens sind seine Worte:

„Schütt' ich mein Blut dir, an dem Tag der Schlacht,
Für Sold, sei's Geld, sei's Ehre, in den Staub?
Behüte Gott, dazu ist es zu gut!
10 Was! Meine Lust hab', meine Freude ich,
Frei und für mich, im Stillen, unabhängig,
An deiner Trefflichkeit und Herrlichkeit,
Am Ruhm und Wachstum deines großen Namens!"

Das ist gerade das Gegenstück zur Haltung des Prinzen.
15 Nicht um Ehre geht es, sondern um das Vaterland, um den Ruhm des Fürsten. Und um des Fürsten willen würde Kottwitz ebenso wie der Prinz gegen die Ordre verstoßen. Aber damit wird der Versuch einer Rechtfertigung des Prinzen im Grunde zu einer Verurteilung
20 seines Handelns. Am Gegenbild des Kottwitz wird noch einmal eindeutig die Haltung des Prinzen geprüft; denn der Prinz handelt ja gerade nicht aus der Haltung heraus, die der Alte meint. Kottwitz würde, wie er beteuert, genau wie der Prinz handeln, wenn er den Sieg, „wo
25 irgend zwischen Wald und Felsen anträfe"; aber der Unterschied ist deutlich: Kottwitz ist ein solches Handeln letzter, höchster Einsatz für das Vaterland, bei dem er um der Sachen willen sich selbst wagt. Für ihn sind die Kriegsartikel nicht mehr äußeres, sondern inneres
30 Gesetz; für ihn gilt nicht ihr Buchstabe, sondern ihr Geist, der ihn erfüllt. Der gesetzlose Sieg des Prinzen hat nichts mit dieser Haltung zu tun. Kottwitz meint mit seiner Rede den Prinzen zu rechtfertigen, in Wirklichkeit räumt er auch die letzten Einwände gegen sei-
35 ne Verurteilung beiseite. Der Prinz hat ja gerade nicht so gehandelt, wie Kottwitz handeln würde.

Aus: Friedrich Koch: Heinrich von Kleist: Bewußtsein und Wirklichkeit. Stuttgart: Metzler 1958

Aufsatz von Franz Hafner

Kottwitz ist der geborene Untergebene. Er tut nur das Erlaubte. Er unternimmt nichts auf eigene Faust, er wartet immer auf Order. Er greift niemals aus eigenem Antrieb in die Schlacht ein, der kampfeslustige Prinz
5 allein überredet ihn zum Angriff. Und später, in Arnstein, wagt der ängstliche Herr nicht einmal, seine Bittschrift den Offizieren in Berlin zur Unterschrift zu senden. Er will nicht den leisesten Anschein einer Meuterei erwecken, er wünscht „nichts zu tun, das
10 man mit einem übeln Namen taufen könnte". Und als er in Berlin vor den Kurfürsten tritt und dieser sich über sein Kommen erstaunt zeigt, weist er dienstbeflissen die Weisung Natalies vor, die ihn von Arnstein aufbrechen hieß. Er möchte nichts unternommen haben, das dem Kurfürsten „fremd", das gegen den Willen seines
15 Herrn verstößt. Aus all dem gewinnen wir die Überzeugung, dass Kottwitz, auch wenn er den Sieg „wo irgend zwischen Wald und Felsen, wie ein Schäfer" anträfe, die Tat des Prinzen niemals wiederholen würde. Er selber mag das im Überschwang seiner Gefühle glauben,
20 in Wirklichkeit jedoch beweist er durch sein Verhalten gerade das Gegenteil. Natalie nennt den alten Obrist einen „wunderlichen Herrn, bald kühn, bald zaghaft". Er ist kühn in seinen Gefühlen, die keine Grenzen kennen und über alles entscheiden wollen, aber zag-
25 haft in seinen Taten, bei denen er sich ängstlich in den vorgeschriebenen Bahnen hält und vor jeder Kollision mit der Umwelt zurückscheut. [...]
[...] Seine Verteidigungsrede ist ebenso wahr empfunden als großartig unlogisch. Kottwitz möchte den Fürs-
30 ten von seiner Missachtung des Gesetzes überzeugen und beweist doch, ohne dass er es inne würde, gerade das Gegenteil. Er kann sich nicht mit dem Gesetz auseinandersetzen, es bedeutet für ihn keine bewusste Realität. [...]
35 Er glaubt, dass die Kluft zwischen innen und außen, die sich nie vor ihm aufgetan, überhaupt nicht bestehe. Er fasst es nicht, dass Homburgs Gefühl in tödlichen Widerspruch mit dem Gesetz gerate. [...] Er macht für die unbegreifliche Kluft, welche die Welt in zwei Hälf-
40 ten zerfallen lässt, im Stillen den Kurfürsten verantwortlich, er empfindet das Gesetz als seine teuflische Willkür. Nach den vergeblichen Versuchen, den Fürsten für die wahre ursprüngliche Empfindung zurückzugewinnen, wendet er sich im neunten Auftritt des
45 fünften Akts mit vielsagender Gebärde von ihm ab.

Aus: Franz Hafner: Heinrich von Kleists „Prinz Friedrich von Homburg". Zürich: Atlantis 1952

■ *Vergleichen Sie die Texte von Koch und Hafner. Welche Unterschiede und Gemeinsamkeiten finden sich in ihren Ausführungen?*

■ *Wie beurteilen Sie die Figurencharakteristik Kottwitz'?*

■ *Worin unterscheidet sich Kottwitz' Haltung von der des Kurfürsten?*

Kleists Drama im Spiegel der Philosophie

In diesem Baustein soll Kleists Drama vor dem Hintergrund der Philosophie zur Zeit seiner Entstehung, also zu Beginn des 19. Jahrhunderts, betrachtet werden. Die Schülerinnen und Schüler werden damit in die Lage versetzt, die Handlung im Kontext des damaligen Diskursfeldes zu lesen und dem Drama so weitere Sinndimensionen abzugewinnen. Insbesondere wird zu erarbeiten sein, dass im Zuge der Herausbildung der Wissenschaften einerseits, des allmählichen Bedeutungsverlusts der Religion andererseits das individuelle Bewusstsein des Menschen – das Ich – ins Zentrum der philosophischen Reflexionen, namentlich des deutschen Idealismus, rückte. Weitere von der Bewusstseinsphilosophie aufgeworfene Fragen – so etwa die Frage nach der ‚Wirklichkeit der Wirklichkeit' oder der existenziellen Bedeutung des Todes – sollen mit den Lernenden diskutiert und anhand ausgewählter Dramenszenen illustriert werden. Im Einzelnen geht es um:

- die wachsende Bedeutung des Ichs um 1800
- die Frage, ob es eine objektive Wirklichkeit gibt
- den existenziellen Schock in der Konfrontation mit dem Tod

5.1 Wer bin ich – was ist das Ich?

Die philosophischen Themen, die in diesem Baustein vor dem Hintergrund von Kleists Drama behandelt werden sollen, sind alle eng mit der Frage nach dem Ich(-Bewusstsein) des Menschen verbunden. Dies ist freilich kein Zufall, entstand der „Prinz von Homburg" doch zur Zeit des deutschen Idealismus, also in der Blütezeit der Bewusstseinsphilosophie. Das Thema des Ichs war in der Philosophiegeschichte aber bereits lange zuvor relevant, viele halten es sogar für das zentrale Thema der Philosophie der Neuzeit: „Selbstbewusstsein war nicht nur ein, sondern das Thema neuzeitlicher Philosophie", betont etwa Manfred Frank. „Descartes, der den Ausdruck noch nicht verwendet, hielt die von ihm bezeichnete Sache für ein Deduktionsprinzip aller wahren Sätze; und mit modifizierten Ansprüchen sind ihm Leibniz und Kant gefolgt. Erst Frühidealismus und Frühromantik haben über die Funktion hinaus, die dem Selbstbewusstsein für die Begründung der Philosophie zugedacht war, nach seiner eigenen Einsichtigkeit gefragt und damit Selbstbewusstsein als solches zum privilegierten Thema gemacht. Damit haben sie eine Tradition gestiftet, die bis ans Ende des 20. Jahrhunderts vorgehalten hat".[1]

Angesichts dieser zentralen Stellung, die das Selbstbewusstsein in der Philosophiegeschichte eingenommen hat und bis heute noch einnimmt, ist es sicherlich gerechtfertigt, die Unterrichtseinheit zunächst ohne direkten Bezug zu Kleists Drama einzuleiten und die Lernenden stattdessen zu eigenem philosophischem Denken und Reflektieren zu motivieren. Nachdem die Klasse in einzelne Arbeitsgruppen (zu je 3–5 Schülern) aufgeteilt worden ist, schreibt die Lehrkraft folgende Fragen an die Tafel:

---

[1] Manfred Frank: Selbstbewußtseinstheorien von Fichte bis Sartre, Frankfurt a.M. 1993

Wer bin ich?
Was ist das Ich?

■ *Schreiben Sie Ihre Antwortversuche zunächst auf und besprechen Sie sie dann in der Gruppe. Gibt es Gemeinsamkeiten der Antworten? Können Sie sich auf eine Antwort einigen?*

Nach einer Weile soll jede Gruppe ihre Antworten vorstellen und zu begründen versuchen. Voraussichtlich wird sich ein angeregtes Unterrichtsgespräch entwickeln, in dem nicht zuletzt deutlich werden wird, wie unterschiedlich die Beschreibungen – je nach eingenommener Perspektive – ausfallen können. Um das Gespräch anzuregen und zu steuern, bieten sich verschiedene Zwischenfragen an:

■ *Ist Ihnen die Beantwortung der Frage nach dem Ich leicht gefallen?*

■ *Sind Sie mit Ihrer Antwort restlos zufrieden? Wenn nicht – warum nicht?*

■ *Welche verschiedenen Ebenen, auf denen die Frage beantwortet werden kann, erkennen Sie?*

Eines der Ziele dieses Unterrichtsschritts soll es sein, die Lernenden dafür zu sensibilisieren, dass scheinbar Alltägliches wie das eigene Ich-Bewusstsein jede Selbstverständlichkeit verliert, sobald es reflektierend hinterfragt wird. So werden vermutlich auch einige Schülerinnen und Schüler betonen, dass eine letztgültige Antwort auf die Frage nach dem Ich gar nicht möglich ist, da es sich jedem Versuch, es gedanklich zu (er-)fassen, immer wieder entzieht. Nachdem alle Antworten vorgetragen worden sind und die Lernenden die Problematik der anfangs vielleicht einfach erscheinenden Frage erkannt haben, kann das Unterrichtsgespräch durch folgenden Frageimpuls weitergeführt werden:

■ *Sie haben nun durch eigene Reflexionen bemerkt, wie schwierig es ist, das Ich adäquat zu beschreiben. Warum rückte es zu Beginn der Neuzeit dennoch ins Zentrum des philosophischen Denkens?*

Vermutlich werden die Lernenden nach einiger Zeit des Nachdenkens von alleine darauf kommen, dass das Ich (resp. das subjektive Ich-Gefühl) die einzig sichere Ausgangsbasis für eigene philosophische Reflexionen ist. Alle anderen Konzepte – wie „Sein", „Logos", „Gott" etc. –, die in früheren Epochen der Philosophiegeschichte Bezugspunkte metaphysischer Spekulationen waren, lassen sich kritisch hinterfragen, sind also nicht von vornherein und ohne weitere Prämissen (‚a priori') vorauszusetzen. Nur das denkende (und zweifelnde) Ich scheint nicht mehr hintergehbar zu sein, bietet sich also – so glaubte man zumindest lange Zeit[1] – als festes Fundament an, auf dem eine ‚neuzeitliche' Philosophie aufbauen kann. Falls nötig, lässt sich das Unterrichtsgespräch durch folgende Frageimpulse steuern:

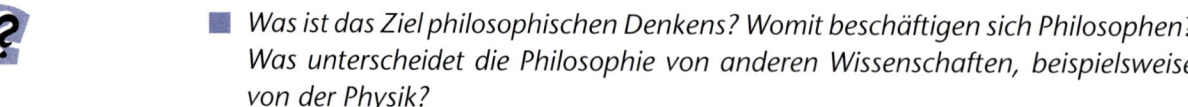

■ *Was ist das Ziel philosophischen Denkens? Womit beschäftigen sich Philosophen? Was unterscheidet die Philosophie von anderen Wissenschaften, beispielsweise von der Physik?*

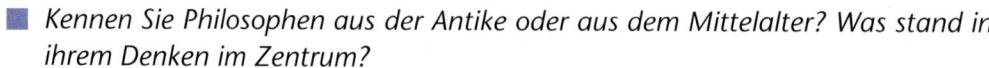

■ *Kennen Sie Philosophen aus der Antike oder aus dem Mittelalter? Was stand in ihrem Denken im Zentrum?*

[1] An dieser Stelle muss der einschränkende Hinweis genügen, dass die Bewusstseinsphilosophie spätestens seit Friedrich Nietzsche (1856–1900) und dann vor allem im 20. Jahrhundert, etwa vor dem Hintergrund sprachphilosophischer und differenztheoretischer Überlegungen, selbst in den Fokus der Kritik geraten ist und heute längst an Bedeutung verloren hat.

Nachdem die Schülerinnen und Schüler die Bedeutung der Frage nach dem Selbstbewusstsein erkannt haben, kann der Textabschnitt aus René Descartes' „Meditationen" (Textausgabe, S. 154–156) besprochen werden. Descartes bietet sich für diesen einleitenden Unterrichtsschritt besonders an, gilt er doch mit seinen um Gewissheit und Letztbegründung ringenden Reflexionen Mitte des 17. Jahrhunderts als Begründer der neuzeitlichen (Ich-)Philosophie. Seine „Meditationen über die Erste Philosophie" gehören zu den wichtigsten Texten, sein darin vorkommendes Diktum „Ich denke, also bin ich" zu den meistzitierten Sätzen der (westlichen) Philosophie. Die Lernenden werden schnell merken, dass Descartes' Argumentation auch ohne philosophisches Vorwissen leicht zu folgen ist:

■ *Lesen Sie den Text des Philosophen René Descartes (Textausgabe, S. 154–156), dessen „Meditationen" die Bewusstseinsphilosophie der Neuzeit einleiten, und fassen Sie seine Kernaussagen zusammen.*

Eines der Ziele des Unterrichtsgesprächs sollte es sein, den Schülerinnen und Schülern zu vermitteln, dass philosophische Reflexionen keineswegs trocken und schwer verständlich sein müssen. Häufig haben sie auch nach Jahrhunderten nichts von ihrer Brisanz verloren und korrespondieren womöglich sogar mit bereits Selbstgedachtem. Um die Diskussion anzuregen, bieten sich Zwischenfragen wie die folgenden an:

■ *Stellen Sie sich vor, Sie unterhielten sich von Angesicht zu Angesicht mit Descartes über seine Meditationen. Was meinen Sie: Wovor hat er letztlich Angst?*

■ *Was ist Descartes' Grund für seine Reflexionen? Warum will bzw. kann er nicht an das philosophische Denken der Vergangenheit anknüpfen?*

■ *Was wäre gewonnen, wenn man einen Punkt der absoluten Sicherheit des Denkens erreichen könnte?*

Die zentralen Gedanken des gelesenen Textausschnittes aus Descartes' „Meditationen" lassen sich beispielsweise durch folgende Argumentationskette an der Tafel zusammenfassen:

René Descartes (1596–1650): „Ich denke, also bin ich" (Zweite Meditation)

Verzweifelte Suche nach einer einzigen Gewissheit, dies käme einem ‚archimedischen Punkt' gleich.

↓

Auf diesem ‚archimedischen Punkt' ließen sich alle weiteren Reflexionen aufbauen.

↓

Doch alles kann bezweifelt werden, alles kann sich als Einbildung oder Lüge herausstellen: selbst die eigenen Sinneseindrücke.

↓

In allem Zweifel bleibt doch eines unerschütterlich: das zweifelnde (denkende) Ich-Bewusstsein. Selbst wenn man in einer einzigen Simulation leben sollte, kann das eigene Selbstbewusstsein nicht simuliert sein.

↓

Descartes: „Nachdem ich so alles genug und übergenug erwogen habe, muss ich schließlich festhalten, dass der Satz ‚Ich bin, Ich existiere', sooft ich ihn ausspreche oder im Geiste auffasse, notwendig wahr sei."

→ **Das Ich wird zur Basis allen weiteren Philosophierens. Beginn der Bewusstseinsphilosophie.**

Um den Schülerinnen und Schülern die ‚Schwellenangst' vor der Beschäftigung mit philosophischen Texten zu nehmen und ihnen vor Augen zu führen, dass die darin thematisierten Probleme, trotz der womöglich altertümlichen Diktion, häufig nichts von ihrer Aktualität verloren haben, ist folgender produktionsorientierter Auftrag denkbar:

■ *Stellen Sie sich vor, ein Freund von Ihnen behauptet, nichts sei mit absoluter Sicherheit zu wissen, alles könne sich als Lüge herausstellen, alles sei relativ. Schreiben Sie ihm einen Brief, in dem Sie ihn durch die Argumentation Descartes' vom Gegenteil zu überzeugen versuchen.*

Nachdem die Lernenden erkannt haben, welch entscheidende Bedeutung das Thema des Bewusstseins in der Philosophie der Neuzeit gewonnen hat, kann der Blick nun in die Zeit der Entstehung von Kleists Drama gerichtet werden. Immanuel Kant knüpfte mit seiner Transzendentalphilosophie Ende des 18. Jahrhunderts am Denken Descartes' an und versuchte, eine kritische, auf den Einsichten des vernünftigen Ichs gründende Basis für alle künftigen metaphysischen Spekulationen zu schaffen. Seine drei Hauptwerke „Kritik der reinen Vernunft" (1781), „Kritik der praktischen Vernunft" (1788) und „Kritik der Urteilskraft" (1790) markieren einen philosophie- und kulturgeschichtlichen Einschnitt, der einer „kopernikanischen Wende" gleichkommt (siehe folgendes Unterkapitel). Auf den von Kant geschaffenen transzendentalphilosophischen Grundlagen baute schließlich das Systemdenken des deutschen Idealismus auf, dessen Hauptvertreter Fichte, Schelling und Hegel sind. In deren Spekulationen über Ich und Nicht-Ich, über absolutes Ich und Weltgeist erreichte die Bewusstseinsphilosophie der Neuzeit ihren geistigen Kulminationspunkt, um danach allmählich wieder mehr ‚Bodenhaftung mit der Realität' zu gewinnen.

Auch im Hinblick auf spätere Unterrichtsschritte, in denen Kants Philosophie noch eine Rolle spielen wird, bietet sich an dieser Stelle ein Schülerreferat über die Transzendentalphilosophie und den deutschen Idealismus an. Selbstverständlich kann es hier nicht um einen umfassenden Überblick gehen – Grundzüge und -motive dieser philosophischen Richtung (mit kurzen Verweisen auf deren Hauptvertreter) lassen sich aber auch im Rahmen eines Kurzvortrags durchaus gewinnbringend darstellen. Zusätzlich oder alternativ dazu kann den Lernenden ein erster Eindruck vom Ich-zentrierten Denken des deutschen Idealismus durch das **Arbeitsblatt 21**, S. 126 vermittelt werden:

■ *Lesen Sie die Textabschnitte auf dem Arbeitsblatt. Die hier abgedruckten Reflexionen sind ohne Vorwissen und intensive Einarbeitung kaum verständlich. Versuchen Sie dennoch zu beschreiben, inwiefern sich die Grundmotivationen aller drei Texte gleichen. Welches Ziel scheinen alle drei Philosophen mit ihren Ausführungen zu verfolgen?*

■ *Bei aller Komplexität der Argumentationen: Erkennen Sie noch Parallelen und Gemeinsamkeiten zu den Meditationen René Descartes'?*

■ *Warum wohl hat sich das Denken über das Selbstbewusstsein von Descartes über Kant bis hin zu Fichte und Hegel in derart abstrakte Höhen ‚verstiegen'?*

Da sich Kleist, wie später noch zu zeigen sein wird, intensiv mit Kant auseinandergesetzt hat, überrascht es nicht, dass das Thema des Ichs und die damit eng verbundenen Fragestellungen auch in seinem Werk, insbesondere in seinem späten, zur Zeit des deutschen Idealismus entstandenen Drama „Prinz Friedrich von Homburg", eine zentrale Rolle einnehmen. Zur Einstimmung auf die nachfolgenden Unterrichtsschritte erhalten die Schülerinnen und Schüler folgenden Auftrag:

■ *Wir haben gesehen, welch große Bedeutung das Ich in der Philosophie der Neuzeit gewonnen hat. Zu Beginn des 19. Jahrhunderts spielte es vor allem im deutschen Idealismus eine zentrale Rolle. Inwiefern ist dieses Thema auch in Kleists Drama, das ja in dieser Zeit entstand, relevant?*

Vermutlich werden die Antworten sehr unterschiedlich ausfallen. Das Spektrum reicht von der Frage nach dem Unterschied zwischen Realität und Traum über das Thema des freien Willens bis hin zur Stellung des Individuums in der Gesellschaft. Das Gespräch kann durch Zwischenfragen gelenkt werden, beispielsweise:

■ *Denken Sie an einzelne Szenen des Dramas. Inwiefern ist hier auch die Frage nach dem Ich des Menschen thematisiert?*

Die Antworten der Schülerinnen und Schüler können während des Unterrichtsgesprächs schlagwortartig an der Tafel festgehalten werden:

Das Thema des Ichs in Kleists „Prinzen von Homburg"

Was kann das Ich erkennen?   Was ist Realität, was Traum?

          Was darf ich tun? Was soll ich tun?

    Das Ich in der Konfrontation mit dem Tod   Freiheit des Ichs

                Das Ich und das Du

Pflicht und Gewissen   Erwachen   Angst

      Sehnsucht   Liebe

Freier Wille?   Ich und Gesellschaft   Selbstbestimmung

Zur Vertiefung dieses Unterrichtsschrittes und zur Vorbereitung auf die kommende Textarbeit kann eine schriftliche Hausaufgabe dienen:

■ *Wählen Sie eine Szene aus Kleists Drama und beschreiben Sie, inwiefern in dieser Szene das Thema des Ichs und damit verbundene philosophische Fragen tangiert sind.*

Drei mögliche Antworten in aller Kürze:
1. **Akt, 1. Auftritt:** Bereits in der Eröffnungsszene, in der der Prinz schlafwandelnd im Garten umherirrt und nicht mehr zwischen Traum und Realität zu unterscheiden weiß, sind grundsätzliche Fragen tangiert, die insbesondere Kant und die ihm nachfolgenden Idealisten beschäftigten: Kann das Ich eine ‚objektive' Wirklichkeit erkennen? Woher weiß der Mensch, was real und was imaginiert ist? Gibt es überhaupt eine Welt unabhängig von meiner Erkenntnis, oder ist sie eine Konstruktion meines Ichs? (Siehe dazu ausführlich: Baustein 5.2)
3. **Akt, 5. Auftritt:** In der sog. Todesfurchtszene, in der der Prinz die Kurfürstin und Natalie anfleht, sein nacktes Leben zu retten, wird das existenzielle Dilemma des Ichs in der Konfrontation mit der eigenen Vergänglichkeit greifbar. Auch die Religion hatte Anfang des 19. Jahrhunderts im Zuge der allmählichen Säkularisierung ihren Einfluss verloren und konnte den Menschen immer weniger mit der Aussicht auf ein Weiterleben nach dem Tod trösten. (Siehe dazu ausführlich: Baustein 5.3)

5. Akt, 7. Auftritt: In dem Moment, in dem sich der Prinz vor den Kurfürsten wirft und dessen Urteil annimmt, akzeptiert er ein übergeordnetes allgemeines Gesetz, welchem Kant mit dem „kategorischen Imperativ" einen bis heute gültigen Ausdruck verliehen hat. Der Prinz überwindet die Grenzen seines nur auf sich selbst gerichteten Egoismus und erkennt an, dass es höhere Werte gibt. Mit seiner Entwicklung vom Einzelkämpfer hin zum gleichberechtigten Mitglied der Gesellschaft sind somit auch grundsätzliche Fragen des richtigen Handelns – also ethische Fragen – thematisiert. (Siehe dazu ausführlich: Baustein 5.3)

5.2 Traum und Wirklichkeit

Bereits in den vorausgegangenen Bausteinen ist wiederholt deutlich geworden, dass eines der zentralen Themen von Kleists Drama der Unterschied zwischen Traum und Realität ist. Der Prinz von Homburg oszilliert während der Handlung immer wieder zwischen den Welten hin und her und scheint sich darüber hinaus oft nicht im Klaren zu sein, in welcher der beiden er sich gerade befindet. So ruft er bei seiner Entwaffnung durch den Kurfürsten: „Träum ich? Wach ich? Leb ich? Bin ich bei Sinnen?" (V. 765) Als ihm Natalie später den Brief mit der möglichen Begnadigung überreicht, kann er nur noch entgegnen: „Es ist nicht möglich! Nein! Es ist ein Traum!" (V. 1305) In der Schlussszene, in der er auf einmal als triumphierender Held gefeiert wird, fragt er verwundert: „Nein, sagt! Ist es ein Traum?" Und wie zur Bestätigung seiner heimlichen Überzeugung antwortet Kottwitz denn auch: „Ein Traum, was sonst?" (beide: V. 1857) Das Thema Traum/Realität wird aber schon in der Anfangsszene (1. Akt, 1. Auftritt) eingeführt, in der der Prinz als Schlafwandler im Schlossgarten sitzt und sich verträumt einen Siegeskranz flicht. Damit befindet er sich gleichsam auf der Grenze zwischen Wirklichkeit und Fiktion: Handelt er körperlich zwar in der Realität, so lebt er doch geistig in einer imaginierten Welt. Sein Somnambulismus lässt sich als Symbol des verträumten Charakters des Prinzen generell deuten, den er erst im Laufe der weiteren Handlung ablegen wird. (Siehe zur Anfangsszene ausführlich auch Baustein 1.2)

 Nachdem die Lernenden die Traumwandler-Szene (1. Akt, 1. Auftritt) in verteilten Rollen vorgelesen haben, kann das Unterrichtsgespräch mit folgenden Frageimpulsen eingeleitet werden:

■ *Beschreiben Sie die Atmosphäre, die in der Eröffnungsszene herrscht.*

■ *Wofür könnte das Schlafwandeln des Prinzen symbolisch stehen?*

■ *Was meinen Sie: Wo befindet sich der Prinz in dieser Szene – in der Realität oder in einer Fiktion?*

Zur Vertiefung des Unterrichtsgesprächs kann der Text von Gotthilf Heinrich von Schubert (Textausgabe, S. 159–162) über den Somnambulismus herangezogen werden, den Kleist vermutlich kannte. Schubert beschreibt hier sehr eindrucksvoll die Stellung des Schlafwandlers im Zwischenreich zwischen Traum und Realität. In diesem Zustand steht auch der Prinz: in der Eröffnungsszene wortwörtlich, in der nachfolgenden Handlung symbolisch. Erst gegen Ende, als er mit seinem eigenen drohenden Tod konfrontiert wird, wird er schließlich aus seinem Zustand erwachen und seinen Platz in der Realität finden.
Eine erste Ergebnissicherung an der Tafel kann folgendermaßen aussehen:

Der Somnambulismus des Prinzen – als Symbol für

- seine Stellung auf der Grenze zwischen Realität und Traum
- seine Weigerung, die Realität anzuerkennen
- seinen noch unentwickelten Charakter
- seine Egozentrik, die nur Augen für sich selbst hat
- die Frage, ob es eine objektive Wirklichkeit überhaupt gibt

→ **Schon in der Eingangsszene wird eines der Grundmotive des Dramas – die Frage nach Traum und Realität – durch das Symbol des Somnambulismus eingeführt.**

Zur Weiterführung des Unterrichtsgeschehens kann die Klasse in einzelne Gruppen (je 3 – 4 Schüler) eingeteilt werden, die folgenden Auftrag erhalten:

■ *Haben Sie selbst schon Erlebnisse gehabt, in denen Sie Traum und Realität nicht unterscheiden konnten? Sind Sie beispielsweise schon einmal schlafgewandelt? Oder hatten Sie einen derart real wirkenden Traum, dass die Wirklichkeit nach dem Aufwachen irreal wirkte? Berichten Sie Ihren Mitschülern von diesem Erlebnis.*

Nach einer gewissen Zeit, in dem sich die Lernenden austauschen konnten, einigen sich die Gruppen auf einzelne Erlebnisse, die sie der gesamten Klasse vortragen. Die Lehrkraft führt das entstehende Unterrichtsgespräch, indem sie beispielsweise auf die mit solchen Erlebnissen verbundenen grundsätzlichen philosophischen Fragestellungen (etwa: Was bedeutet eigentlich ‚Wirklichkeit'? Woher wissen wir, wann etwas ‚wirklich' ist? etc.) hinweist. Durch die entstehende Diskussion soll in den Schülerinnen und Schülern im Idealfall erneut die Sensibilität für das Rätselhafte von eigentlich selbstverständlich Scheinendem geweckt werden – mit anderen Worten: Sie sollen das ‚Staunen' lernen, für Aristoteles Grundvoraussetzung und Anfang jeder Philosophie. Zur Motivierung des Gesprächs ist auch folgende Anschlussfrage denkbar:

■ *Kennen Sie andere Werke aus der Kunst, in denen die Grenzen zwischen Realität und Fiktion verschwimmen? Denken Sie beispielsweise auch an Spielfilme.*

Das Problem von Realität und Fiktion ist eines der zentralen Themen der Kunst, dementsprechend vielfältig können die Antworten ausfallen. Ein besonders bekanntes und eindrucksvolles Beispiel innerhalb der Literatur ist Miguel de Cervantes' Roman „Don Quijote", und für die bildende Kunst ließen sich etwa die Bilder von René Magritte oder M. C. Escher nennen. Im Kino wurde das Thema verstärkt in den 90er-Jahren des 20. Jahrhunderts – nämlich im Zuge der wachsenden Digitalisierung und Virtualisierung der Wirklichkeit – aufgegriffen. Die Blockbuster „Matrix" und „eXistenZ", beide aus dem Jahr 1999, sind hier besonders wichtige Beispiele, die vermutlich die meisten der Lernenden auch kennen werden. (Sollte es die Zeit erlauben, wäre es durchaus überlegenswert, einen der beiden Filme gemeinsam zu sehen;[1] auch könnten Kurzreferate über diese und ähnliche Filme gehalten werden.)

---

[1] Beide als DVD erhältlich: Matrix (USA, Australien 1999; Regie: Andy und Larry Wachowski); eXistenZ (Kanada, Großbritannien 1999; Regie: David Cronenberg)

Die Frage nach Realität und Fiktion beschäftigt aber nicht nur die Kunst, sondern auch – und vor allem – die Philosophie. Bereits in dem in Kap. 5.1 besprochenen Textabschnitt aus Descartes' „Meditationen" ging es ja explizit um die Frage, ob wir überhaupt gewiss sein können, in der Wirklichkeit zu leben – oder ob nicht alles eine Lüge, eine Simulation sein könnte. Mit diesem Problem hat sich schon Platon, einer der wichtigsten Denker der (antiken) Philosophie, auseinandergesetzt. Sein berühmtes „Höhlengleichnis", in dem die Frage nach der ‚Wahrheit' und deren Erkenntnis thematisiert ist, findet sich im Anhang dieses Modells (**Zusatzmaterial 3**, S. 164) und kann mit den Schülerinnen und Schülern zur Einstimmung auf die folgenden philosophischen Überlegungen gelesen und besprochen werden. Das Hauptaugenmerk soll aber auf dem Textabschnitt über die „kopernikanische Wende" in der Philosophie (**Arbeitsblatt 22**, S. 128) liegen: Er ist der Vorrede von Immanuel Kants erstem Hauptwerk – der „Kritik der reinen Vernunft" (1781) – entnommen, in dem Kant die Möglichkeiten und Grenzen der menschlichen Erkenntnis zu bestimmen versucht. Seine durch komplizierte Schlussfolgerungen gewonnenen Ergebnisse lassen sich mit der zentralen These zusammenfassen, dass dem Menschen die Wirklichkeit prinzipiell nur so erscheinen kann, wie dies durch die spezifische Struktur seines Erkenntnisvermögens bedingt ist. Ein Zugriff auf die Wirklichkeit unabhängig von diesen Erkenntnisbedingungen – Kant spricht von den „Dingen an sich" – ist daher nicht möglich. Mit anderen Worten: Wir leben in einer Wirklichkeit, die wir selbst konstruiert haben, also letztlich in einer ‚Simulation'. Selbst Raum und Zeit haben keine ‚objektive Gültigkeit', sondern sind nur Formen unserer sinnlichen Anschauung, die unsere Wirklichkeit konstituieren, den einzelnen wahrgenommenen Dingen gleichsam ihren Platz zuweisen.

 Nach der gemeinsamen Lektüre des **Arbeitsblattes 22** kann das Klassengespräch mit verschiedenen Frageimpulsen eingeleitet und weitergeführt werden:

- *Welche Entdeckung machte Kopernikus? Wissen Sie, in welchem Jahrhundert er lebte? Was waren die damaligen Konsequenzen für Wissenschaft, Religion, Alltag etc.?*

- *Warum vergleicht Kant seine eigene Entdeckung wohl gerade mit jener von Kopernikus?*

- *Beschreiben Sie in eigenen Worten, was Kant als „kopernikanische Wende" in der Philosophie auffasst. Welche Konsequenzen hat diese Wende für unser Selbstverständnis?*

- *Kennen Sie andere „kopernikanische Wenden" in der Wissenschaftsgeschichte?*

Zur Vertiefung ist an dieser Stelle auch ein Referat über Kant und dessen Transzendentalphilosophie denkbar. Hierbei kann und soll es natürlich nicht darum gehen, seine Argumentationen – auch nicht umrisshaft – vorzustellen, sondern vielmehr einen ersten Eindruck von der philosophie- und kulturgeschichtlichen Bedeutung seines Denkens zu vermitteln. Ziel dieses Unterrichtsschritts ist es, den Schülerinnen und Schülern vor Augen zu führen, welch einschneidender Wendepunkt – die Wissenschaftstheorie spricht von einem ‚Paradigmenwechsel' – mit dem Namen Immanuel Kant verbunden ist. Auch viele heutige Diskurse (insbesondere der ‚Radikale Konstruktivismus', der davon ausgeht, dass das Subjekt seine gesamte Wirklichkeit konstruiert) berufen sich mehr oder weniger explizit auf Kant und lassen sich mit einigem Recht als konsequente Fortführung seiner Überlegungen auffassen.
Die Ergebnisse dieses Unterrichtsschritts lassen sich durch folgendes Tafelbild sichern:

Immanuel Kants „kopernikanische Wende" in der Philosophie

- bisherige Vorstellung: Erkenntnis richtet sich nach den Dingen
- Wende: die Dinge richten sich nach der Erkenntnis
- vollständiger Perspektivwechsel
- die Welt ist unsere Konstruktion; wie sie ‚an sich' ist, entzieht sich unserer Kenntnis und unserer Wahrnehmung

→ **Kants „kopernikanische Wende" kommt einer kulturellen Revolution gleich. Für viele beginnt die eigentlich moderne Philosophie (und mit ihr der Abschied von der Vorstellung einer ‚objektiven' Wirklichkeit) mit diesem Perspektivwechsel Kants.**

Eine ausführlichere Beschäftigung mit der Philosophie Kants in dieser Unterrichtseinheit lässt sich nicht nur mit dem Hinweis auf Kants herausragende Stellung innerhalb der Philosophie zu Beginn des 19. Jahrhunderts, also zur Zeit der Entstehung des „Prinzen von Homburg", rechtfertigen. Fast noch wichtiger ist, dass Kleist durch die eigene Rezeption von Kants Schriften in eine tiefe Sinnkrise gestürzt wurde, die als sog. „Kant-Krise" in jeder Kleist-Biografie aufgeführt ist. (Siehe hierzu auch Baustein 2.1.) Ein Zeugnis dieser Krise findet sich in der Textausgabe in Form von Kleists Brief an seine Verlobte Wilhelmine von Zenge vom 22. März 1801 (Textausgabe, S. 119–121). Kleist beschreibt hier sehr eindrucksvoll, inwiefern Kants Kritizismus sein Lebensziel – nämlich die persönliche Vervollkommnung durch die Erkenntnis der Wahrheit und durch stetige Weiterbildung – ad absurdum zu führen droht. Hatte er bislang immer fest daran geglaubt, die Wahrheit im Laufe seines Lebens immer klarer erkennen und diese Erkenntnis auch nach seinem Tod in einer anderen Existenz wahren zu können, so muss er sich nun durch Kants „kopernikanische Wende" eingestehen, dass nicht nur der Glaube an die Möglichkeit der Erkenntnis einer objektiven Wahrheit höchst fragwürdig ist, sondern auch der Glaube an ein Weiterleben nach dem Tod. Nachdem sich sein höchstes Ziel nun als Illusion herausgestellt hat, empfindet er nur noch Sinnlosigkeit, die er lediglich durch triviale Ablenkungen und Zerstreuungen auszuhalten meint.

Nachdem die Schülerinnen und Schüler Kleists Brief gelesen haben, kann die gemeinsame Besprechung mit folgenden Frageimpulsen begonnen werden:

- *Was verstand Kleist unter einer idealen Lebensführung – oder wie er selbst sagte: unter seiner „eignen Religion"? Warum meinte er, dass Kants Philosophie die Grundlagen dieses Lebensideals zu zerstören drohe?*

- *Wie reagierte Kleist nach eigenen Aussagen auf die empfundene Bedrohung durch Kant? Gäbe es andere – „sinnvollere" – Reaktionen? Sehen Sie Möglichkeiten, Kants Philosophie gewinnbringend in das eigene Weltbild zu integrieren?*

- *Haben Sie selbst schon erlebt, dass ein Buch, ein Film o. Ä. Ihr Weltbild und Ihr Leben nachhaltig verändert hat?*

Zur Fortführung des Unterrichtsgesprächs kann der Textausschnitt aus Friedrich Nietzsches Essay „Schopenhauer als Erzieher" (Textausgabe, S. 169–172) herangezogen werden, in dem Kleists „Kant-Krise", als besonders eindrucksvolles Beispiel des Leidens eines nach Wahrheit ringenden Menschen, explizite Erwähnung findet. Eine – zumindest kurze – Überleitung auf Nietzsche bietet sich auch deshalb an, weil sein Denken, entstanden gegen

Ende des 19. Jahrhunderts, Kants Kritizismus konsequent fortsetzt (indem es sich beispielsweise auch gegen Kant selbst richtet) und dem Glauben an eine einzig mögliche Wahrheit noch um einiges radikaler den Kampf ansagt. Ging Kant noch von einer – wenn auch für unsere Sinne und unseren Verstand niemals erkennbaren – Wahrheit „an sich" aus, so verabschiedete sich Nietzsche von solchen, in seinen Augen metaphysischen Vorstellungen und propagierte ein relativistisches und nihilistisches Weltbild. Für ihn gibt es keine objektive Wahrheit mehr, sondern nur noch subjektive Sinnauslegungen der Welt: Wahrheit wird zur Frage der eingenommenen Perspektive, wobei alle Perspektiven gleichberechtigt nebeneinanderstehen. Um die Schülerinnen und Schüler an dieses zentrale Theorem der Philosophie Nietzsches heranzuführen, kann die Lehrkraft ein paar seiner Aphorismen an die Tafel schreiben (bzw. am Overhead-Projektor zeigen)[1]:

Nietzsche über den ‚Perspektivismus'

„Die Welt existiert nicht als Welt ‚an sich', sie ist essenziell Relations-Welt: sie hat, unter Umständen, von jedem Punkt aus ihr verschiedenes Gesicht."

„Tatsachen gibt es nicht, nur Interpretationen."

„Die Welt hat keinen Sinn hinter sich, sondern unzählige Sinne – ‚Perspektivismus'. Unsere Bedürfnisse sind es, die die Welt auslegen."

„Es gibt vielerlei Augen und folglich gibt es vielerlei ‚Wahrheiten', und folglich gibt es keine Wahrheit."

Mit folgenden Fragen lässt sich das Unterrichtsgespräch über Nietzsche einleiten:

■ *Lesen Sie diese Sätze Nietzsches und fassen Sie deren zentrale Aussage in eigenen Worten zusammen. Teilen Sie Nietzsches These? Was spricht dafür, was dagegen?*

■ *Inwiefern wendet sich Nietzsche hier von der Philosophie Kants ab? Inwiefern bestehen andererseits aber auch noch Gemeinsamkeiten zwischen den beiden Philosophen?*

Zur Vertiefung kann auch die Textpassage aus „Zur Genealogie der Moral" (**Arbeitsblatt 23**, S. 129) herangezogen werden, in der Nietzsche die Vorteile seines ‚Programms' des Perspektivismus gegenüber der traditionellen Weltsicht früherer Philosophen beschreibt. So könne durch diese neue Form der Erkenntnis gewissermaßen eine andere ‚Objektivität' erreicht werden, eben eine Objektivität, in die zahlreiche verschiedene Blickwinkel eingespiegelt sind. Der Wirklichkeitsbegriff alter Philosophen, die sich auf Begriffe wie „Vernunft" und „Geistigkeit" berufen haben, wird der ‚eigentlichen' Wirklichkeit aber in keiner Weise gerecht. Nach Nietzsche muss bei jeder Wirklichkeitsbeschreibung darauf geachtet werden, von welchem Beobachter diese Beschreibung stammt. Eine ‚beobachtungslose' Beschreibung der Welt kann es nicht geben. Hat man einen solchen Perspektivismus aber erst einmal verinnerlicht, so wächst fast zwangsläufig die Toleranz und Akzeptanz gegenüber anderen Weltsichten, was gerade in unserer globalisierten Welt die (leider noch nicht erreichte) Grundvoraussetzung eines friedlichen Miteinanders wäre.

---

[1] Alle Zitate aus: Henning Ottmann (Hg.): Nietzsche-Handbuch. Leben – Werk – Wirkung. Stuttgart 2000, S. 299 f. (Stichwort: Perspektivismus)

Die Schülerinnen und Schüler können sich diesem Text nach der gemeinsamen Lektüre durch folgende Aufgaben nähern:

■ *Was wirft Nietzsche den „Herrn Philosophen" vor? Was versteht er unter ihrer „gefährlichen alten Begriffs-Fabelei"? Und welches Konzept der Weltbetrachtung stellt er dieser konventionellen Weltsicht selbst gegenüber?*

■ *Worin sieht Nietzsche die Vorteile seiner ‚neuen Weltsicht'?*

■ *Überlegen Sie sich, inwiefern Nietzsches hier propagierter Perspektivismus gerade in der Zeit von Internet, Globalisierung, dem ‚Kampf der Kulturen' etc. höchst aktuell und relevant ist.*

Den Lernenden soll in dieser Unterrichtseinheit insbesondere deutlich werden, welche Entwicklung die Begriffe „Wahrheit" und „Wirklichkeit" im Laufe der Philosophiegeschichte – von Platon über Descartes und Kant bis hin zu Nietzsche – vollzogen haben. Die einstigen Vorstellungen einer ‚einzigen gültigen Wahrheit' und einer ‚objektiven Wirklichkeit' wurden zunehmend problematisiert, bis hin zu Nietzsche, der sich von ihnen radikal verabschiedete und ein relativistisches Weltbild vertrat, in dem nichts mehr ‚an sich' gültig und sicher ist, sondern alles von der eingenommenen Perspektive, also dem jeweiligen Beobachter, abhängt.

Ein solcher Perspektivismus kündigt sich bereits in Kleists Drama ein. Wie oben dargestellt, steht der Prinz schon in der Anfangsszene auf der Grenze zwischen Traum und Realität: Je nach eingenommenem Blickwinkel kann er dieser oder der anderen Welt zugeordnet werden. Wie sehr die Wahrnehmung und die Einschätzung der Dinge von der jeweiligen Perspektive abhängen, wird in der späteren Szene, in der die Soldaten den Schlachtentwurf besprechen und ihre jeweiligen Befehle entgegennehmen (1. Akt, 5. Auftritt), noch deutlicher. Es scheint fast, als wollte Kleist dem Publikum das Problem des Perspektivismus – so gekonnt wie humorvoll – vor Augen führen. Denn als außenstehender Beobachter kann man erkennen, was die Figuren auf der Bühne nicht erkennen. Der Reiz dieser Szene besteht darin, dass hier zwei Perspektiven unvermittelt aufeinandertreffen – und mit ihnen zwei unterschiedliche ‚Realitäten': zum einen die Besprechung der baldigen Schlacht, zum anderen das Begehren des Prinzen von Homburg. Auch wenn die Kriegsvorbereitung aus Sicht der anderen Anwesenden absoluten Vorrang hat, bedarf es doch nur eines einzigen Sprungs – nämlich in die Perspektive des Prinzen –, um die Geschichte von Natalies verlorenem Handschuh für wesentlich wichtiger zu halten. So ist es kein Wunder, dass der Prinz von Homburg derart abgelenkt ist, dass er für die ausgegebene Order kein Gehör hat. In seinem momentanen Zustand bedeutet der baldige Kampf auf dem Schlachtfeld nicht viel – der Kampf um Natalie hingegen alles.

Nach der gemeinsamen Lektüre der Szene (1. Akt, 5. Auftritt) in verteilten Rollen kann das Unterrichtsgespräch mit folgenden Frageimpulsen eingeleitet werden:

■ *Wie wir gesehen haben, hat Friedrich Nietzsche eine Philosophie des ‚Perspektivismus' vertreten. Lässt sich eine solche Weltsicht auch schon in dem gelesenen Auftritt erkennen? Inwiefern?*

■ *Welche zwei Perspektiven treffen in der Szene aufeinander? Welche der beiden ist Ihrer Ansicht nach die ‚richtige'?*

Zur Weiterführung (oder auch zur ‚Auflockerung') des Gesprächs bietet sich eine Zwischenfrage wie die folgende an:

■ *Schildern Sie Situationen, in denen Sie ähnlich abgelenkt waren wie der Prinz von Homburg in der gelesenen Szene. Wie handelten Sie in der Situation? Hatte die Ablenkung Konsequenzen für Sie?*

Nachdem die Schülerinnen und Schüler die besondere Struktur des gelesenen Auftritts (= Parallelmontage zweier Perspektiven) erkannt haben, kann der Fokus nun auf die im Auftritt mehrmals genannte Fanfare gerichtet werden:

■ *Beschreiben Sie, welche Funktion die „Fanfare" in dieser Szene einnimmt. Welcher der beiden Welten gehört sie an?*

Am Beispiel der Fanfare zeigt sich am deutlichsten, wie sehr der Prinz von seiner eigenen Perspektive beherrscht wird. Selbst in den Momenten, in denen er scheinbar in die Perspektive der anderen Soldaten wechselt und seine militärische Order zu wiederholen versucht, bleibt er doch insgeheim in seiner romantischen Welt der Schwärmerei gefangen. Seine Wiederholung gleicht der plappernden Wiederholung eines Papageis: Er spricht die Sätze zwar halbwegs richtig nach, versteht ihre Bedeutung aber nicht. So hört er zwar, dass er „die Fanfare blasen lassen" (V. 324) soll, nicht aber, bei welcher Gelegenheit. Er scheint diese Aktion kurzerhand in seine eigene Welt zu integrieren und als Ausdruck seines momentanen Triumphs (angesichts der Entdeckung, dass der Prinzessin Natalie der Handschuh gehört) aufzufassen. Dass er auf den eigentlichen Befehl nicht geachtet hat, zeigt sich spätestens auf dem Schlachtfeld, wenn er sich zunächst beim Grafen Hohenzollern nach der Order erkundigt und wenig später gegen diese verstößt (2. Akt, 2. Auftritt).

Die Ergebnisse der Unterrichtsbesprechung lassen sich durch eine Gegenüberstellung der beiden Perspektiven an der Tafel sichern:

Zwei Perspektiven (1. Akt, 5. Auftritt)

Schlachtentwurf/Taktikbesprechung	Begehren des Prinzen
Order	Natalies Handschuh
Befehlsausgaben	Begehren
Gehorsam	Verliebtsein
militärische Überlegungen	Grübeleien, ob sie auch Interesse hat
Disziplin	romantische Schwärmerei
Erfolg in der Schlacht	Erfolg in der Liebe
Fanfare als militärisches Signal	Fanfare als Ausdruck des Triumphs

→ **Der Prinz lebt in dieser Szene in seiner eigenen Welt und hat für die militärische Umwelt kaum noch einen Blick übrig.**

Zum Abschluss dieser gesamten Unterrichtseinheit über das Thema Traum/Realität bietet sich folgende Aufgabenstellung (am besten als Hausaufgabe) an:

■ *Interpretieren Sie die Schlussszene (5. Akt, 11. Auftritt) vor dem Hintergrund der gewonnenen Ergebnisse. Weiß der Prinz nun klar zwischen Traum und Realität zu unterscheiden? Ist es für den Leser ganz klar, in welcher Sphäre die Szene spielt? Was bedeutet dies für das Wirklichkeitskonzept des gesamten Dramas?*

5.3 Todesangst

Wie im vorangegangenen Kapitel dargestellt, verharrt der Prinz lange Zeit in einer imaginierten Traumwelt, in der er sich sicher und geborgen fühlt. Für die Realität seiner Umwelt scheint er keine Sinne zu haben. Auch nachdem über ihn die Todesstrafe verhängt worden ist, will er lange nicht wahrhaben, dass sein Leben nun konkret bedroht ist. Noch in der Gefängniszelle vertraut er naiv auf die Güte des Kurfürsten, ist sich sicher, begnadigt zu werden (3. Akt, 1. Auftritt). Erst durch den Bericht des Grafen Hohenzollern wird der Prinz schließlich wachgerüttelt. Der anschließende Blick in das eigene Grab reißt ihn ganz aus seinen narzisstischen Träumen. Sein Ich-Bewusstsein wird durch die Konfrontation mit der eigenen Vergänglichkeit fundamental erschüttert und richtet nun alles Streben auf das eigene Überleben.

Dieser Unterrichtsschritt kann durch folgenden Frageimpuls eingeleitet werden:

■ *Wie wir bereits erarbeitet haben, lebt der Prinz zunächst in einer imaginierten Wunschwelt und will nicht realisieren, dass seine Existenz bedroht ist. Welches Erlebnis reißt ihn schließlich aus diesem Traumzustand?*

Die Lernenden werden die zentrale Bedeutung der Todesfurchtszene (3. Akt, 5. Auftritt) sicherlich selbst erkennen. Erst jetzt hat der Prinz die reale Todesgefahr, in die ihn sein eigenmächtiges Handeln geführt hat, klar realisiert. Dieser Szene geht ein Erlebnis voraus, das als eigentlicher Auslöser seiner inneren Wandlung aufzufassen ist: Auf dem Weg von der Gefängniszelle ins Zimmer der Kurfürstin ist der Prinz an dem offenen Grab vorbeigegangen, in das seine Leiche schon am nächsten Tag nach seiner Hinrichtung gelegt werden soll. Dieser Anblick hat ihn zutiefst verstört und endgültig aus seiner eingebildeten Sicherheit gerissen. Es ist wohl kein Zufall, dass dieses Erlebnis nur in Form des nachträglichen Berichts geschildert wird – unterstreicht Kleist damit doch das Unfassbare und nicht direkt Darstellbare des Todes:

> „Ach! Auf dem Wege, der mich zu dir führte,
> Sah ich das Grab, beim Schein der Fackeln, öffnen,
> Das morgen mein Gebein empfangen soll.
> Sieh, diese Augen, Tante, die dich anschaun,
> Will man mit Nacht umschauen, diesen Busen
> Mit mörderischen Kugeln mir durchbohren.
> Bestellt sind auf dem Markte schon die Fenster,
> Die auf das öde Schauspiel niedergehn,
> Und der die Zukunft, auf des Lebens Gipfel,
> Heut, wie ein Feenreich, noch überschaut,
> Liegt in zwei engen Brettern duftend morgen,
> Und ein Gestein sagt dir von ihm: er war!"
> (V. 981–992)

Diese Stelle sollte angesichts ihrer zentralen Bedeutung für die gesamte Handlung und für die innere Entwicklung des Prinzen genauer betrachtet werden. Nach der gemeinsamen Lektüre bieten sich je nach Entwicklung der Unterrichtsdiskussion verschiedene Frageimpulse und Aufträge an:

■ *Lesen Sie die Textpassage, in der der Prinz vom Anblick des offenen Grabes berichtet (V. 981–992). Beschreiben Sie, in welchem psychischen Zustand er in diesem Moment ist. Was empfinden Sie bei der Lektüre dieser Zeilen? Können Sie das Entsetzen des Prinzen erahnen?*

> ◼ *Beschreiben Sie das Entsetzliche – und Paradoxe – an der Situation, sein eigenes Grab sehen zu müssen. Achten Sie dabei auch auf die letzte Verszeile: „Und ein Gestein sagt dir von ihm: er war!" (V. 992)*

 Es wird deutlich, dass der Prinz erst in dem Moment, als er seine ausweglose Situation voll realisiert, den ungeheuren Wert des Lebens zu schätzen weiß. Das, was sonst so selbstverständlich und unvergänglich zu sein scheint, gewinnt erst an Bedeutung, wenn es zu verschwinden droht. Nun äußert sich der nackte Überlebenswille des Prinzen: „Seit ich mein Grab sah, will ich nichts, als leben,/Und frage nichts mehr, ob es rühmlich sei!" (V. 1003 f.) Alles weltliche Streben nach Ruhm und Erfolg, nach Einfluss und Macht, selbst nach Liebe und Sexualität ist auf einmal vergessen – das Leben an sich, die bloße, nackte Existenz, ist das Einzige, was der Prinz nun erfleht. Gerade weil er den paradoxen Versuch unternimmt, sich eine Welt vorzustellen, in der er selbst nicht mehr sein wird, kann er den Gedanken an den eigenen Tod nicht ertragen. So ist sein Bericht auch von der Dichotomie zwischen dem Heute, an dem er noch lebt, und dem Morgen, an dem er schon tot sein wird, geprägt. Es scheint, als wolle sich sein Ich durch diese Gegenüberstellung immer wieder das Monströse, nicht Vorstellbare der eigenen Vergänglichkeit vor Augen führen.
Ein weiterer Frageimpuls kann so lauten:

> ◼ *Der Bericht des Prinzen ist durch Gegensatzpaare geprägt: insbesondere jenem zwischen dem Heute, an dem er noch lebt, und dem Morgen, an dem er schon tot sein wird. Stellen Sie diese Begriffe einander gegenüber.*

Diese Gegenüberstellung kann an der Tafel beispielsweise folgendermaßen gesichert werden:

Der Anblick des offenen Grabes (V. 981–992)

heute	morgen
Augen schauen	Nacht
Busen	Gebein
des Lebens Gipfel	mörderische Kugeln
Zukunft	zwei enge Bretter
Feenreich	Gestein: „er war!"

→ **Der Prinz versucht sich die Paradoxie der eigenen Nicht-Existenz vor Augen zu führen und erträgt diese Vorstellung nicht.**

 Insbesondere wenn viele der Lernenden betont haben sollten, von der Textpassage – beispielsweise aufgrund der getragenen und altertümlichen Sprache des Dramas – nicht wirklich ergriffen worden zu sein, bietet sich die gemeinsame Lektüre des Briefes vom 21. Juli 1801 an, in dem Kleist eine lebensgefährliche Situation auf dem Rhein sehr eindrücklich schildert (Textausgabe, S. 121–123). Dieser Text ist nicht zuletzt deshalb aufschlussreich, weil es Kleist hier in wenigen Sätzen gelingt, seine ambivalente Sicht auf Leben und Tod zu beschreiben. Selbst er, der häufig unter seinem Leben gelitten hat, klammert sich im Augenblick der realen Todesangst daran fest, ohne genau sagen zu können, woher dieser innere Wunsch nach (Über-)Leben überhaupt kommt. Zugespitzt als Paradox fasst er die existenzielle Situation jedes Menschen schließlich zusammen: „Wir müssen vor der Vernichtung beben, die doch nicht so qualvoll sein kann, als oft das Dasein, und indessen mancher das traurige Geschenk des Lebens beweint, muss er es durch Essen und Trinken ernähren und die Flamme vor dem Erlöschen hüten, die ihn weder erleuchtet, noch erwärmt." Nach der gemeinsamen Lektüre des Briefes lässt sich das Unterrichtsgespräch beispielsweise durch folgende Fragen einleiten und führen:

- *Was meint Kleist damit, wenn er nach der Schilderung seiner Todesfurcht schreibt: „Das Leben ist das einzige Eigentum, das nur dann etwas wert ist, wenn wir es nicht achten."?*

- *Fassen Sie Kleists Gedanken über das Geheimnis des Lebens – über „dieses rätselhafte Ding, das wir besitzen, wir wissen nicht von wem" – in eigenen Worten zusammen.*

Dieser Unterrichtsschritt kann durch einen weiteren Schreibauftrag vertieft werden, bei dem allerdings auf die Gefühle der Schülerinnen und Schüler größte Rücksicht zu nehmen ist (so ist auch zu respektieren, wenn manche von ihnen, womöglich aufgrund aktueller Erfahrungen, nicht willens sind, die Aufgabe zu bearbeiten):

- *Hatten Sie selbst schon einmal Todesangst? Versuchen Sie, die Situation zu beschreiben. Können Sie sich noch an Ihre damaligen Gefühle und Gedanken erinnern? Inwiefern hat das Erlebnis Auswirkungen auf Ihr späteres Leben gehabt?*

Oder als alternative Aufgabenstellung:

- *Mussten Sie in Ihrem Leben schon einmal die schmerzliche Erfahrung des Todes eines Verwandten oder Freundes machen? Was fühlten Sie im Moment der Nachricht und in den Wochen darauf? Änderten sich ihre Gedanken über Leben und Tod? Inwiefern hat das Erlebnis Auswirkungen auf Ihr Leben gehabt?*

Angesichts der zentralen Bedeutung, die der Todesfurcht in Kleists Drama zukommt, ist es sinnvoll, den Fokus des Unterrichtsgesprächs noch stärker auf die existenzielle Bedeutung der eigenen Vergänglichkeit zu richten. Dafür bieten sich beispielsweise folgende Frageimpulse an:

- *Wir alle kennen die Angst vor dem Tod. Was aber steckt eigentlich hinter dieser Angst? Warum ertragen wir den Gedanken an die eigene Vergänglichkeit kaum?*

- *Warum wohl nimmt das Problem des Todes in der Philosophie und Religion eine derart zentrale Rolle ein?*

Die anschließende Diskussion hat freilich nicht zum Ziel, ,richtige Antworten' auf diese sehr grundsätzlichen (und auch intimen) Fragen zu finden. Die Schülerinnen und Schüler sollen vielmehr erneut dazu motiviert werden, über bislang selbstverständlich Geglaubtes nachzudenken und andere Perspektiven einzunehmen. So werden vermutlich einige von ihnen erstaunt feststellen, dass der eigentliche Grund der Todesangst nur schwer fassbar – und noch schwerer formulierbar – ist. Zur Anregung und Fortführung der Diskussion kann den Lernenden (bzw. kleineren Lerngruppen) jeweils ein Aphorismus über den Tod (siehe **Arbeitsblatt 24**, S. 130) ausgeteilt werden. Anschließend erhalten sie folgenden Arbeitsauftrag:

- *Lesen Sie den erhaltenen Aphorismus über den Tod und fassen Sie seine Aussage in eigenen Worten zusammen. Wie erscheint der Tod hier?*

Im Anschluss an diese Aufgabe lesen die Schülerinnen und Schüler der Reihe nach die Sätze auf ihren Zetteln vor und danach ihre Arbeitsergebnisse. Der Lehrer fordert die Lernenden auf, sich sogleich zu melden, wenn sie bestimmte Sätze anders interpretieren. So entsteht im Idealfall eine angeregte Diskussion, in der nicht zuletzt deutlich wird, dass der Tod aus den unterschiedlichsten Perspektiven gesehen und daher auch ganz verschieden bewertet werden kann.

Nachdem die Schülerinnen und Schüler ausreichend Gelegenheit zur eigenen Reflexion erhalten haben, kann zur weiteren Vertiefung die Textpassage aus Blaise Pascals „Gedanken" (Textausgabe, S. 157 f.) herangezogen werden. Es gibt wohl nur wenige Werke der Philosophiegeschichte, die das existenzielle Dilemma des Menschen angesichts seiner eigenen Vergänglichkeit derart eindrucksvoll beschreiben. Fast zur gleichen Zeit wie Descartes setzt sich Pascal mit der Stellung des Menschen in einer Zeit auseinander, in der die Religion durch die Naturwissenschaften immer mehr an Einfluss zu verlieren droht. Trotz – oder wegen – dieses Bedeutungsverlustes hält Pascal das Christentum für die einzige Möglichkeit des Menschen, ein glückliches, sinnerfülltes Leben zu führen. Eine Existenz ohne Gott müsse angesichts des unausweichlichen Todes sinn- und trostlos, die kurze Lebensspanne vor dem Hintergrund der Unendlichkeit bedeutungslos erscheinen. So ist es auch das Ziel von Pascals „Gedanken", Atheisten und Zweiflern ihre dramatische und paradoxe Lage vor Augen zu führen und sie schließlich zum christlichen Glauben – als einzigem Weg zur Erlösung – zu bekehren.

Folgende Fragen können den Lernenden einen leichteren Zugang zum Text ermöglichen:

- *Wie beschreibt Pascal die Situation des Menschen im Leben?*

- *Welche Konsequenz für die eigene Lebensführung hat nach Pascal das Wissen um den unausweichlichen Tod?*

- *Vor welcher existenziellen Wahl steht laut Pascal jeder Mensch in seinem Leben?*

- *Welche einzige Hoffnung sieht Pascal für den Menschen angesichts der eigenen Vergänglichkeit?*

Zur Ergebnissicherung des Unterrichtsgesprächs kann Pascals Argumentation stichpunktartig an der Tafel skizziert werden:

Blaise Pascal: Die Aufforderung zu suchen

- Der Tod ist absolut sicher.
- Im Schatten des Todes wird jedes Leben sinnlos.
- Das Leben kann nur durch den Glauben an ein Leben nach dem Tod erträglich sein.
- Diese Sicherheit ist verloren gegangen – der Mensch lebt im Zweifel.

→ **Jeder Mensch muss in seinem Leben nach Gott suchen. Er muss um seinen Glauben ringen, will er ein glückliches Leben führen.**

Folgender produktionsorientierter Auftrag kann die Schülerinnen und Schüler zum eigenen Philosophieren motivieren:

- *Blaise Pascal behauptet, ein glückliches, sinnerfülltes Leben sei nur im christlichen Glauben möglich. Der Gedanke an den unausweichlichen Tod könne sonst nicht ertragen werden. Teilen Sie seine Meinung? Schreiben Sie einen Aufsatz über Ihre Sicht eines sinnerfüllten Lebens.*

Im weiteren Unterrichtsverlauf soll der Blick erneut auf Kleists Drama gerichtet werden. Vor dem Hintergrund des gelesenen Textes von Pascal stellt sich die Frage, welche Rolle der christliche Glaube – insbesondere dessen Hoffnung auf ein Leben nach dem Tod – im „Prinzen von Homburg" spielt. Die Schülerinnen und Schüler erhalten folgenden Auftrag:

■ *Wir haben gesehen, dass Pascal in seinen „Gedanken" versucht, dem Menschen durch die christliche Hoffnung auf ein Leben nach dem Tod Mut zu machen. Was meinen Sie: Besteht diese Hoffnung auch noch in Kleists Drama? Glaubt der Prinz an ein Leben nach dem Tod? Suchen Sie entsprechende Textpassagen heraus, die eine Antwort geben könnten.*

Vermutlich werden die Lernenden zunächst darauf hinweisen, dass sich die Figuren im Drama – und auch der Prinz selbst – bei ihren Handlungen und Entscheidungen immer wieder auf Gott und seinen Willen berufen. Das gesamte Umfeld scheint noch tief vom christlichen Glauben geprägt zu sein. Ein genauerer Blick zeigt aber, dass die Religion für die Handlung des Stücks keine zentrale Rolle mehr spielt. So ruft der Prinz in der Todesfurchtszene zwar: „O Gottes Welt, o Mutter, ist so schön!" (V. 995), und meint kurz darauf zu Natalie: „Nun, alle Heilgen mögen dich beschirmen!" (V. 1076) Doch in seiner Todesangst scheint ihm der christliche Glaube keinen Trost mehr zu spenden – der Gedanke an ein Leben nach dem Tod ist ihm offensichtlich fremd. Noch deutlicher wird dies in einem späteren Monolog des Prinzen, der anfangs fast wie ein kontemplatives Gebet erscheint, am Ende aber jede religiöse Hoffnung durch eine unerwartete Wendung sarkastisch, fast zynisch verneint:

> „Das Leben nennt der Derwisch eine Reise,
> Und eine kurze. Freilich! Von zwei Spannen
> Diesseits der Erde nach zwei Spannen drunter.
> Ich will auf halbem Weg mich niederlassen!
> Wer heut sein Haupt noch auf der Schulter trägt,
> Hängt es schon morgen zitternd auf den Leib,
> Und übermorgen liegt's bei seiner Ferse.
> Zwar, eine Sonne, sagt man, scheint dort auch,
> Und über buntre Felder noch, als hier:
> Ich glaub's; nur schade, dass das Auge modert,
> Das diese Herrlichkeit erblicken soll."
>
> (V. 1286–1296)

Mit seinem überraschenden Hinweis auf das ‚modernde Auge' führt der Prinz alle religiösen Spekulationen über eine transzendente Welt, in der ebenfalls eine ‚Sonne' scheint, ad absurdum. Etwas verallgemeinernd ließe sich sagen: Die Säkularisierung – also der wachsende Bedeutungsverlust der (christlichen) Religion im Zuge der Aufklärung und des damit einhergehenden Bedeutungsgewinns der Naturwissenschaften – ist zur Zeit der Entstehung von Kleists Drama schon so weit fortgeschritten, dass religiöse Versatzstücke zwar aufgegriffen, aber letztlich durch Ironie verhöhnt und als unzeitgemäß abgelehnt werden.
Nach der gemeinsamen Lektüre des Monologs des Prinzen (V. 1286–1296) bietet sich folgende Eröffnungsfrage an:

■ *Was meinen Sie: Glaubt der Prinz an ein Leben nach dem Tod? Beschreiben Sie die überraschende Wendung dieses Monologs.*

Damit die Schülerinnen und Schüler sich besser in die Perspektive des Prinzen hineinversetzen können, ist auch folgender Auftrag sinnvoll:

■ *Versetzen Sie sich in die Perspektive des Prinzen und tragen Sie seinen Monolog (V. 1286–1296) laut vor. Überlegen Sie sich vorher, in welcher Tonart (feierlich, ängstlich, ironisch etc.) Sie die Verse lesen und ob Sie diese Tonart während des Vortrags evtl. auch wechseln wollen.*

Zur Vertiefung des Textverständnisses, aber auch zur Fortführung des Unterrichtsschritts eignet sich diese Hausaufgabe:

■ *Recherchieren Sie, was „Säkularisierung" genau bedeutet, und interpretieren Sie den besprochenen Monolog des Prinzen (V. 1286–1296) anschließend vor dem Hintergrund Ihrer gefundenen Ergebnisse.*

Kleist schrieb sein Drama in einer Zeit der zunehmenden Säkularisierung. Die christliche Religion und ihr Glaube an eine Fortexistenz der Seele nach dem physischen Tod können seinem Protagonisten, dem Prinzen von Homburg, daher in seiner unmittelbaren Lebensgefahr keinen Trost mehr spenden. Dennoch überwindet er schließlich das in der Todesfurchtszene (3. Akt, 5. Auftritt) zum Ausdruck gebrachte Gefühl grenzenloser Ohnmacht und Angst. Spätestens in der Szene, in der er sich – symbolisch gesprochen – vor den Kurfürsten niederwirft und sich dem Urteilsspruch beugt (5. Akt, 7. Auftritt), wird deutlich, dass er eine neue Ich-Stärke auf einer höheren Ebene gefunden hat, die auch durch die Konfrontation mit der eigenen Vergänglichkeit nicht mehr zu erschüttern ist. Im Gegenteil: Diese Ich-Stärke konstituiert sich – paradox gesprochen – gerade *durch die Akzeptanz* des Todesurteils:

> „Doch dir, mein Fürst, der einen süßern Namen
> Dereinst mir führte, leider jetzt verscherzt:
> Dir leg ich tiefbewegt zu Füßen mich!
> Vergib, wenn ich am Tage der Entscheidung,
> Mit übereiltem Eifer dir gedient:
> Der Tod wäscht jetzt von jeder Schuld mich rein.
> Lass meinem Herzen, das versöhnt und heiter
> Sich deinem Rechtsspruch unterwirft, den Trost,
> Dass deine Brust auch jedem Groll entsagt".
> (V. 1765–1773)

Im Unterrichtsgespräch soll nun genauer betrachtet werden, wodurch der Prinz zu dieser neuen Ich-Stärke gelangt. Zur Einleitung der Diskussion bietet sich folgender Frageimpuls an:

■ *Wie wir gesehen haben, glaubt der Prinz nicht an ein Leben nach dem Tod, die Religion bietet ihm keinen Trost. Warum kann er sein Todesurteil schließlich dennoch gefasst und ohne Angst akzeptieren?*

Die Aufmerksamkeit der Schülerinnen und Schüler kann kurz darauf auf die oben zitierten Verse gelenkt werden:

■ *Lesen Sie die Szene, in der sich der Prinz dem Todesurteil beugt (V. 1765–1773). Inwiefern unterscheidet sich diese ‚Unterwerfung' fundamental von seiner früheren ‚Unterwerfung' in der Todesfurchtszene?*

Es ist zu erarbeiten, dass der Prinz seinen Tod deshalb akzeptiert, weil er sich einem übergeordneten, die Grenzen seiner Individualität überschreitenden Gesetz unterwirft. Er erkennt nun an, dass es mehr gibt als seine persönlichen Interessen und Wünsche, mehr sogar als sein eigenes Leben. Gerade dadurch, dass er sich diesem allgemeinen Gesetz beugt, identifiziert er sich mit diesem und kann aus der übergeordneten Perspektive sogar noch seinem individuellen Tod einen Sinn geben. War seine einstige Unterwerfung vor der Kurfürstin und Natalie (3. Akt, 5. Auftritt) allein durch seinen Überlebenstrieb motiviert, so unterwirft er sich dem Kurfürsten und dem durch ihn repräsentierten Gesetz nun durch Einsicht und Identifikation.

Die Ergebnisse des Unterrichtsgesprächs lassen sich durch folgende Gegenüberstellung an der Tafel sichern:

Gegenüberstellung der beiden Unterwerfungsszenen des Prinzen

vor der Kurfürstin/Natalie (3. Akt, 5. Auftritt)	**vor dem Kurfürsten (5. Akt, 7. Auftritt)**
erbärmlich	würdevoll
ängstlich	mit seinem Schicksal im Einklang
um Gnade winselnd	dem Fürsten gegenüber voller Respekt
ohnmächtig	ein allgemeines Gesetz anerkennend
als Kind	als erwachsener Mann
sieht keinen Sinn mehr	erkennt einen übergeordneten Sinn an

→ **Dadurch, dass der Prinz den Urteilsspruch des Kurfürsten annimmt, gewinnt sein drohender Tod an Sinn – die einstige Todesfurcht weicht dem Gefühl des Rechts und der allgemeinen Ordnung.**

Die Schülerinnen und Schüler haben nun erarbeitet, dass der Prinz seine Todesfurcht durch die Identifikation mit einem übergeordneten Gesetz überwindet. Worin aber besteht dieses Gesetz, was ist sein Inhalt? Auch darauf gibt das Drama auf der Handlungsebene konkrete Antworten. So entgegnet der Kurfürst auf die Frage von Natalie, ob es ihm bei dem ausgesprochenen Todesurteil nur um sich, also um die Durchsetzung seines eigenen Willens, gehe:

> „Für mich; nein! – Was? Für mich!
> Kennst du nichts Höhres, Jungfrau, als nur mich?
> Ist dir ein Heiligtum ganz unbekannt,
> Das in dem Lager, Vaterland sich nennt?"
>
> (V. 1118–1121)

Der Fürst beruft sich hier auf das ‚heilige Vaterland', dessen Ordnung nur durch ein striktes Kriegsgesetz zu bewahren sei. Selbst er sei diesem Kriegsgesetz unterworfen und habe als Individuum kein Recht, dagegen zu verstoßen; ein solcher Verstoß aber wäre die Begnadigung des Prinzen. Auch Natalie selbst erkennt die Bedeutung dieses allgemeinen Regelwerks an, indem sie einräumt: „Das Kriegsgesetz, das weiß ich wohl, soll herrschen." (V. 1129) Die konsequenteste Legitimation – und Huldigung – erfährt das Kriegsgesetz aber durch die spätere Erklärung des Prinzen von Homburg, in der er eine Begnadigung ablehnt und das Gesetz durch den eigenen Tod verherrlichen will:

> „Ruhig! Es ist mein unbeugsamer Wille!
> Ich will das heilige Gesetz des Kriegs,
> Das ich verletzt, im Angesicht des Heers,
> Durch einen freien Tod verherrlichen!
> Was kann der Sieg euch, meine Brüder, gelten,
> Der eine, dürftige, den ich vielleicht

Dem Wrangel noch entreiße, dem Triumph
Verglichen, über den verderblichsten
Der Feind' in uns, den Trotz, den Übermut,
Errungen glorreich morgen? Es erliege
Der Fremdling, der uns unterjochen will,
Und frei, auf mütterlichem Grund, behaupte
Der Brandenburger sich; denn sein ist er,
Und seiner Fluren Pracht nur ihm erbaut!"

(V. 1749–1762)

Das Unterrichtsgespräch kann durch folgende Frage eingeleitet werden:

■ *Worauf berufen sich die Figuren, wenn sie von einem allgemeinen Gesetz spre-
chen, dem sich alle unterwerfen sollen? Was ist der Inhalt dieses Gesetzes?
Achten Sie hier beispielsweise auf die Erklärungen des Kurfürsten (V. 1118–1121),
Natalies (V. 1129) und des Prinzen von Homburg (V. 1749–1762).*

Die Ergebnisse des Unterrichtsgesprächs können stichpunktartig an der Tafel festgehalten
werden:

Das allgemeine Kriegsgesetz, dem sich jeder unterwerfen muss

Kurfürst: Das Kriegsgesetz ist die Garantie für das ‚heilige Vaterland'. Niemand darf
gegen dieses Gesetz verstoßen, auch nicht der Kurfürst selbst.

Natalie: Auch Natalie erkennt die hohe Bedeutung des Kriegsgesetzes an, bittet den
Kurfürsten aber dennoch, den Prinzen zu begnadigen – die Größe des Kurfürsten lie
ßen einen solchen Schritt gegen die allgemeinen Regeln zu.

Prinz: Nachdem der Prinz lange Zeit nur auf seine eigenen Interessen geachtet hat, erkennt er das Kriegsgesetz schließlich an. Er akzeptiert sein Todesurteil, möchte das
Kriegsgesetz durch seinen Tod sogar verherrlichen.

➞ **Nur durch die Unterwerfung des Einzelnen unter ein übergeordnetes
Kriegsgesetz ist eine allgemeine Ordnung möglich und aufrechtzuerhalten.**

Sollten sich die Schülerinnen und Schüler nicht ohnehin schon kritisch zu diesen Ergebnissen
geäußert haben (was aber zu vermuten ist), bietet sich folgende Nachfrage an:

■ *Was halten Sie von diesem Gesetz? Ist es noch zeitgemäß?*

Es ist abzusehen, dass die Lernenden die im Drama nahegelegte Sinngebung des individuellen Todes durch den Rückgriff auf ein allgemeines Kriegsgesetz vehement kritisieren und
ablehnen werden. Sowohl die Berufung auf ein ‚heiliges Vaterland' als auch die enge Verknüpfung von Metaphysischem mit Militärischem müssen heute – gerade vor dem Hintergrund der deutschen Vergangenheit – mehr als befremden. So ist es nur sinnvoll, den
Schülerinnen und Schülern genügend Raum und Zeit für kritische Reflexionen zu geben und
sie in dieser Haltung durchaus auch zu bestärken. Bevor Kleists Drama aber vorschnell als
‚nationalistisch' und ‚chauvinistisch' abgelehnt wird, ist daran zu erinnern, dass die Handlung
im 17. Jahrhundert spielt, also zu einer Zeit, in der Patriotismus und Kriegswesen noch völlig anders konnotiert waren. Die uneingeschränkte Liebe zum Vaterland, die Kämpfe auf

dem Schlachtfeld, die Siege über den Feind – dies alles hatte noch nicht den ‚faden Beigeschmack‘ von heute, sondern war mit Ruhm und Ehre verbunden und hatte sogar einen religiösen Bezug. Man kämpfte nicht nur für sich und die Heimat, sondern für Gott, den jede Partei auf ihrer Seite wähnte. Um Kleists Drama gerecht zu werden, müssen diese historischen Implikationen beachtet werden. Die Unterrichtsdiskussion kann mit folgendem Frageimpuls in diese Richtung weitergeführt werden:

> ■ *Ein übergeordnetes ‚Kriegsgesetz‘, das der Sicherheit des ‚heiligen Vaterlands‘ dient, wirkt heute nicht mehr zeitgemäß, ja befremdlich. Kleists Drama spielt allerdings über 300 Jahre vor unserer Zeit. Wie könnte man dieses allgemeine Gesetz interpretieren, sodass es auch heute noch gerechtfertigt erscheint?*

Um die Aussage von Kleists Drama aus dem historischen Kontext zu lösen und für unsere Zeit transparent zu machen, muss sich die Interpretation auf ein Gesetz beziehen, das die engen semantischen Grenzen von Militär und Vaterland überwindet. Angesichts der Entstehungszeit des Dramas und der Philosophie-Rezeption Kleists liegt es nahe, ein solches übergeordnetes Gesetz bei Kant zu suchen. Mit seinem ‚kategorischen Imperativ‘ formulierte er ein ‚Sittengesetz‘, dessen Gültigkeit sich jedem vernunftbegabten Wesen durch innere Einsicht erschließen müsse: „Handle so, dass die Maxime deines Willens jederzeit zugleich als Prinzip einer allgemeinen Gesetzgebung gelten könne.“ (Textausgabe, S. 165) Durch diese höchst abstrakte Formulierung ohne Nennung konkreter Inhalte ist dieser Imperativ, so Kants Argument, nicht nur für eine bestimmte Gruppe von Menschen zu einer bestimmten Zeit, sondern allgemein und immer gültig: „Dieses Prinzip der Sittlichkeit nun, eben um der Allgemeinheit der Gesetzgebung willen, die es zum formalen obersten Bestimmungsgrunde des Willens, unangesehen aller subjektiven Verschiedenheiten desselben, macht, erklärt die Vernunft zugleich zu einem Gesetz für alle vernünftige Wesen, so fern sie überhaupt einen Willen, d. i. ein Vermögen haben, ihre Kausalität durch die Vorstellung von Regeln zu bestimmen, mithin so fern sie der Handlungen nach Grundsätzen, folglich auch nach praktischen Prinzipien a priori (denn diese haben allein diejenige Notwendigkeit, welche die Vernunft zum Grundsatze fordert), fähig sein.“ (Textausgabe, S. 167)
Um die Lernenden an Kants kategorischen Imperativ heranzuführen, bietet sich die gemeinsame Lektüre des Textabschnitts aus der *Kritik der reinen Vernunft* (Textausgabe, S. 165–169) an. Hierbei sollte (und kann) es aber nicht darum gehen, jeden einzelnen Schritt der durchaus komplizierten Argumentation nachzuvollziehen, sondern eher ein allgemeines Verständnis für Kants Idee eines grundsätzlich gültigen Sittengesetzes zu ermöglichen. Alternativ zu der gemeinsamen Lektüre des Textausschnitts ist auch die folgende Hausaufgabe denkbar:

> ■ *Recherchieren Sie (etwa in Lexika, Philosophiegeschichten oder im Internet), was Immanuel Kant unter dem ‚kategorischen Imperativ‘ verstanden hat. Inwiefern ließe sich Kleists Drama vor dem Hintergrund dieses Imperativs interpretieren?*

Nachdem die Schülerinnen und Schüler Kants ‚Sittengesetz‘ in Form des ‚kategorischen Imperativs‘ kennengelernt haben, ist eine Interpretation von Kleists Drama auf einer allgemeineren Ebene – abgelöst vom historischen Kontext – möglich. Aus dieser übergeordneten Perspektive betrachtet, wird das im Stück beschworene ‚Kriegsgesetz‘, dem sich alle Soldaten durch Befolgung militärischer Befehle beugen müssen, zum ‚Sittengesetz‘, dem jedes vernunftbegabte Wesen verpflichtet ist. Der Imperativ zum richtigen Handeln bezieht sich nun nicht mehr nur auf das militärische Handeln, sondern auf jedes Handeln: Aus der militärischen Vorschrift wird eine ethische. Das ‚heilige Vaterland‘ (im Drama das Land Brandenburg), das gegen alle Feinde zu verteidigen ist, wird zur gesamten Menschheit, die – so

könnte man in Anspielung auf Kants Definition der Aufklärung sagen – vor dem Feind der „selbst verschuldeten Unmündigkeit" zu bewahren ist.[1]
Ein möglicher Frageimpuls kann so lauten:

■ *Wir haben gesehen, dass das Kriegsgesetz im Drama aus einer übergeordneten Perspektive auch als allgemeines Sittengesetz gelesen werden kann. Als was könnte man die anderen Begriffe, die mit diesem Kriegsgesetz verbunden sind (z. B. „Befehl", „Soldat", „Krieg" etc.), auf dieser höheren Interpretationsebene auffassen?*

Die Ergebnisse des Unterrichtsgesprächs lassen sich durch folgende Gegenüberstellung an der Tafel sichern:

Das übergeordnete Gesetz in Kleists Drama „Prinz Friedrich von Homburg"

Handlungsebene (17. Jahrhundert):	mögliche Interpretation (Entstehungszeit/heute):
Kriegsgesetz	Sittengesetz
militärischer Befehl	kategorischer Imperativ
Soldat	jeder Mensch
Krieg	jedes Handeln
Patriotismus	Menschenliebe
Vaterland	Menschheit
Gott	Vernunft
Religion	Ethik

→ **Durch die Herauslösung des Dramas aus seinem historischen Kontext wird deutlich, dass es bis heute nichts an seiner Aussagekraft verloren hat.**

Zum Abschluss und zur Rekapitulation dieser Unterrichtseinheit, in dem das existenzielle Dilemma des Ichs in der Konfrontation mit dem eigenen Tod stand, können die Schülerinnen und Schüler dazu aufgefordert werden, einen eigenen reflektierenden Aufsatz zu schreiben:

■ *Heinrich von Kleist hat am 21. November 1811 gemeinsam mit Henriette Vogel Selbstmord begangen. Lesen Sie dazu seine Abschiedsbriefe (Textausgabe, S. 125 – 127), seine Widmung an Henriette Vogel (Textausgabe, S. 128) sowie das Arbeitsblatt 7 und recherchieren Sie in Literaturgeschichten und/oder im Internet die genaueren Umstände dieses Freitods. Schreiben Sie einen kurzen Aufsatz, in dem Sie über den Tod Kleists vor dem Hintergrund der gewonnenen Unterrichtsergebnisse reflektieren. Warum wohl suchte er eine Begleiterin in den Tod?*

---

[1] „Aufklärung ist der Ausgang des Menschen aus seiner selbst verschuldeten Unmündigkeit. Unmündigkeit ist das Unvermögen, sich seines Verstandes ohne Leitung eines anderen zu bedienen. Selbstverschuldet ist diese Unmündigkeit, wenn die Ursache derselben nicht am Mangel des Verstandes, sondern der Entschließung und des Mutes liegt, sich seiner ohne Leitung eines andern zu bedienen. Sapere aude! Habe Mut, dich deines eigenen Verstandes zu bedienen! ist also der Wahlspruch der Aufklärung." (Immanuel Kant: Beantwortung der Frage: Was ist Aufklärung? In: Ders.: Werke in zehn Bänden. Hg. v. Wilhelm Weischedel. Darmstadt 1983. Bd. 9, S. 53–61; hier: S. 53)

Eine Antwort auf diese Frage muss freilich immer spekulativ bleiben. Im Anschluss an die in diesem Baustein dargestellten Überlegungen lässt sich aber vermuten, dass Kleist, der vor allem in seinen letzten Lebensjahren unter starken Depressionen litt, durch den gemeinsamen Selbstmord das Sinnlose, das Absurde des Lebens, aber auch des Todes zu überwinden suchte. Er ging nicht alleine ins Nichts, sondern gemeinsam mit einer geliebten Frau, in seelisch-geistiger Verbundenheit. So konnte er dem Tod den Stachel nehmen, fühlte am Ende seiner Existenz womöglich keine Angst oder Verzweiflung, sondern Liebe und Glück. Dies legt zumindest auch der heitere, fast euphorische Ton seiner Abschiedsbriefe nahe: „möge Dir der Himmel einen Tod schenken", schreibt Kleist an seine Schwester Ulrike, „nur halb an Freude und unaussprechlicher Heiterkeit, dem meinigen gleich: das ist der herzlichste und innigste Wunsch, den ich für Dich aufzubringen weiß."

Notizen

_____

_____

_____

_____

_____

_____

_____

_____

_____

_____

_____

_____

_____

_____

_____

_____

Höhenflüge der Bewusstseinsphilosophie: Kants Transzendentalphilosophie und der deutsche Idealismus

Immanuel Kant (1724–1804)

§ 18

Was Objektive Einheit des Selbstbewusstseins sei

Die transzendentale[1] Einheit der Apperzeption[2] ist diejenige, durch welche alles in einer Anschauung
5 gegebene Mannigfaltige in einen Begriff vom Objekt vereinigt wird. Sie heißt darum objektiv, und muß von der subjektiven Einheit des Bewußtseins unterschieden werden, die eine Bestimmung des inneren Sinnes ist, dadurch jenes Mannigfaltige der Anschau-
10 ung zu einer solchen Verbindung empirisch[3] gegeben wird. Ob ich mir des Mannigfaltigen als zugleich, oder nach einander, empirisch bewußt sein könne, kommt auf Umstände, oder empirische Einheit des Bewußtseins, durch Assoziation[4] der Vorstellungen,
15 selbst eine Erscheinung betrifft, und ganz zufällig ist. Dagegen steht die reine Form der Anschauung in der Zeit, bloß als Anschauung überhaupt, die ein gegebenes Mannigfaltiges enthält, unter der ursprünglichen Einheit des Bewußtseins, lediglich, durch die
20 notwendige Beziehung des Mannigfaltigen der Anschauung zum Einen: Ich denke; also durch die reine Synthesis[5] des Verstandes, welche a priori[6] der empirischen zum Grunde liegt. Jene Einheit ist allein objektiv gültig; die empirische Einheit der Apperzepti-
25 on, die wir hier nicht erwägen, und die auch nur von der ersteren, unter gegebenen Bedingungen in concreto[7] abgeleitet ist, hat nur subjektive Gültigkeit. Einer verbindet die Vorstellung eines gewissen Worts mit einer Sache, der andere mit einer anderen Sache;
30 und die Einheit des Bewußtseins, in dem, was empirisch ist, ist in Ansehung dessen, was gegeben ist, nicht notwendig und allgemein geltend.

Aus: Immanuel Kant: Kritik der reinen Vernunft. Erster Teil. Darmstadt 1983, S. 141

[1] transzendental: vor jeder subjektiven Erfahrung liegend und die Erkenntnis der Gegenstände an sich erst ermöglichend

[2] Apperzeption: begrifflich urteilendes Erfassen

[3] empirisch: erfahrungsgemäß; aus der Erfahrung, Beobachtung

[4] Assoziation: Verknüpfung

[5] Synthesis: Synthese: Vereinigung verschiedener geistiger Elemente zu einem höheren Ganzen

[6] a priori: von vornherein; von der Erfahrung od. Wahrnehmung unabhängig

[7] in concreto: im Einzelfall

Johann Gottlieb Fichte (1762–1814)

Setzet, das Ich sei der höchste Begriff, und dem Ich werde ein Nicht-Ich entgegengesetzt, so ist klar, daß das letztere nicht entgegengesetzt werden könne, ohne *gesetzt,* und zwar in dem höchsten Begriffenen, dem Ich gesetzt zu seyn. Also wäre das Ich in zwey-
5 erlei Rücksicht zu betrachten; als dasjenige, *in* welchem das Nicht-Ich gesetzt wird; und als dasjenige, *welches* dem Nicht-Ich entgegengesetzt, und mithin selbst im absoluten Ich gesetzt wäre. Das letztere Ich sollte dem Nicht-Ich, in so fern beide im absoluten
10 Ich gesetzt sind, darin gleich seyn, und es sollte ihm zugleich in eben der Rücksicht entgegengesetzt seyn. Dieß würde sich nur unter der Bedingung eines dritten im Ich denken lassen, in welchem beide gleich wären, und dieses dritte wäre der Begriff der Quanti-
15 tät.

Aus: Johann Gottlieb Fichte: Über den Begriff der Wissenschaftslehre. Stuttgart 1972, S. 73

Georg Wilhelm Friedrich Hegel (1770–1831)

Der Geist aber hat sich uns gezeigt, weder nur das Zurückziehen des Selbstbewußtseyns in seine reine Innerlichkeit zu seyn, noch die blosse Versenkung desselben in die Substanz[8] und das Nichtseyn seines Unterschiedes, sondern diese Bewegung des Selbsts,
5 das sich seiner selbst entäussert und sich in seine Substanz versenkt, und ebenso als Subject aus ihr in sich gegangen ist, und sie zum Gegenstande und Inhalte macht, als es diesen Unterschied der Gegenständlichkeit und des Inhalts aufhebt. Jene erste Re-
10 flexion[9] aus der Unmittelbarkeit ist das sich Unterscheiden des Subjects von seiner Substanz, oder der sich entzweyende Begriff, das Insichgehen und Werden des reinen Ich. Indem dieser Unterschied das reine Thun des Ich=Ich ist, ist der Begriff die Nothwen-
15 digkeit und das Aufgehen des Daseyns, das die Substanz zu seinem Wesen hat, und für sich besteht. Aber das Bestehen des Daseyns für sich ist der in der Bestimmtheit gesetzte Begriff und dadurch ebenso seine Bewegung an ihm selbst, nieder in die einfache Subs-
20 tanz zu gehen, welche erst als diese Negativität und Bewegung Subject ist. – Weder hat Ich sich in der Form des Selbstbewußtseyns gegen die Form der

[8] Substanz: das den Wert Ausmachende, das Wesentliche

[9] Reflexion: prüfende Betrachtung

Substantialität und Gegenständlichkeit festzuhalten, als ob es Angst vor seiner Entäußerung hätte; die Kraft des Geistes ist vielmehr, in seiner Entäußerung sich selbst gleich zu bleiben, und als das an und fürsichseyende, das Fürsichseyn ebensosehr nur als Moment zu setzen, wie das Ansichseyn, – noch ist es ein Drittes, das die Unterschiede in den Abgrund des Absoluten zurückwirft, und ihre Gleichheit in demselben ausspricht, sondern das Wissen besteht vielmehr in dieser scheinbaren Unthätigkeit, welche nur betrachtet, wie das Unterschiedne sich an ihm selbst bewegt, und in seine Einheit zurückkehrt.

Aus: Georg Wilhelm Friedrich Hegel: Phänomenologie des Geistes. Hamburg 1999, S. 431

◼ *Die hier abgedruckten Reflexionen sind ohne Vorwissen und intensiver Einarbeitung kaum verständlich. Versuchen Sie dennoch zu beschreiben, inwiefern sich die Grundmotivation aller drei Texte gleicht. Welches Ziel scheinen alle drei Philosophen mit ihren Ausführungen zu verfolgen?*

◼ *Bei aller Komplexität der Argumentationen: Erkennen Sie noch Parallelen und Gemeinsamkeiten zu den Meditationen René Descartes'?*

◼ *Warum wohl hat sich das Denken über das Selbstbewusstsein von Descartes über Kant bis hin zu Fichte und Hegel in derart abstrakte Höhen ‚verstiegen'?*

Immanuel Kant: Über die „kopernikanische Wende" in der Philosophie

Ich sollte meinen, die Beispiele der Mathematik und Naturwissenschaft, die durch eine auf einmal zustande gebrachte Revolution das geworden sind, was sie jetzt sind, wäre merkwürdig genug, um dem wesent-
5 lichen Stücke der Umänderung der Denkart, die ihnen so vorteilhaft geworden ist, nachzusinnen, und ihnen, so viel ihre Analogie, als Vernunfterkenntnisse, mit der Metaphysik verstattet, hierin wenigstens zum Versuche nachzuahmen. Bisher nahm man
10 an, alle unsere Erkenntnis müsse sich nach den Gegenständen richten; aber alle Versuche, über sie a priori[1] etwas durch Begriffe auszumachen, wodurch unsere Erkenntnis erweitert würde, gingen unter dieser Voraussetzung zunichte. Man versuche es daher
15 einmal, ob wir nicht in den Aufgaben der Metaphysik[2] damit besser fortkommen, daß wir annehmen, die Gegenstände müssen sich nach unserem Erkenntnis richten, welches so schon besser mit der verlangten Möglichkeit einer Erkenntnis derselben a
20 priori zusammenstimmt, die über Gegenstände, ehe sie uns gegeben werden, etwas festsetzen soll. Es ist hiemit eben so, als mit den ersten Gedanken des Kopernikus bewandt, der, nachdem es mit der Erklärung der Himmelsbewegungen nicht gut fort wollte,
25 wenn er annahm, das ganze Sternheer drehe sich um den Zuschauer, versuchte, ob es nicht besser gelingen möchte, wenn er den Zuschauer sich drehen, und dagegen die Sterne in Ruhe ließ. In der Metaphysik kann man nun, was die Anschauung der Gegenstän-
30 de betrifft, es auf ähnliche Weise versuchen. Wenn die Anschauung sich nach der Beschaffenheit der Gegenstände richten müsste, so sehe ich nicht ein, wie man a priori von ihr etwas wissen könne; richtet sich aber der Gegenstand (als Objekt der Sinne) nach der Beschaffenheit unseres Anschauungsvermögens, so
35 kann ich mir diese Möglichkeit ganz wohl vorstellen. Weil ich aber bei diesen Anschauungen, wenn sie Erkenntnisse werden sollen, nicht stehen bleiben kann, sondern sie als Vorstellungen auf irgendetwas als Gegenstand beziehen und diesen durch jene be-
40 stimmen muss, so kann ich entweder annehmen, die Begriffe, wodurch ich diese Bestimmung zustande bringe, richten sich auch nach dem Gegenstande, und denn bin ich wiederum in derselben Verlegenheit, wegen der Art, wie ich a priori hievon etwas
45 wissen könne; oder ich nehme an, die Gegenstände, oder, welches einerlei ist, die Erfahrung, in welcher sie allein (als gegebene Gegenstände) erkannt werden, richte sich nach diesen Begriffen, so sehe ich sofort eine leichtere Auskunft, weil Erfahrung selbst
50 eine Erkenntnisart ist, die Verstand erfordert, dessen Regel ich in mir, noch ehe mir Gegenstände gegeben werden, mithin a priori voraussetzen muss, welche in Begriffen a priori ausgedrückt wird, nach denen sich also alle Gegenstände der Erfahrung notwendig
55 richten und mit ihnen übereinstimmen müssen. Was Gegenstände betrifft, sofern sie bloß durch Vernunft und zwar notwendig gedacht, die aber (so wenigstens, wie die Vernunft sie denkt) gar nicht in der Erfahrung gegeben werden können, so werden die Ver-
60 suche, sie zu denken (denn denken müssen sie sich doch lassen), hernach einen herrlichen Probierstein desjenigen abgeben, was wir als die veränderte Methode der Denkungsart annehmen, dass wir nämlich von den Dingen nur das a priori erkennen, was wir
65 selbst in sie legen.

Aus: Immanuel Kant: Kritik der reinen Vernunft. Erster Teil. Darmstadt 1983, S. 25 f.

■ *Welche Entdeckung machte Kopernikus? Wissen Sie, in welchem Jahrhundert er lebte? Was waren die damaligen Konsequenzen für Wissenschaft, Religion, Alltag etc.?*

■ *Warum vergleicht Kant seine eigene Entdeckung wohl gerade mit jener von Kopernikus?*

■ *Beschreiben Sie in eigenen Worten, was Kant als „kopernikanische Wende" in der Philosophie auffasst. Welche Konsequenzen hat diese Wende für unser Selbstverständnis?*

■ *Kennen Sie andere „kopernikanische Wenden" in der Wissenschaftsgeschichte?*

---

[1] a priori: von vornherein; von der Erfahrung oder Wahrnehmung unabhängig
[2] Metaphysik: Lehre, die das hinter der sinnlich erfahrbaren, natürlichen Welt liegende, die letzten Gründe und Zusammenhänge des Seins behandelt

Friedrich Nietzsche: Über den Perspektivismus und Relativismus jeder Erkenntnis

Seien wir zuletzt, gerade als Erkennende, nicht undankbar gegen solche resolute Umkehrungen der gewohnten Perspektiven und Werthungen, mit denen der Geist allzulange scheinbar freventlich und nutzlos
5 gegen sich selbst gewüthet hat: dergestalt einmal anders sehn, anders-sehn-w o l l e n ist keine kleine Zucht und Vorbereitung des Intellekts zu seiner einstmaligen „Objektivität", – letztere nicht als „interesselose Anschauung" verstanden (als welche ein Unbe-
10 griff und Widersinn ist), sondern als das Vermögen, sein Für und Wider i n d e r G e w a l t z u h a b e n und aus- und einzuhängen: sodass man sich gerade die V e r s c h i e d e n h e i t der Perspektiven und der Affekt-Interpretationen für die Erkenntniss
15 nutzbar zu machen weiß. Hüten wir uns nämlich, meine Herrn Philosophen, von nun an besser vor der gefährlichen alten Begriffs-Fabelei, welche ein „reines, willenloses, schmerzloses, zeitloses Subjekt der Erkenntniss" angesetzt hat, hüten wir uns vor den Fang-
20 armen solcher contradiktorischen[1] Begriffe wie „reine

Vernunft", „absolute Geistigkeit", „Erkenntniss an sich": – hier wird immer ein Auge zu denken verlangt, das gar nicht gedacht werden kann, ein Auge, das durchaus keine Richtung haben soll, bei dem die aktiven und interpretirenden Kräfte unterbunden sein 25 sollen, fehlen sollen, durch die doch Sehen erst ein Etwas-Sehen wird, hier wird also immer ein Widersinn und Unbegriff von Auge verlangt. Es giebt nur ein perspektivisches Sehen, n u r ein perspektivisches „Erkennen"; und j e m e h r Affekte wir über eine 30 Sache zu Worte kommen lassen, j e m e h r Augen, verschiedne Augen wir uns für dieselbe Sache einzusetzen wissen, um so vollständiger wird unser „Begriff" dieser Sache, unsre „Objektivität" sein. Den Willen aber überhaupt eliminiren, die Affekte[2] sammt 35 und sonders aushängen, gesetzt, dass wir dies vermöchten: wie? hiesse das nicht den Intellekt c a s t r i r e n ? …

Aus: Friedrich Nietzsche: Zur Genealogie der Moral. In: Ders.: Sämtliche Werke. Kritische Studienausgabe in 15 Einzelbänden. Hg. v. Giorgio Colli und Mazzino Montinari. München 1988. Bd. 5, S. 245–412; hier S. 364f.

■ *Was wirft Nietzsche den „Herrn Philosophen" vor? Was versteht er unter ihrer „gefährlichen alten Begriffs-Fabelei"? Und welches Konzept der Weltbetrachtung stellt er dieser konventionellen Weltsicht selbst gegenüber?*

■ *Worin sieht Nietzsche die Vorteile seiner ‚neuen Weltsicht'?*

■ *Überlegen Sie sich, inwiefern Nietzsches hier propagierter Perspektivismus gerade in der Zeit von Internet, Globalisierung, dem ‚Kampf der Kulturen' etc. höchst aktuell und relevant ist.*

---

[1] contradiktorisch: sich widersprechend
[2] Affekte: heftige Erregungen

Zitate über den Tod

Der Tod ist das Ende aller Dinge des menschlichen Lebens, nur des Aberglaubens nicht.
Plutarch

Der Tod ist weder gut noch böse.
Seneca

Nicht den Tod sollte man fürchten, sondern dass man nie beginnen wird zu leben.
Marcus Aurelius

Dies ist die wahrste aller Demokratien, die Demokratie des Todes.
Kurt Tucholsky

Etwas Besseres als den Tod findest du überall.
Brüder Grimm, „Die Bremer Stadtmusikanten"

Man kann nicht für sich allein leben. Das ist der Tod.
Leo Tolstoi

O Herr, gib jedem seinen eignen Tod.//*Das* Sterben, das aus jenem Leben geht,//darin er Liebe hatte, Sinn und Not.
Rainer Maria Rilke, „Das Stundenbuch"

Schließlich ist der Tod für den gut vorbereiteten Geist nur das nächste große Abenteuer.
Joanne K. Rowling, „Harry Potter und der Stein der Weisen"

Über nichts denkt der freie Mensch weniger nach als über den Tod.
Baruch de Spinoza

Und was dich angeht, Leben, so sehe ich dich als Überbleibsel vieler Tode. Sicher bin auch ich selbst schon zehntausend Mal gestorben.
Walt Whitman

Wenn man stirbt, hat man anderes zu tun, als an den Tod zu denken.
Italo Svevo, „Zeno Cosini"

Wer den Tod fürchtet, hat das Leben verloren.
Johann Gottfried Seume

Mit dem Tod habe ich nichts zu schaffen. Bin ich, ist er nicht. Ist er, bin ich nicht.
Epikur

Wenn es sein muss, dann mitten in einem Wort, das durch das Sterben entzweibricht.
Elias Canetti

Psychoanalytische Interpretation

In diesem Baustein soll Kleists Drama aus der Perspektive der von Sigmund Freud entwickelten Psychoanalyse gelesen werden. Die Schülerinnen und Schüler erkennen dabei anhand eigener Textanalysen, wie aufschlussreich die Interpretation eines literarischen Werkes aus dem Blickwinkel eines bestimmten geisteswissenschaftlichen Diskurses sein kann. Häufig gelangt man dadurch zu Erkenntnissen, die durch eine rein textimmanente oder hermeneutische Interpretation nicht zu erzielen wären. Für die Analyse von Kleists Drama bietet sich angesichts der Stellung des Protagonisten zwischen Traum und Realität die Psychoanalyse besonders an, weil sie ihren Fokus auf die dunklen Seiten der menschlichen Psyche richtet und den Versuch unternimmt, verborgene, latente Strukturen (nicht zuletzt auch in literarischen Werken) aufzudecken und zu beschreiben. Im Einzelnen geht es um:

● erste Informationen über Sigmund Freud und seine Entdeckung
● die zentrale Stellung des Ödipuskomplexes innerhalb der Psychoanalyse
● die Herausarbeitung des ödipalen Konflikts und seiner Überwindung in Kleists Drama

6.1 Sigmund Freud und die Psychoanalyse

Wie im vorausgegangenen Baustein thematisiert, rückte zu Beginn des 19. Jahrhunderts – also zur Entstehungszeit des Dramas „Prinz Friedrich von Homburg" – die Frage nach dem Ich ins Zentrum der Philosophie und Literatur. Vor allem die Romantik war von diesem Thema fasziniert und richtete ihr Augenmerk verstärkt auf das Dunkle, auf die Nachtseite des menschlichen Bewusstseins. Eine Interpretation von Kleists Drama aus der Perspektive der einige Jahrzehnte später entstehenden Psychoanalyse Sigmund Freuds bietet sich daher besonders an, stellt sich dieser psychologische Diskurs doch explizit die Aufgabe, die latente, unbewusste Seite der menschlichen Seele zu beschreiben.

Das Ziel dieses Unterrichtsschritts kann und soll es nicht sein, den Schülerinnen und Schülern einen wirklichen Überblick über die Psychoanalyse zu geben. Viel wichtiger ist es, dass sie eine generelle Vorstellung von der Bedeutung gewinnen, die Freuds Entdeckung nicht zuletzt auch für literaturwissenschaftliche Untersuchungen hat. Zunächst können die Lernenden nach ihrem eigenen Vorwissen gefragt werden:

> ■ *Was fällt Ihnen zum Namen „Sigmund Freud" ein? Welche wissenschaftlichen Erkenntnisse verbinden Sie mit ihm? Kennen Sie Begriffe, die ihm zuzuschreiben sind?*

Die Lehrkraft schreibt die zugerufenen Antworten stichpunktartig an die Tafel. Zur Unterstützung kann man die Lernenden auch konkret nach ihrer Kenntnis bestimmter psychoanalytischer Begriffe fragen, die längst Eingang in die Alltagssprache gefunden haben: so beispielsweise „Unbewusstes", „Es", „Über-Ich", „Ödipuskomplex", „Traumdeutung", „Freudsche Fehlleistung" etc.

Danach kann der Lexikonartikel über Freud (**Arbeitsblatt 25**, S. 152) hinzugezogen werden. Nach der gemeinsamen Lektüre lässt sich das Unterrichtsgespräch durch folgende Fragen fortführen:

■ *Welche Entdeckungen Freuds werden im Lexikonartikel genannt? Was ist das Revolutionäre an der Psychoanalyse?*

Die Psychoanalyse geht davon aus, dass das menschliche Handeln, Denken und Fühlen zu einem großen Teil vom Unbewussten beeinflusst ist, also dem Bereich der menschlichen Psyche, der dem Bewusstsein nicht direkt zugänglich ist. Das Unbewusste kann sich allerdings im Alltagsleben in Form von Fehlleistungen zeigen, beispielsweise im plötzlichen Vergessen unangenehmer Dinge oder in peinlichen Versprechern. Am deutlichsten wird die Macht des Unbewussten in Träumen, die für die Psychoanalyse Ausdruck unbewusster Wünsche und Ängste sind. So musste der Mensch durch die Psychoanalyse die narzisstische Kränkung erfahren, dass sein Leben von Kräften gesteuert wird, über die er selbst keinen Einfluss hat. Fast noch skandalöser aber war Freuds Betonung der infantilen Sexualität. Bis zum Anfang des 20. Jahrhunderts herrschte die Ansicht vor, dass Kinder asexuelle Wesen seien und sich der Geschlechtstrieb erst mit Beginn der Pubertät entwickle. Die Psychoanalyse entdeckte hingegen, dass nicht nur jedes Kind schon von der Geburt bis zum Erreichen der Pubertät verschiedene Phasen der Sexualität durchläuft, sondern dass diese Phasen und deren Bewältigung darüber hinaus auch von erheblicher Bedeutung für die Charakterentwicklung des Menschen sind.

Um das Revolutionäre der Psychoanalyse für die damalige Zeit zu veranschaulichen, bietet sich außerdem die Lektüre des Textes auf dem **Arbeitsblatt 26**, S. 153 an, in dem Freud selbst betont, dass seine Entdeckung der Macht des Unbewussten nach den Entdeckungen Kopernikus' (Widerlegung des geozentrischen Weltbilds) und Darwins (Mensch als Produkt der Evolution) die dritte narzisstische Kränkung des Menschen darstelle.

Nachdem die Antworten der Schülerinnen und Schüler besprochen worden sind, können die Ergebnisse durch folgende Tafelanschrift zusammengefasst werden:

Sigmund Freud (1856–1939)

- **Begründer der Psychoanalyse:** Wissenschaft und Therapieform
- **„Entdecker" des Unbewussten:** dem Bewusstsein nicht zugänglich, es zeigt sich allerdings im Alltag durch Fehlleistungen (Vergessen, Versprecher etc.)
- **Träume** als Ausdruck unbewusster Wünsche und Ängste → Träume als „via regia" (Königsweg) zum Unbewussten
- **Narzisstische Kränkung:** Der Mensch ist nicht mehr „Herr im eigenen Haus", Leben und Denken sind beeinflusst von unbewussten Kräften
- Skandalöse Entdeckung der **infantilen Sexualität**: auch die Kindheit ist nicht „unschuldig"

→ **Freuds Psychoanalyse bietet eine neue Perspektive auf die menschliche Psyche und bemüht sich, auch deren verborgene, dunkle Seiten zu beleuchten.**

In einem nächsten Schritt kann eines der zentralen Konzepte der Psychoanalyse vorgestellt werden, das auch bei der späteren Drameninterpretation eine Rolle spielen wird. Das bekannteste Persönlichkeitsmodell der Psychoanalyse ist das Instanzenmodell. Es geht davon aus, dass die menschliche Psyche in drei Instanzen – das Über-Ich, das Ich und das Es – untergliedert ist, die einerseits kooperieren, andererseits aber auch in Konflikt miteinander geraten können. Eine leicht verständliche Beschreibung dieses Modells findet sich auf dem **Arbeitsblatt 27**, S. 154.

Das Unterrichtsgespräch kann mit folgendem Auftrag eingeleitet werden:

> ■ *Lesen Sie das Arbeitsblatt 27 und erarbeiten Sie die Grundbegriffe des psycho-*
> *analytischen Persönlichkeitsmodells. Versuchen Sie die drei Instanzen Ich, Über-*
> *Ich und Es in einer Grafik so anzuordnen, dass ihre gegenseitigen Abhängigkeiten*
> *deutlich werden.*

Zur Vertiefung kann auch Freuds Beschreibung der drei Instanzen (**Arbeitsblatt 28**, S. 155) herangezogen werden, die einen sehr plastischen Eindruck von den komplizierten Wechsel-wirkungen zwischen Ich, Über-Ich und Es vermittelt.

Eine grafische Darstellung des Instanzenmodells könnte folgendermaßen ausschauen:[1]

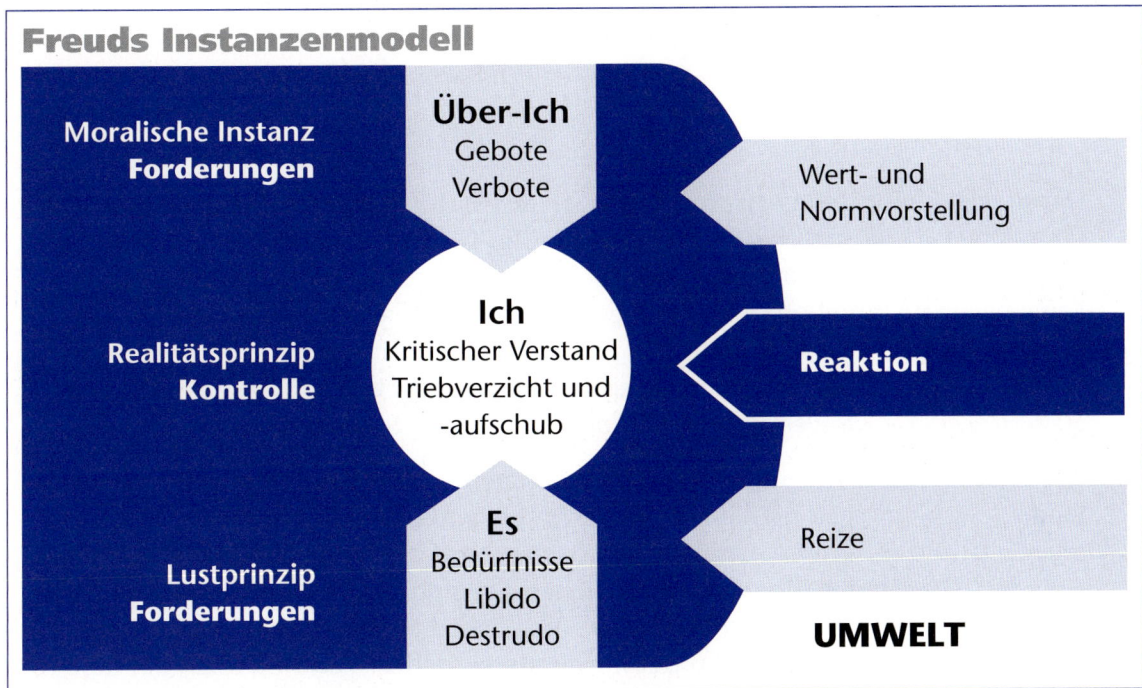

Um die jeweilige Funktion, aber auch das Zusammenspiel der drei psychischen Instanzen anschaulicher zu machen, könnte ein Rollenspiel durchgeführt werden, bei dem eine Grup-pe der Lernenden die Perspektive des Über-Ichs, eine zweite jene des Ichs und eine dritte jene des Es einnimmt. Aus der jeweiligen Interessensicht dieser einzelnen Instanzen heraus sollen die Gruppen nun über bestimmte Themen diskutieren. Eine Aufgabe kann beispiels-weise folgendermaßen lauten:

> ■ *Stellen Sie sich vor, Sie haben nächste Woche eine Klausur in Mathematik zu*
> *schreiben und müssten sich eigentlich in den nächsten Tagen intensiv darauf*
> *vorbereiten. Allerdings scheint gerade die Sonne und Sie würden viel lieber mit*
> *Freunden Eisessen gehen. Nehmen Sie die Rolle der zugeteilten psychischen Ins-*
> *tanz ein und versuchen Sie die anderen Instanzen davon zu überzeugen, Ihrem*
> *Willen zu folgen.*

---

[1] Aus: Wikipedia, Stichwort: „Psychoanalyse"

Der Verlauf der Diskussion ist abzusehen: Das Über-Ich wird darauf pochen, sofort mit der Klausurvorbereitung zu beginnen – schließlich wird dieses Verhalten von der Schule und der Gesellschaft erwartet und womöglich durch eine gute Note honoriert. Dabei argumentiert es vernünftig, wenn nicht sogar ängstlich. Das Es hingegen wird die Strebsamkeit des Über-Ichs verhöhnen und darauf drängen, in die Sonne zu gehen und dem Wunsch nach Lustbefriedigung nachzugeben. In diesem Streit zwischen Über-Ich und Es wird sich immer wieder das Ich als vermittelnde Instanz einschalten und versuchen, einen Kompromiss zu finden, der etwa in dem Plan bestehen könnte, für ein paar Stunden nach draußen zu gehen, danach aber sogleich mit dem Lernen zu beginnen.

Im Anschluss daran und zur Vorbereitung auf die anschließende Interpretation des Dramas können die Schülerinnen und Schüler den Lexikonartikel auf dem **Arbeitsblatt 25**, S. 152 noch einmal hinsichtlich folgender Frage lesen:

■ *Auf der Grundlage der Theorie Freuds hat sich längst eine psychoanalytische Literaturwissenschaft herausgebildet. Welche drei Ansätze werden im Lexikonartikel genannt? Inwiefern unterscheiden sich diese drei psychoanalytischen Interpretationsmethoden voneinander?*

Im Lexikonartikel werden die folgenden Ansätze genannt:

1. Der **psychobiologische Ansatz** geht davon aus, dass literarische Werke – ähnlich wie (Tag-)Träume – Ausdruck des Unbewussten des Dichters sind. In den Texten zeigen sich also die (Trieb-)Fantasien des Autors, über die er sich selbst nicht im Klaren ist. Seine bewusste Intention spielt bei dieser Art der Interpretation somit keine Rolle. Im Gegenteil versuchen die Vertreter des psychobiologischen Ansatzes die „verborgenen Seiten" des Textes zu beschreiben, beispielsweise verdeckte (z. B. ödipale) Strukturen aufzudecken, die verwendete Metaphorik psychoanalytisch zu entschlüsseln etc.

2. Der **textbezogene Ansatz** richtet sein Augenmerk auf die Figuren eines literarischen Werkes. Sie werden als richtige Menschen mit eigenem Unbewussten aufgefasst und analysiert, also gewissermaßen ‚auf die Couch gelegt'. Dieser Ansatz geht somit davon aus, dass die Figuren über die eigentlichen Beweggründe ihrer Handlungen und Äußerungen selbst nicht im Klaren sind – erst durch die psychoanalytische Perspektive können diese unbewussten Beweggründe aufgedeckt und dadurch ein tieferes Verständnis des literarischen Textes gewonnen werden.

3. Der **rezeptionsbezogene Ansatz** erforscht die Wirkung der Lektüre eines literarischen Werkes auf den Leser, also den Rezipienten. Dessen Gefühle, die er während des Lesens entwickelt – seien es positive wie Vergnügen oder Lust, seien es negative wie Angst oder Traurigkeit –, versucht dieser Ansatz durch eine tiefere Ebene, nämlich durch psychische Vorgänge im Unbewussten des Lesers, insbesondere durch sein unbewusstes Begehren, zu erklären.

Die Ergebnisse können durch folgendes Tafelbild gesichert werden:

1. Psychobiologischer Ansatz:
Das literarische Werk wird als Symptom für die unbewussten Triebfantasien des Autors aufgefasst und vor diesem Hintergrund analysiert.

2. Textbezogener Ansatz:
Die literarischen Figuren werden als reale Menschen mit unbewussten Triebregungen analysiert.

,Klassische' psychoanalytische Literaturwissenschaft

3. Rezipientenbezogener Ansatz:
Die Wirkung eines Textes auf seinen Leser wird analysiert und durch dessen unbewusstes Begehren zu erklären versucht.

Zur Veranschaulichung dieser drei Ansätze, aber auch als Überleitung zum nächsten Unterrichtsschritt ist folgender schriftlicher Arbeitsauftrag (auch in Form einer Hausaufgabe) denkbar:

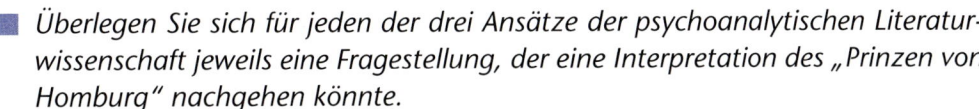 *Überlegen Sie sich für jeden der drei Ansätze der psychoanalytischen Literaturwissenschaft jeweils eine Fragestellung, der eine Interpretation des „Prinzen von Homburg" nachgehen könnte.*

Hier ein paar Beispiele für mögliche Fragestellungen (die von den Schülerinnen und Schülern selbstverständlich nicht, zumindest noch nicht an dieser Stelle, beantwortet werden sollen):

Psychobiologischer Ansatz:
- Welche Sexualsymbole lassen sich in der Traumszene am Anfang finden und psychoanalytisch deuten?
- Inwiefern lässt sich die Todessehnsucht, die den Autor Kleist schließlich zum Selbstmord getrieben hat, bereits im Drama, speziell in den Äußerungen des Protagonisten Prinz von Homburg erkennen?

Textbezogener Ansatz:
- Inwiefern werden die Handlungen des Prinzen von Homburg auch von den unbewussten Kräften des Es beeinflusst, wenn nicht sogar insgeheim gesteuert?
- Welche Entwicklung erfährt das Über-Ich des Prinzen im Lauf der Handlung? Inwiefern kann man sogar von einer allmählichen Versöhnung zwischen den drei Instanzen Über-Ich, Ich und Es im Lauf der Handlung sprechen?
- Welche Figuren stehen miteinander in einer ödipalen Dreiecksstruktur? Inwiefern lässt sich aus psychoanalytischer Perspektive begründen, dass die Kurfürstin und Natalie die gleiche Position in diesem Dreieck einnehmen?

Rezipientenbezogener Ansatz:
- Was löst die Todesfurchtszene in der Psyche des Lesers aus?
- Welche Gefühle entstehen im Leser, wenn sich der Prinz vor der Kurfürstin und vor Natalie niederwirft und um sein nacktes Überleben fleht?
- Welche Wirkung hat die letzte Szene des Dramas auf den Leser?

135

6.2 Der Ödipuskomplex als Kern der psychoanalytischen Theorie

Im Zentrum der „klassischen" (d. h. von Freud entwickelten) Psychoanalyse steht der Ödipuskomplex, den jeder Mensch auf seinem Weg von der Kindheit ins reife Erwachsenendasein zu überwinden hat. Vor der Interpretation des Dramas soll dieser psychische Konflikt zumindest umrisshaft vorgestellt werden.

Die Psychoanalyse geht davon aus, dass bereits Kinder eine sexuelle Entwicklung durchlaufen. Nach der oralen Phase im ersten Lebensjahr, in der das Kind vor allem orale Lust durch die Nahrungsaufnahme empfindet, und der daran anschließenden analen Phase, in der die Lust mit der Abgabe und Zurückhaltung der eigenen Exkremente verbunden ist, gelangt das Kind im dritten Lebensjahr schließlich in die ödipale Phase. In dieser Phase, in der es sein eigenes Genital als Lustquelle entdeckt, richtet sich sein sexuelles Begehren auf den gegengeschlechtlichen Elternteil – ein Junge begehrt also seine Mutter. Dadurch gerät er aber unbewusst in Konflikt mit dem mächtigen Vater, der nun als Mann der Mutter ein gefährlicher, auch gehasster Konkurrent wird. Der Junge kann seinen Inzestfantasien mit der Mutter nicht nachgeben, da er die Rache des Vaters, die Kastration, also die Entfernung seines Penis, fürchtet. Im gesunden Entwicklungsprozess löst der Junge diesen ödipalen Konflikt schließlich, indem er den Inzestwunsch ins Unbewusste verdrängt und sich mit dem Vater identifiziert. Aus dem Feind wird ein Vorbild, dem der Junge nachzueifern versucht. Nach dem fünften Lebensjahr endet die ödipale Phase und die Latenzzeit tritt ein, in der das Kind weitgehend auf sexuelle Handlungen verzichtet und seine soziale Identität in der Gesellschaft findet und festigt. Erst mit dem Beginn der Pubertät ungefähr im 11. Lebensjahr erwacht der Sexualtrieb erneut und sucht nun ein geeignetes Sexualobjekt zur Triebbefriedigung. Hat der heranwachsende Junge die ödipale Struktur seiner Kindheit nicht erfolgreich überwinden können, so gerät er nun in einen Ödipuskomplex (seine Libido richtet sich unbewusst erneut auf die eigene Mutter), der ihm in seiner sexuellen und charakterlichen Reifung im Weg steht und die Ursache schwerster neurotischer Erkrankungen sein kann.

Um die Schülerinnen und Schüler an das Konzept des ödipalen Konflikts heranzuführen, ist folgende Hausaufgabe denkbar:

■ *Suchen Sie in Lexika und/oder im Internet nach Informationen über den Ödipuskomplex und beschreiben Sie ihn in eigenen Worten.*

Alternativ zu diesem Auftrag kann der Ödipuskomplex auch im Rahmen eines Schülerreferats oder eines Lehrervortrags vorgestellt werden.[1] Dazu kann auch folgende Übersicht über die einzelnen Phasen der infantilen Sexualität in Form einer Overhead-Folie gezeigt werden:

Sexualentwicklung des Menschen nach Freud	
orale Phase (1. Lebensjahr)	Primitivste Stufe der psychosexuellen Entwicklung; Mund ist primäre Quelle der Lustbefriedigung (Baby an der Mutterbrust); Entwicklung eines Urvertrauens in der Welt
anale Phase (2. Lebensjahr)	Lustbefriedigung durch Ausscheiden und Zurückhalten der Exkremente; Phase der Reinlichkeitserziehung; Kind lernt soziales Miteinander

---

[1] Am ausführlichsten geht Freud in seinen „Drei Abhandlungen zur Sexualtheorie" auf die infantile Sexualität ein. (Sigmund Freud: Drei Abhandlungen zur Sexualtheorie. In: Ders.: Studienausgabe. Bd. 5. Sexualleben. 2., korrigierte Auflage. Frankfurt a.M. 1976, S. 37–145)

Sexualentwicklung des Menschen nach Freud	
ödipale Phase (ca. 3.–5. Lebensjahr)	Das eigene Geschlechtsteil wird als Quelle der sexuellen Lust entdeckt; die Triebwünsche richten sich nun auf den gegengeschlechtlichen Elternteil (Sohn begehrt Mutter; Tochter begehrt Vater); dieses Begehren bringt das Kind in den Konflikt mit dem anderen Elternteil; der Sohn hat Angst vor der Kastration durch den Vater; sein Begehren der Mutter wird ins Unbewusste verdrängt.
Latenzzeit (ca. 5.–11. Lebensjahr)	Weitgehender Verzicht auf sexuelle Lustbefriedigung; sexuelle Regungen werden verdrängt; Befriedigung der Lust nun durch Erlangen von Fähigkeiten und der Erkundung der Umwelt; Sexualtrieb kann nun umgeleitet und sublimiert werden; Spiel mit Geschlechtsgenossen nimmt an Bedeutung zu.
genitale Phase (ab ca. dem 11. Lebensjahr)	Mit Beginn der Vorpubertät erwacht die Sexualität unter dem Einfluss der Geschlechtshormone zu neuer Macht; das verinnerlichte Inzestverbot zwingt den Heranreifenden, Sexualobjekte außerhalb der eigenen Familie zu suchen; Neurotikern ist die Überwindung des Ödipuskonflikts in der Kindheit nicht gelungen, ihr unbewusstes Begehren ist noch immer auf das einstige Objekt ihrer Wahl, bei Jungen auf die Mutter, gerichtet; sie geraten erneut in einen Ödipuskomplex; da sie sich dieses Konflikts (der mit immensen Kastrationsängsten verbunden ist) nicht bewusst sind, entstehen neurotische Leiden, etwa Persönlichkeitsstörungen und Unsicherheiten über die eigene sexuelle Identität.

Wie oben bereits angedeutet, hat sich die psychoanalytische Literaturwissenschaft innerhalb der Germanistik längst als einflussreicher Diskurs etabliert. Psychoanalytisch orientierte Literaturwissenschaftler richten ihr Augenmerk insbesondere auf ödipale Strukturen, die sich häufig mehr oder weniger subtil in literarische Werke eingeschrieben haben. Vorbild für sie ist nicht zuletzt Sigmund Freud selbst, der sich wiederholt an Literaturinterpretationen versucht hat. Hervorzuheben hierbei sind seine Deutungen zu Wilhelm Jensens Novelle „Gradiva" und zu E.T.A. Hoffmanns Erzählung „Der Sandmann", in denen er die seelischen Nöte der Protagonisten vor dem Hintergrund einer nicht bewusst erkannten Verstrickung in ödipale Konflikte beschreibt und deutet. Für den Unterricht besonders aufschlussreich ist seine erste veröffentlichte Literaturinterpretation, da sie sich dem Drama widmet, dem der Ödipus-Komplex seinen Namen verdankt: In der „Traumdeutung" (1900) geht Freud auf Sophokles' Drama „König Ödipus" ein, um seine Kernthese des jeden Menschen betreffenden ödipalen Konflikts zu illustrieren. „Das Altertum hat uns zur Unterstützung dieser Erkenntnis einen Sagenstoff überliefert", betont Freud, „dessen durchgreifende und allgemeingültige Wirksamkeit nur durch eine ähnliche Allgemeingültigkeit der besprochenen Voraussetzung aus der Kinderpsychologie verständlich wird."[1]

Zur Einstimmung auf die psychoanalytische Interpretation von Kleists Drama kann daher eine kurze Besprechung von Sophokles' „König Ödipus" dienen. Diese Unterrichtseinheit lässt sich mit folgender Frage einleiten:

■ *Wissen Sie, woher der Name „Ödipus-Komplex" kommt? Wer war Ödipus?*

Sollte niemand aus der Klasse Sophokles' Drama und die mythologische Gestalt des Ödipus kennen, kann ein kurzer Lehrervortrag für Klarheit sorgen. Alternativ dazu ließe sich auch ein Kurzreferat einbauen, in dem vor allem Ödipus' tragische Lebensgeschichte vorgestellt werden sollte.

Im anschließenden Schritt kann das **Arbeitsblatt 29**, S. 156 gemeinsam gelesen und besprochen werden:

---

[1] Sigmund Freud: Die Traumdeutung. Frankfurt a.M. 1972, S. 265

■ *Lesen Sie Freuds Ausführungen zu Sophokles' Drama „König Ödipus" (Arbeitsblatt 29) und skizzieren Sie seine Argumentation in eigenen Worten nach.*

Das anschließende Unterrichtsgespräch lässt sich durch folgende Frageimpulse führen:

■ *Was meinen Sie: Weshalb führt Freud zur Illustration seiner Kernthese des Ödipus-Komplexes wohl ein antikes Drama an?*

■ *Warum wird nach Freuds Auffassung der Leser von Sophokles' Drama derart ergriffen?*

Im Unterrichtsgespräch sollen die Schülerinnen und Schüler erkennen, dass die Geschichte des Ödipus nach Freud stellvertretend für die Geschichte jedes Menschen steht: „Sein Schicksal ergreift uns nur darum, weil es auch das unsrige hätte werden können, weil das Orakel vor unserer Geburt denselben Fluch über uns verhängt hat wie über ihn."[1] Freud geht auf Sophokles' Drama nicht zuletzt deshalb ein, weil er die Richtigkeit seiner für die damalige Zeit noch völlig unbekannten und mehr als gewagt erscheinenden Thesen durch den Verweis auf kanonisierte Werke der Weltliteratur untermauern, wenn nicht beweisen wollte. Im weiteren Verlauf des Unterrichtsgesprächs kann der Fokus abschließend auf allgemeine Probleme der psychoanalytischen Literaturwissenschaft gerichtet werden, etwa mit folgender Frage:

■ *Mit welchen Schwierigkeiten könnten sich psychoanalytische Literaturinterpretationen bei dem Versuch, ödipale Strukturen in Texten aufzudecken, konfrontiert sehen?*

Ödipale Strukturen sind meist nur verdeckt in den literarischen Werken dargestellt, verbergen sich gleichsam tief unter der Oberfläche der vordergründigen Handlung. Häufig sind sie nicht einmal dem Autor selbst bewusst, sondern haben sich unbewusst in den Text eingeschrieben. Meist besetzen auch nicht „Mutter", „Vater", „Kind" die Positionen des ödipalen Dreiecks, sondern andere Figuren, die durch den Ödipuskomplex insgeheim (und nicht selten auf tragische Weise) miteinander verbunden sind. Darüber hinaus sind in literarischen Texten häufig nicht Kinder, sondern Erwachsene mit dem Ödipuskomplex konfrontiert, die frühe Dramen gleichsam in späteren Jahren noch einmal zu durchlaufen (und zu lösen) haben. Die Arbeit des psychoanalytisch orientierten Literaturwissenschaftlers gleicht damit der Arbeit eines Detektivs, der ein Geheimnis ans Tageslicht bringt und den Personen Beweggründe nachweist, die ihnen selbst fremd sind. Bei dieser Entschlüsselungsarbeit muss er auch – und vor allem – auf die kleinsten, scheinbar nebensächlichen Details achten, in denen sich das Latente, Unbewusste zeigt: beispielsweise auf verwendete Metaphern und Symbole im Text, auf geschilderte Träume, auf Widersprüche in der Handlung, auf Fehlleistungen in den direkten Reden der Figuren u.v.m.

Die Ergebnisse der Unterrichtsdiskussion können in folgendem Tafelbild festgehalten werden:

---

[1] Sigmund Freud: Die Traumdeutung. Frankfurt a. M. 1972, S. 267

Ödipale Strukturen in literarischen Texten

- verschlüsselt, unter der (Text-)Oberfläche verborgen, nur angedeutet
- von anderen Handlungsebenen verdeckt
- andere Figuren (nicht unbedingt Vater oder Mutter) nehmen die Positionen des ödipalen Dreiecks ein
- Konflikt taucht häufig erst im Leben von Erwachsenen auf

Weil ödipale Strukturen häufig „zwischen den Zeilen" verborgen sind:

→ sorgfältige Textanalyse
→ Interpretation von Symbolen und Metaphern
→ Fokus auf scheinbare Nebensächlichkeiten und kleinste Details
→ Aufmerksamkeit für Versprecher und ähnliche Fehlleistungen der Figuren
→ Besondere Bedeutung von geschilderten Träumen der Figuren

→ **Die Aufdeckung ödipaler Konflikte gleicht der Arbeit eines Detektivs.**

In einem anschließenden Unterrichtsgespräch kann über Sinn und Nutzen solcher psychoanalytischer Literaturinterpretationen diskutiert werden. Das Gespräch lässt sich mit folgenden Frageimpulsen einleiten:

■ *Welchen Sinn könnten psychoanalytische Textarbeiten haben?*

■ *Die ödipalen Strukturen sind verborgen – warum sollte man sie überhaupt aufdecken?*

Eine mögliche Antwort in aller Kürze: Literarische Texte sind nicht nur für unsere Unterhaltung und Erbauung geschrieben, sondern offenbaren auch und vor allem Geheimnisse über uns, unser Leben und unsere Kultur. Für Freud sind Dichter besonders sensible Menschen, die diese geheimen, unbewussten Strukturen deutlicher fühlen und erahnen als andere Menschen: „Wertvolle Bundesgenossen sind aber die Dichter", konstatiert Freud in seiner Interpretation zu Jensens „Gradiva"-Novelle, „und ihr Zeugnis ist hoch anzuschlagen, denn sie pflegen eine Menge von Dingen zwischen Himmel und Erde zu wissen, von denen sich unsere Schulweisheit noch nichts träumen lässt. In der Seelenkunde gar sind sie uns Alltagsmenschen weit voraus, weil sie da aus Quellen schöpfen, welche wir noch nicht für die Wissenschaft erschlossen haben."[1] Psychoanalytische Literaturinterpretationen können uns also dabei helfen, mehr *über uns selbst* zu erfahren.

Zum Abschluss dieser Unterrichtseinheit und zur Vorbereitung auf die folgende psychoanalytische Interpretation von Kleists Drama ist folgender Schreibauftrag (gut geeignet auch als Hausaufgabe) denkbar: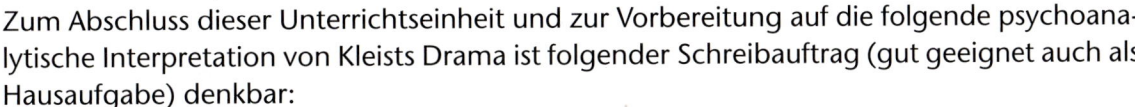

■ *Sie haben Freuds Konzept des Ödipuskomplexes nun kennengelernt. Sind ödipale Strukturen auch in Kleists Drama zu erkennen? Achten Sie bei Ihrer Antwort vor allem auf die Entwicklung des Protagonisten. Welche Szenen sind für die Aufdeckung eines Ödipuskomplexes besonders interessant?*

---

[1] Sigmund Freud: Der Wahn und die Träume in W. Jensens *Gradiva.* In: Ders.: Studienausgabe. Bd. 10. Bildende Kunst und Literatur. Frankfurt a.M. 1969, S. 9–85; hier: S. 14

6.3 Der Prinz von Homburg – ein Nachfahre des Königs Ödipus

In diesem Kapitel soll der ödipale Konflikt herausgearbeitet werden, dessen Entstehung und allmähliche Lösung im Zentrum von Kleists Drama stehen und die gesamte Handlung mehr oder weniger deutlich bestimmen.

Sollte für diesen Unterrichtsschritt nicht mehr viel Zeit zur Verfügung stehen, kann das **Arbeitsblatt 30**, S. 158 zur schnellen Orientierung herangezogen werden. In dem abgedruckten Ausschnitt aus Hellmuth Kaisers 1930 erschienenem Aufsatz[1], der auch heute nichts an seiner Relevanz und Plausibilität verloren hat, sind die Kernthesen einer psychoanalytischen Deutung von Kleists Drama prägnant zusammengefasst (siehe das Tafelbild am Ende dieses Kapitels).

Nachdem die Schülerinnen und Schüler das **Arbeitsblatt 30** gelesen haben, lässt sich das Unterrichtsgespräch durch folgende Frageimpulse und Arbeitsaufträge einleiten:

■ *Von welcher Dramenszene geht Kaisers Argumentation aus? Lesen Sie diese Szene noch einmal nach.*

■ *Fassen Sie die Argumentation des Textes in eigenen Worten stichpunktartig zusammen.*

Didaktisch sinnvoller ist es natürlich, die einzelnen Phasen des Ödipuskomplexes – von seiner Entstehung über die drohende Katastrophe bis hin zu seiner Lösung – mit den Schülerinnen und Schülern anhand detaillierter Textanalysen Schritt für Schritt zu erarbeiten. Diese Unterrichtseinheit kann mit folgender Frage eingeleitet werden:

■ *Welches Ereignis steht am Anfang der ödipalen Verwicklungen? Was ist der Auslöser für die nachfolgende Handlung?*

Vermutlich werden die Schülerinnen und Schüler schnell darauf kommen, dass der eigentliche Auslöser für die Handlung der „Streich" des Kurfürsten gegenüber dem schlafwandelnden Prinzen von Homburg im 1. Akt, 1. Auftritt ist. Dadurch, dass er ihm den Lorbeerkranz aus der Hand nimmt und Natalie überreicht, wird das Begehren des Prinzen geweckt. Dessen Träumereien und Wünsche erhalten nun gewissermaßen ein Ziel, können sich auf eine Frau, eben auf Natalie, richten.

Die betreffende Szene kann nun gemeinsam gelesen und interpretiert werden:

■ *Lesen Sie den Abschnitt von Vers 64 bis Vers 77. Wie könnte man diese Szene aus psychoanalytischer Perspektive interpretieren?*

Zu erarbeiten ist, dass der Prinz von Homburg durch das erwachende Begehren in ein ödipales Dreieck gerät. Er selbst nimmt hierbei die Rolle des die Mutter begehrenden Sohnes ein, der Kurfürst wird zum Vater, und die Position der Mutter besetzen sowohl die Kurfürstin als auch Natalie. So flüstert er anfangs: „Natalie! Mein Mädchen! Meine Braut!" (V. 65) und verleiht damit seinem heimlichen Wunsch, die Prinzessin zu besitzen, Ausdruck. Und den Kurfürsten spricht er gleich darauf als Vater an: „Friedrich! Mein Fürst! Mein Vater!" (V. 67) Dass die Figur der Mutter gleichsam in die Kurfürstin und in Natalie aufgespalten ist, zeigt sich schon darin, dass des Prinzen Ausruf „O meine Mutter!" (V. 68) nicht eindeutig zuordenbar ist. „Wen nennt er so?" (V. 69), fragt die Kurfürstin verwundert, worauf der Prinz wie zur Antwort entgegnet: „O! Liebste! Was entweichst du mir? Natalie!" (V. 70)

---

[1] Hellmuth Kaiser: Kleists „Prinz von Homburg". In: Imago 16 (1930), S. 119–137

Diese Aufspaltung der Mutterfigur, die im Folgenden (insbesondere in der Analyse der Todesfurchtszene, 3. Akt, 5. Auftritt) noch genauer herausgearbeitet werden soll, ist für das Verständnis der späteren Verwicklungen entscheidend. Schon an dieser Stelle lässt sich aus psychoanalytischer Sicht sagen: Da Natalie auch die Position der Mutter besetzt, darf sich der Prinz sein neu erwachtes Begehren nicht bewusst eingestehen. Es muss im Unbewussten, im Verborgenen bleiben, wie bereits kurz darauf im 1. Akt, 4. Auftritt deutlich wird: Es ist bezeichnend, dass dem Prinzen im Gespräch mit dem Grafen Hohenzollern zwar der Traum einfällt, den er in seinem schlafwandlerischen Zustand gehabt hat, nicht aber der Name der Frau, die ihm in diesem Traum den Kranz überreicht hat. Um den Schülerinnen und Schülern die Stellung des Prinzen im ödipalen Dreieck begreifbar zu machen, bietet sich daher die Interpretation dieser Szene an:

■ *Lesen Sie den Abschnitt von Vers 140 bis Vers 209, in dem der Prinz dem Grafen Hohenzollern von seinem Traum erzählt (1. Akt, 4. Auftritt). Haben Sie eine Erklärung dafür, warum ihm der Name Natalies nicht einfällt?*

Wie zuvor erarbeitet worden ist, repräsentiert Natalie für das Unbewusste des Prinzen insgeheim die Mutter. Dass er sie begehrt, darf nicht in sein Bewusstsein gelangen. So meint er vage, die Frauenfigur im Traum sei wohl „die Platen" oder „die Ramin" gewesen. Doch die Beliebigkeit seiner Antwort weist bereits darauf hin, dass diese Frauen nur Ersatzfiguren für die eigentlich begehrte Frau sind. Von Hohenzollern noch einmal direkt auf die Traumgestalt angesprochen, antwortet der Prinz: „Gleichviel! Gleichviel!/Der Nam ist mir, seit ich erwacht, entfallen,/Und gilt zu dem Verständnis hier gleich viel." (V. 154–156) Er versucht also, vor dem Grafen und sich selbst die Bedeutung der erträumten Frau herunterzuspielen – in Wirklichkeit freilich weisen diese Beteuerungen auf das genaue Gegenteil, nämlich auf die Wichtigkeit dieser Frau, hin.

Das entstehende Unterrichtsgespräch lässt sich durch folgende Anschlussfrage weiterführen:

■ *Wir haben nun gesehen, dass Natalie insgeheim die Position der Mutter im ödipalen Dreieck besetzt. Warum aber darf sich der Prinz deshalb nicht bewusst darüber werden, dass er Natalie begehrt? Wovor hat er Angst?*

Aus psychoanalytischer Perspektive ist das inzestuöse Begehren des Sohnes gegenüber der Mutter mit der Kastrationsdrohung des Vaters verbunden. Das heißt: Das Kind darf diesem Begehren nicht nachgeben (und es sich nicht einmal bewusst eingestehen), weil es fürchtet, der Vater würde ihm zur Strafe seinen Penis rauben, abschneiden (was im Unbewussten nichts weniger bedeutet als der eigene Tod). Wie noch zu zeigen sein wird, kommt es in einer späteren Szene, in der der Fürst den Prinzen nach dessen militärischem Ungehorsam entwaffnet (2. Akt, 10. Auftritt), gleichsam zu einer ‚symbolischen Kastration'.

Angesichts dieser Angst vor der Bestrafung durch den Vater ist es nur allzu verständlich, dass dem Prinzen der Name Natalies nicht einfällt. Dass dieser Name aber die ganze Zeit – wenn auch verborgen, im Unbewussten – präsent ist, wird schon allein dadurch deutlich, dass sich der Prinz nach der Schilderung des Traumes scheinbar unvermittelt nach Natalie erkundigt: „Ist die Kurfürstin noch und ihre Nichte hier,/Die liebliche Prinzessin von Oranien [?]" (V. 207–208). Sein heimliches Begehren wird ihm allerdings erst nach und nach bewusst werden.

Durch die Besprechung der Anfangsszene ist deutlich geworden, dass der Prinz von Homburg zu Beginn des Dramas in ein ödipales Dreieck gerät, aus dem er sich erst im Lauf der Handlung nach etlichen Verwicklungen wieder befreien kann. Diese Verwicklungen sollen im Folgenden genauer betrachtet werden. Als Ergebnissicherung bietet sich zunächst aber ein zusammenfassendes Tafelbild in Form der folgenden Grafik an:

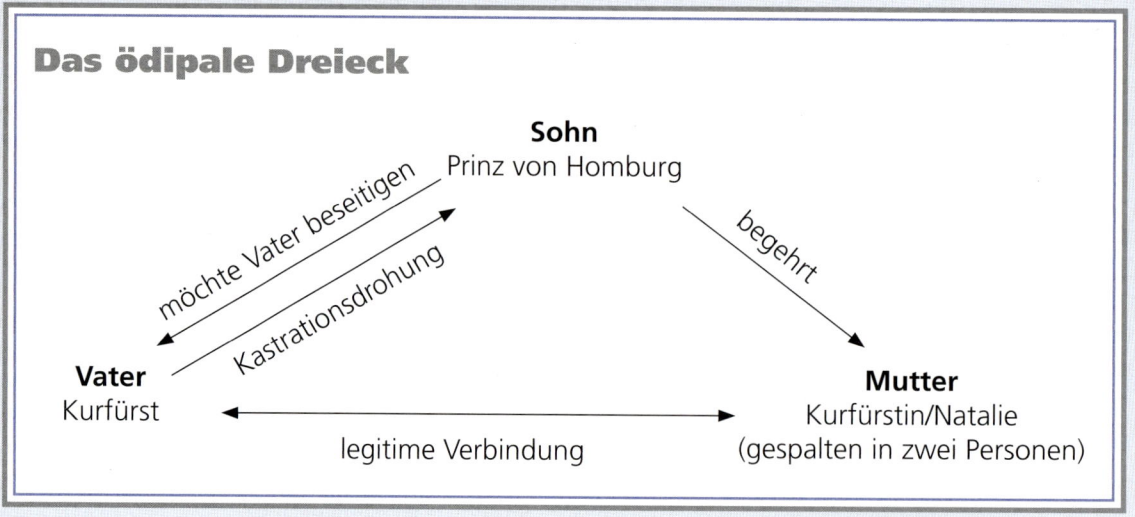

Als Abschluss der Besprechung der Anfangsszene kann der Fokus auf Natalies Handschuh gerichtet werden. Die Schülerinnen und Schüler erhalten folgenden Auftrag:

■ *Welche Bedeutung hat Natalies Handschuh für den Prinzen? Welche Funktion hat er für das gesamte Stück? Beziehen Sie sich bei Ihrer Antwort sowohl auf die Anfangsszene im Schlossgarten (1. Akt, 1.–4. Auftritt) als auch auf die nachfolgende Szene der Schlachtbesprechung (1. Akt, 5. Auftritt).*

Eine mögliche Antwort in aller Kürze: Es ist offensichtlich, dass der Handschuh ein erotisches Symbol ist. Der Prinz streift ihn im Halbschlaf von der Hand der begehrten Frau, entblößt also ein Stück ihrer Haut, das zuvor verdeckt war. Somit drückt sich in der Szene bereits das sinnliche Begehren des Prinzen aus. Darüber hinaus fungiert der Handschuh aber auch als eine Art Brücke zwischen Traum und Realität. Er ist das Einzige, was der Prinz aus der imaginären Welt seiner Größenfantasien in die Wirklichkeit herüberretten kann: „Nur einen Handschuh, heftig, im Verfolgen,/Streif ich der süßen Traumgestalt vom Arm:/Und einen Handschuh, ihr allmächtgen Götter,/Da ich erwache,/halt ich in der Hand!" (V. 188–191) Gerade weil sich der Handschuh nach dem Erwachen nicht ‚in Luft aufgelöst' hat, sondern sich als ‚handfester' Teil der Realität erweist, ist von Homburg außer sich: „Der Prinz reagiert auf den Handschuh, als habe sich ein Stück Traumrealität vergegenständlicht und in Materie verwandelt", konstatiert Peter Dettmering, „die jetzt pars pro toto die gesamte Innenwelt mit ihren Hoffnungen und ehrgeizigen Wünschen vertritt und sie erstmals dem Licht des Tages aussetzt. Das aber führt, indem die so ängstlich bewachte Grenze zwischen den beiden Bereichen mit einem Mal fortfällt, zu einer massiven Gefühlsverwirrung."[1] Diese ‚Brücken-funktion' des Handschuhs zwischen Traum und Realität lässt sich auch in der späteren Szene der Schlachtbesprechung (1. Akt, 5. Auftritt) erkennen. Der Prinz ist zwar bereits zu Beginn der Szene wegen der nächtlichen Erlebnisse stark abgelenkt, aber erst als er realisiert, dass der Handschuh aus dem Traum Natalie gehört, ziehen ihn seine unbewussten Wünsche so sehr in ihren Bann, dass er für die ausgegebene Order kein Gehör mehr hat. Seine innere Traumwelt wird so mächtig, dass er die äußere Wirklichkeit nicht mehr adäquat wahrnehmen kann. „Dann wird er die Fanfare blasen lassen!" (V. 323), wiederholt er zwar einen Teil des ihm gegebenen militärischen Befehls, scheint diese Worte aber lediglich als Beschreibung seines momentanen Gefühls des Triumphs und Glücks aufzufassen. (Siehe zu dieser Szene ausführlicher: Baustein 5.2.)

---

[1] Peter Dettmering: Die Totsagung des Vaters im „Prinzen von Homburg". In: Ders.: Heinrich von Kleist. Zur Psychodynamik in seiner Dichtung. München 1975, S. 45–61; hier: S. 50

Nachdem der Prinz durch sein eigenmächtiges Handeln auf dem Schlachtfeld zum Sieg gegen die Schweden entscheidend beigetragen hat, glaubt er sich auf dem Höhepunkt seines Triumphes. In der Szene, in der er aus der Schlacht zurückkommt und auf Natalie und die Kurfürstin trifft (2. Akt, 6. Auftritt), scheint die Erfüllung all seiner heimlichen (ödipalen) Wünsche zum Greifen nahe zu sein: Er tritt als siegreicher Held auf, der heimliche väterliche Konkurrent, der Kurfürst, ist angeblich tot, die Kurfürstin und Natalie stehen ihm nun zur Seite. „Wir sehen", fasst Kaiser die Situation zusammen, „dass der vermeintliche Tod des Kurfürsten dem Prinzen die Gelegenheit schafft, um die geliebte Frau anzuhalten, und die Aussicht eröffnet, eine ruhmvolle Führerrolle für das märkische Heer, – ja für den märkischen Staat zu spielen."[1]

Der Unterrichtsschritt lässt sich durch folgenden Frageimpuls einleiten:

> ■ *Lesen Sie die Begegnung des Prinzen mit Natalie und der Kurfürstin, 2. Akt, 6. Auftritt. Wie könnte man das Auftreten des Prinzen psychoanalytisch beschreiben? Fassen Sie zusammen, in welcher Situation der Prinz nun zu stehen glaubt. Was geht wohl in seinem Inneren vor?*

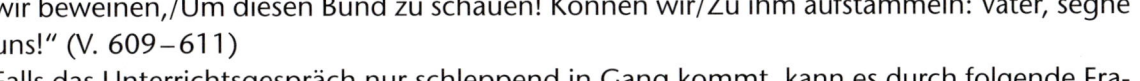

Zu erarbeiten ist, dass in dieser Szene die geheimen ödipalen Wünsche des Prinzen – scheinbar – in der Realität Gestalt angenommen haben. Die unbewusste Wunschwelt, in der der Knabe den väterlichen Konkurrenten aus dem Weg geräumt hat, um die ersehnte Mutter erobern zu können, hat gleichsam ihre Entsprechung in der äußeren Wirklichkeit gefunden. Der Kurfürst ist tot, der Prinz findet den Mut, seine Liebe gegenüber Natalie zu gestehen, die diese Liebe sogleich auch erwidert. Und selbst die Kurfürstin scheint mit dieser Verbindung einverstanden zu sein. Der Prinz glaubt, den Zenit seines Triumphes erreicht zu haben. Besonders deutlich wird dies in dem Textabschnitt (V. 581–611), in dem er Natalie verspricht, von nun an sie und das ganze Land Brandenburg vor dem Feind zu schützen, mithin die Position des Kurfürsten einzunehmen. Er fühlt sich in diesem Moment so stark und selbstsicher, dass er mit einem Pathos der Rührung, hinter dem sich aber letztlich das Gefühl des Sieges verbirgt, an den tot geglaubten Kurfürsten denkt: „O Gott, wär er jetzt da, den wir beweinen,/Um diesen Bund zu schauen! Können wir/Zu ihm aufstammeln: Vater, segne uns!" (V. 609–611)

Falls das Unterrichtsgespräch nur schleppend in Gang kommt, kann es durch folgende Frageimpulse angeregt und gesteuert werden:

> ■ *Was würde es für die persönliche Zukunft des Prinzen bedeuten, wenn der Fürst tatsächlich tot wäre? Was, wenn er doch lebt?*

> ■ *Glauben Sie, dass der Prinz wirklich erschüttert ist über den vermeintlichen Tod des Kurfürsten? Empfindet er Trauer?*

Vermutlich werden die Schülerinnen und Schüler selbst erkennen, dass die Trauer des Prinzen nicht ganz echt, stellenweise sogar geheuchelt wirkt. In Wahrheit eröffnet ihm der Tod des Kurfürsten den Weg zu Natalie und zur Macht über Brandenburg, sodass sich zumindest in seinem Unbewussten auch das Glücksgefühl über einen errungenen Sieg einstellt. Doch sein Gefühl dem Kurfürsten gegenüber ist durchaus ambivalent, also zwiespältig: Er hasst den väterlichen Mann zwar einerseits als Konkurrent im Kampf um die Mutter, empfindet aber auch Liebe für ihn. Gerade diese positiven Gefühle verursachen große Gewissenskonflikte, die sich im weiteren Verlauf des Dramas in Form der drohenden Todesstrafe und der empfundenen Todesfurcht manifestieren werden.

---

[1] Hellmuth Kaiser: Kleists „Prinz von Homburg". In: Imago 16 (1930), S. 119–137; hier: S. 123

Die Situation, in der der Prinz durch den vermeintlichen Tod des Kurfürsten auf einmal zu stehen glaubt, lässt sich durch folgendes Tafelbild zusammenfassen:

Der Prinz scheinbar am Ziel seiner (geheimen) Wünsche (2. Akt, 6. Auftritt)

- Der Vater (= Kurfürst) ist tot
- Er hat die Mutter (= Kurfürstin/Natalie) an seiner Seite
- Er ist der triumphierende, potente Mann
- Er ist Held und Herrscher
- Ihm steht die ganze Welt offen

→ **Eine Weile lang glaubt der Prinz, sein imaginierter (ödipaler) Wunschtraum sei in Erfüllung gegangen.**

Der folgende schriftliche Arbeitsauftrag ermöglicht den Lernenden, sich noch besser in die Perspektive des Prinzen zu versetzen:

■ *Wie reagiert der Prinz auf die Nachricht, dass der Kurfürst lebt (2. Akt, 7./8. Auftritt)? Glauben Sie, dass ihn die Nachricht erfreut? Begründen Sie Ihre Antwort auch aus psychoanalytischer Sicht.*

Die Lernenden sollten vor dem Hintergrund des bereits Erarbeiteten problemlos erkennen, dass der Prinz nicht wirklich erfreut sein kann über die überraschende Wendung. Seine zur Schau gestellte Erleichterung scheint nicht aus tiefstem Herzen zu kommen. Schon seine erste Reaktion auf die Nachricht signalisiert eher Abwehr als Freude: „Nein, sag –!" (V. 617), ruft er, kann den Satz zunächst aber nicht einmal beenden, zu groß ist der heimliche Schock. Und auch die Worte, die er kurz darauf an den Grafen Sparren, den Überbringer der Botschaft, richtet, scheinen nur auf den ersten Blick seine große Erleichterung auszudrücken: „Dein Wort fällt schwer wie Gold in meine Brust!" (V. 638) In Wirklichkeit ist gerade in diesem Satz die ambivalente Haltung des Prinzen gegenüber dem Fürsten enthalten, wie auch Hellmuth Kaiser betont: „Würde nicht durch die beiden Worte ‚wie Gold' der Sinn des Wortes ‚schwer' gewissermaßen nachträglich fixiert, – ‚korrigiert' könnten wir sagen, – so würde der Prinz mit diesem Verse eine Empfindung des Schreckens oder der Sorge ausdrücken."[1] Angesichts dieser Gefühle ist es kein Wunder, dass der Prinz die von Natalie und der Kurfürstin schließlich geäußerten Ehrerbietungen gegenüber dem anstelle des Fürsten gefallenen Stallmeister Froben geradezu barsch unterbricht: „Genug! Zur Sache jetzt." (V. 682) In einer alternativen Aufgabenstellung ist auch die Kreativität der Lernenden gefragt:

■ *Versetzen Sie sich in die Perspektive des Prinzen von Homburg. Was denkt und fühlt er wohl in dem Moment, als er erfährt, dass der Kurfürst nicht tot ist? Schreiben Sie einen inneren Monolog, in dem auch seine ambivalente, also zwiespältige Haltung gegenüber dem Fürsten deutlich wird.*

Dieser innere Monolog könnte beispielsweise folgendermaßen beginnen: „Er ist nicht tot? Welch eine Nachricht! Meine Freude ist unermesslich, zu Boden sinken möchte ich vor

---

[1] Hellmuth Kaiser: Kleists „Prinz von Homburg". In: Imago 16 (1930), S. 119–137; hier: S. 123

Dankbarkeit. Er lebt, er lebt! – Vielleicht aber stimmt es ja gar nicht. Ich habe ihn doch selbst fallen sehen. Er muss doch tot sein! Tot für alle Zeiten! Wie nahe ich mich Natalie schon gefühlt habe, und jetzt drängt er sich wieder zwischen uns. Ist sie nicht sofort ein Stück von mir abgewichen, als sie die Nachricht gehört hat? Und die Kurfürstin – ist sie mir gegenüber nicht gleich viel kühler geworden? – Aber das alles ist ja egal. Schließlich ist das Wichtigste, dass der Kurfürst lebt. Oh Vater! Welch schicksalhafte Wendung! Wann er mich wohl empfangen wird? Schließlich bin ich der Held der Schlacht, der Sieger. Er wird mich sicherlich ruhmvoll feiern lassen! Aber warum nur spüre ich auf einmal solche Angst in mir aufsteigen? Panik. Der Kurfürst lebt, er ist nicht tot. Gott sei Dank! Er lebt! Vater, erbarme dich meiner! [...]"

Bereits in der nächsten Szene (2. Akt, 10. Auftritt) wird der Prinz mit den harten Fakten der Realität konfrontiert. Glaubt er zunächst noch, dem Kurfürsten als strahlender Held und Sieger gegenüberzutreten, muss er kurz darauf erkennen, dass er in Wirklichkeit für sein eigenmächtiges Handeln in der Schlacht, für seine Befehlsverletzung, bestraft werden soll. Nun dauert es nicht mehr lange, bis er die Welt seiner narzisstischen Träume und Größenfantasien endgültig verlassen muss.

Das Unterrichtsgespräch lässt sich durch folgenden Frageimpuls einleiten:

> ■ *Lesen Sie die Szene, in welcher der Prinz von Homburg auf den Kurfürsten trifft (2. Akt, 10. Auftritt). Wie lässt sich seine Entwaffnung aus psychoanalytischer Perspektive interpretieren?*

Die Entwaffnung könnte man als ‚symbolische Kastration' auffassen. Der Junge wird vom Vater für seine Inzestfantasien bestraft, ihm wird sein Geschlechtsteil – hier symbolisiert durch den Degen – genommen. Um den Lernenden eine derartige, anfangs vermutlich konstruiert erscheinende Interpretation plausibler zu machen, können hier auch die beiden Texte Freuds über die Kastrationsangst des Jungen und über die Sexualsymbolik im Traum herangezogen werden (**Arbeitsblatt 31**, S. 159). Nach der gemeinsamen Lektüre der Texte kann das Gespräch durch folgende Fragen eingeleitet und weitergeführt werden:

> ■ *Wofür glaubt der Junge mit der Kastration durch den Vater bestraft zu werden? Was steigert diese Kastrationsangst?*

> ■ *Zählen Sie die verschiedenen Sexualsymbole auf, die Freud nennt. Was halten Sie von einer solchen Deutung? Welchen Grund könnte es haben, dass Geschlechtsorgane im Traum nur verschlüsselt in Form von Symbolen auftreten?*

> ■ *Die Sexualsymbolik, die Freud hier beschreibt, bezieht sich auf die nächtliche Traumarbeit. Inwiefern könnte man sie dennoch auch für die Interpretation von literarischen Texten verwenden?*

Damit die Schülerinnen und Schüler die Brisanz der Entwaffnungs-Szene erkennen, bietet sich ein abschließender Arbeitsauftrag an:

> ■ *Beschreiben Sie, inwiefern sich Lebenssituation und Zukunftsperspektive des Prinzen durch seine Entwaffnung radikal verändern.*

Nach dem Unterrichtsgespräch, in dem die einzelnen Antworten vorgetragen und diskutiert worden sind, können die Ergebnisse durch folgende Gegenüberstellung an der Tafel gesichert werden:

Die Entwaffnung des Prinzen (2. Akt, 10. Auftritt)

vorher	nachher
Siegesfahnen	Soll entwaffnet werden
Feier	Kerker
Belohnung	Bestrafung
Sieg	milit. Ungehorsam
strahlender Held	Verbrecher
Macht	Ohnmacht
ruhmvolle Zukunft	Todesurteil
…	…

➝ **Mit einem einzigen Befehl des Kurfürsten als Repräsentanten der Realität wird der Prinz brutal aus seiner narzisstischen Traumwelt gestoßen. Er wird entwaffnet, ‚symbolisch kastriert'.**

Dass sein Leben bedroht ist, will der Prinz in seiner narzisstischen Verblendung aber auch nach der Entwaffnung nicht einsehen. Auch im Gefängnis klammert er sich noch an die Hoffnung, der Kurfürst würde ihn in seiner Güte begnadigen. Erst durch das Gespräch mit dem Grafen Hohenzollern (3. Akt, 1. Auftritt) und vor allem durch den darauf folgenden Anblick des offenen Grabs wird er aus seinem Traum gerissen.

Nun eilt er zur Kurfürstin und zu Natalie und fleht um sein nacktes Überleben (3. Akt, 5. Auftritt). Diese sog. ‚Todesfurchtszene' ist aus psychoanalytischer Sicht deshalb so aufschlussreich, weil der Prinz seine ‚ödipale Schuld' nun endlich zu erkennen scheint und sich der eigentlich begehrten Mutter (die auch hier in Kurfürstin und Natalie aufgespalten ist) nicht mehr wie ein Mann, sondern wie ein Kind nähert. Unter akuter Todesangst kann er das einstige sexuelle Begehren nicht mehr aufrechterhalten. „Und wirklich reagiert der Prinz unter dem Druck dieser Angst wie ein Kind", konstatiert Kaiser. „Er flüchtet zur Mutter, zur Kurfürstin. Wie ein Kind fühlt er die überlegene Macht aller ‚anderen', d. h. aller Erwachsenen."[1]

Die Besprechung der Szene kann durch folgenden Frageimpuls eingeleitet werden:

■ *Lesen Sie die „Todesfurchtszene", 3. Akt, 5. Auftritt. Beschreiben Sie das Verhalten des Prinzen. Wie wirkt sein Auftritt? Wie nähert er sich der Kurfürstin?*

Vermutlich werden die Schülerinnen und Schüler selbst erkennen, dass der Prinz hier die Rolle des ohnmächtigen Kindes einnimmt. Schon sein erster Satz zeigt, dass hier kein strahlender Held mehr die Bühne betritt: „O meine Mutter!" (V. 965), ruft er der Kurfürstin zu. Und kurz darauf erinnert er sie an ihren einstigen Schwur:

> „Dir übergab zu Homburg, als sie starb,
> die Hedwig mich, und sprach, die Jugendfreundin:
> Sei ihm die Mutter, wenn ich nicht mehr bin.
> Du beugtest tief gerührt, am Bette kniend,
> Auf ihre Hand dich und erwidertest:
> Es soll mir sein, als hätt ich ihn erzeugt."
> (V. 1010–1015)

---

[1] Hellmuth Kaiser: Kleists „Prinz von Homburg". In: Imago 16 (1930), S. 119–137; hier: S. 126

Der Prinz appelliert an das mütterliche Herz der Kurfürstin, ihn vor der Rache des Vaters in Gestalt des Kurfürsten zu schützen. Den ödipalen Kampf mit dem mächtigen Konkurrenten hat er an dieser Stelle längst aufgegeben. So ist es kein Wunder, dass er jedes Begehren gegenüber Natalie auf einmal abstreitet: „Nataliens, das vergiss nicht, ihm zu melden,/Begehr ich gar nicht mehr, in meinem Busen/Ist alle Zärtlichkeit für sie verlöscht." (V. 1023–1025)[1] Und ebenso wie die Kurfürstin macht er wenig später auch Natalie zu einer Muttergestalt, wenn er ihr empfiehlt, „einen Knaben, blondgelockt wie ich", zu suchen: „Kauf ihn mit Gold und Silber dir, drück ihn/An deine Brust und lehr ihn: Mutter! stammeln". (V. 1047–1049)

Seine eigene Zukunft malt sich der Prinz um einiges düsterer aus: Er akzeptiere die Entlassung aus dem Heer (V. 1000–1002), wolle weit entfernt auf seinen Gütern ohne Frau und Kind leben, Getreide anbauen, „Und in den Kreis herum das Leben jagen,/Bis es am Abend niedersinkt und stirbt." (V. 1035–1037) Er nimmt – so ließe sich dieser Wunsch deuten – den gesellschaftlichen Tod in Kauf, um allein dem physischen Tod zu entgehen.

Durch folgenden Auftrag lässt sich das Unterrichtsgespräch weiterführen:

> ■ *Lesen Sie die Textpassage von Vers 1022 bis Vers 1036, 3. Akt, 5. Auftritt. Beschreiben Sie die Zukunft des Prinzen, wie er sie sich selbst ausmalt. Vergleichen Sie diese imaginierte Lebenssituation mit jener kurz nach der Schlacht (2. Akt, 6. Auftritt).*

Die Ergebnisse der Diskussion lassen sich in Form einer Gegenüberstellung an der Tafel sichern:

Die Situation des Prinzen in seiner Fantasie

Höhepunkt kurz nach der Schlacht (2. Akt, 6. Auftritt)

einflussreicher Herrscher
Begehrender und begehrter Mann
von historischer Bedeutung

Tiefpunkt in der imaginierten Zukunft (3. Akt, 5. Auftritt)

ohnmächtiger Einsiedler
keine Frau, keine Kinder, alleine
schon zur Lebzeit unbekannt, vergessen

→ Im Moment der größten Todesangst verzichtet der Prinz auf alle früher erträumten Erfolge. Er nimmt den gesellschaftlichen Tod in Kauf, um sein physisches Leben zu retten.

Zur Vertiefung dieses Unterrichtsschritts ist folgender Schreibauftrag (auch gut geeignet als Hausaufgabe) möglich, in dem sich die Schülerinnen und Schüler in die Perspektive Natalies versetzen sollen:

---

[1] Hellmuth Kaiser zu dieser Szene: „Der Prinz fleht die mütterliche Frau, die Fürstin, um Fürsprache an, und um Verzeihung zu finden, erklärt er ausdrücklich seinen Verzicht auf die Geliebte. Wie wenig der Prinz dabei die reale Situation, insbesondere den Heiratsplan des Kurfürsten im Auge hat, wie ausschließlich er aus der Ödipussituation der Kindheit heraus handelt, erkennt man besonders deutlich aus seiner Versicherung, dass alle Zärtlichkeit für Natalien bei ihm erloschen sei". (Hellmuth Kaiser: Kleists „Prinz von Homburg". In: Imago 16 (1930), S. 119–137; hier: S. 127)

■ *Stellen Sie sich vor, Natalie schreibt kurz nach dem Auftritt des Prinzen (3. Akt, 5. Auftritt) einen Tagebucheintrag, in dem sie sich über ihre (neuen) Gefühle ihm gegenüber klar zu werden versucht. Versetzen Sie sich in ihre Perspektive und schreiben Sie diesen Eintrag. Verwenden Sie dafür auch Zitate Natalies aus der nächsten Szene (4. Akt, 1. Auftritt).*

Im Tagebucheintrag sollte insbesondere deutlich werden, dass Natalie durch den Auftritt des Prinzen von Homburg zwar noch liebende Gefühle für ihn hat, dass diese Gefühle aber nun eher denen einer Mutter zu ihrem Kind als jenen einer Frau zu einem Mann ähneln. Durch sein unwürdiges Flehen ist der Prinz für Natalie nicht mehr begehrens-, sondern nur noch beschützenswert.

Der Tagebucheintrag könnte beispielsweise so beginnen: „Oh, mein Liebster! Wie klein er mir plötzlich erscheint, wie ‚verstört‘, ‚schüchtern‘ – ‚ganz unwürdig‘ (V. 1165)! Ich sehe noch immer vor meinem geistigen Auge, wie er gestern zu uns ‚kam geschlichen‘ (V. 1164), sich vor der Tante und mir zu Boden geworfen hat und um sein nacktes Leben gefleht hat. Gewinselt hat er wie ein Hund. Geflennt wie ein kleines Kind! ‚Ein unerfreulich, jammerns- wurdger Anblick!‘ (V. 1166) Der Arme, der Unglücksselige! Sein ‚Heldenherz‘ ist ‚geknickt‘ (V. 1155). Natürlich werde ich versuchen, sein Leben zu retten – denn ich liebe ihn ja noch immer. Aber liebt er denn auch mich? Begehrt er mich noch? Wie schrecklich, als er der Tante sagte, meine Hand sei frei, er wolle mich nicht mehr! ‚Alle Zärtlichkeit‘ für mich sei völlig ‚verlöscht‘. Wie tief kann ein Mann sinken, wenn er Todesangst hat! Ein Mann – und doch kein Mann mehr. Ach, ein Kind …“

Eine überraschende Wende nimmt der Handlungsverlauf kurz darauf: nämlich in der Szene, in der Natalie mit dem Brief des Kurfürsten zum Prinzen geht (4. Akt, 4. Auftritt).[1] Entgegen ihrer Erwartung lehnt der Prinz die Begnadigung ab, ist diese doch mit der Forderung des Kurfürsten verbunden, von Homburg möge das Urteil selbst über sich sprechen. Der Kurfürst entscheidet also nicht über den Kopf des Prinzen hinweg, sondern fordert diesen dazu auf, selbst in die Perspektive des Richters zu wechseln. Damit aber zwingt er den Prinzen gleich- zeitig, die bequeme Rolle des passiven Kindes zu verlassen und erwachsen zu werden, also Verantwortung für sich und andere zu übernehmen. Die ‚Zwickmühle‘, in die er nun geraten ist, fasst der Prinz in folgenden Worten zusammen: „Dass er mir unrecht tat, wies mir bedingt wird,/Das kann ich ihm nicht schreiben; zwingst du mich,/Antwort, in dieser Stimmung, ihm zu geben,/Bei Gott! so setz ich hin, du tust mir recht!“ (V. 1355–1358)

Nach der gemeinsamen Lektüre der Szene (4. Akt, 4. Auftritt) kann das Unterrichtsgespräch mit folgenden Fragen eingeleitet werden:

■ *Warum kann der Prinz die Begnadigung durch den Fürsten nicht annehmen?*

■ *Stellen Sie sich vor, der Kurfürst hätte den Prinzen einfach begnadigt. Was wäre anders gewesen? Glauben Sie, der Prinz hätte auch in diesem Fall die Begnadi- gung abgelehnt? Begründen Sie Ihre Antwort.*

Die Schülerinnen und Schüler sollten möglichst von alleine erkennen, dass die überraschende Wendung des Handlungsverlaufs durch die Aufforderung des Kurfürsten herbeigeführt wird, der Prinz möge selbst über sich urteilen. Eine einfache Begnadigung hätte von Homburg ohne weiteres annehmen können, ohne seine egozentrische Perspektive verlassen zu müs- sen. So aber ist er angewiesen, sein Verhalten aus höherer Warte zu betrachten und zu be- werten. Erst nachdem die Lernenden diesen entscheidenden Punkt begriffen haben, sollte zur psychoanalytischen Interpretation dieses Vorgangs der Text über das Über-Ich (**Arbeits- blatt 32, S. 160**) herangezogen werden:

---

1 Die Prinzessin selbst ist verwundert und ruft: „Du Unbegreiflicher! Welch eine Wendung?“ (V. 1352)

- *Wofür steht das Über-Ich? Beschreiben Sie seinen Einfluss anhand von Beispielen aus Ihrem persönlichen Alltag und beziehen Sie dabei auch die anderen Instanzen (Ich, Es) mit ein.*

- *Wie erklärt die Psychoanalyse die Herausbildung des Über-Ichs?*

- *Inwiefern könnte man die Weigerung des Prinzen, sich selbst als unschuldig zu bezeichnen und sich freizusprechen, durch den Einfluss eines stärker werdenden Über-Ichs erklären?*

Der Prinz wird durch den Brief des Kurfürsten gleichsam gezwungen, sich mit der Vaterfigur – seinem Konkurrenten im ödipalen Kampf um die Mutter – zu identifizieren. Er nimmt damit eine allgemeine gesellschaftliche Perspektive ein und muss seine einstige narzisstische Position verlassen. Durch diese Identifikation mit dem Vater, so ließe sich psychoanalytisch sagen, reift in ihm die Instanz, welche die gesellschaftlichen Normen und Werte repräsentiert, eben das Über-Ich. Der Prinz akzeptiert nun das väterliche Gesetz und findet dadurch seinen Platz in der Gesellschaft. Er ist zum verantwortungsvollen Erwachsenen geworden. So ist es auch kein Wunder, dass Natalie in ihm nun nicht mehr das kleine, jammernde Kind sieht, sondern wieder den begehrten Mann: „Nimm diesen Kuss! – Und bohrten gleich zwölf Kugeln/Dich jetzt in Staub, nicht halten könnt ich mich,/Und jauchzt und weint und spräche: du gefällst mir!" (V. 1386–1388)
Während der Prinz von Homburg in der gerade besprochenen Gefängnisszene noch auf der Grenze zwischen Kindheit und Erwachsenenwelt steht und erst allmählich und zögernd die Perspektive des Kurfürsten einnimmt, beugt er sich dessen Urteil später im Schloss (5. Akt, 7. Auftritt) ganz:

> „Doch dir, mein Fürst, der einen süßern Namen
> Dereinst mir führte, leider jetzt verscherzt:
> Dir leg ich tiefbewegt zu Füßen mich!
> Vergib, wenn ich am Tage der Entscheidung,
> Mit übereiltem Eifer dir gedient:
> Der Tod wäscht jetzt von jeder Schuld mich rein.
> Lass meinem Herzen, das versöhnt und heiter
> Sich deinem Rechtsspruch unterwirft, den Trost,
> Dass deine Brust auch jedem Groll entsagt".
>
> (V. 1765–1773)

Wie grundlegend sich die Einstellung des Prinzen nun gewandelt hat, wird insbesondere durch den Vergleich dieser Szene mit der Todesfurchtszene deutlich. Es scheint fast, als würden hier zwei verschiedene Menschen auftreten. Um den Lernenden diesen Unterschied vor Augen zu führen, bietet sich folgender Auftrag an:

- *Lesen Sie noch einmal den 5. Auftritt im 3. Akt und den Abschnitt von V. 1765–1775. Der Prinz wirft sich sowohl der Kurfürstin als auch wenig später dem Kurfürsten „zu Füßen". Was hat sich in der Zwischenzeit grundlegend verändert? Inwiefern unterscheiden sich diese zwei ,Unterwerfungsszenen'?*

Die Ergebnisse des Unterrichtsgesprächs können durch folgende Gegenüberstellung an der Tafel zusammengefasst und gesichert werden:

Gegenüberstellung der beiden Unterwerfungsszenen

vor der Kurfürstin/Natalie (3. Akt, 5. Auftritt)	vor dem Kurfürsten (5. Akt, 7. Auftritt)
erbärmlich	würdevoll
ängstlich	mit seinem Schicksal im Einklang
um Gnade winselnd	dem Vater gegenüber voller Respekt
ohnmächtig	die Macht des Vaters anerkennend
Außenseiter	hat seinen Platz in der Gesellschaft gefunden
als Kind	als erwachsener Mann

→ **Zwischen den beiden Unterwerfungsszenen steht der Entwicklungsschritt vom Kind zum Erwachsenen, der Sprung aus dem narzisstischen Traum in die Realität.**

Damit die Schülerinnen und Schüler den inneren Wandel, den der Prinz im Drama durchläuft, noch besser nachvollziehen können, bietet sich folgender schriftlicher Auftrag (gut geeignet auch als Hausaufgabe) an:

■ *Vergleichen Sie die Schlussszene im Garten (5. Akt, 11. Auftritt) mit der Eröffnungsszene (1. Akt, 1. Auftritt). Was ist gleich geblieben? Was hat sich verändert? Versuchen Sie, diese Fragen auch aus psychoanalytischer Perspektive zu beantworten.*

Zum Abschluss dieser gesamten Unterrichtseinheit können die einzelnen Stationen des ödipalen Konflikts und seiner Lösung durch folgendes Tafelbild zusammengefasst werden:

Der Ödipuskomplex und seine Lösung in Kleists Drama

Einzelne Stationen:

1. Gartenszene am Anfang (1. Akt, 1. Auftritt): Inzestuöses Begehren des Prinzen wird geweckt

2. Schlachtbesprechung (1. Akt, 5. Auftritt): Begehren richtet sich bewusst auf Natalie

3. Nach der Schlacht (2. Akt, 6. Auftritt): Prinz glaubt, alle ödipalen Wünsche würden sich erfüllen, imaginiert sich den Tod des Vaters

4. Entwaffnung (2. Akt, 10. Auftritt): Bestrafung, ‚symbolische Kastration' des Prinzen

5. Todesfurchtszene (3. Akt, 5. Auftritt): Prinz wird zum winselnden Kind, negiert alles sexuelle Begehren, kastriert sich gleichsam selbst

6. Annahme des Todesurteils (5. Akt, 7. Auftritt): Prinz identifiziert sich mit dem Vater, unterwirft sich dessen Gesetz; Reifung des Über-Ichs

7. Gartenszene am Schluss (5. Akt, 11. Auftritt): Der Prinz ist zum erwachsenen Mann geworden und gewinnt die begehrte Frau

Als Ausklang kann mit den Schülerinnen und Schülern über den Sinn einer Literaturinterpretation aus einer bestimmten Perspektive, hier der psychoanalytischen, diskutiert werden:

■ *Wie stehen Sie zu der gemeinsam erarbeiteten psychoanalytischen Interpretation des „Prinzen von Homburg"? Halten Sie sie für schlüssig oder doch eher für ‚konstruiert'? Meinen Sie, Kleists Drama durch die psychoanalytische Lesart nun besser zu verstehen?*

Ziel dieser Diskussion ist es nicht zuletzt, die Lernenden dazu zu motivieren, auch kritisch Stellung zu beziehen und ihre Meinung entsprechend zu vertreten. Vermutlich werden einige aus der Klasse ihre Skepsis gegenüber den gewonnenen Ergebnissen formulieren. Diese Skepsis kann und soll im Gespräch ihren (durchaus berechtigten) Platz finden. Andererseits soll den Schülerinnen und Schülern aber auch die Augen für den heuristischen Wert der eingenommenen Perspektive geöffnet werden: So ist beispielsweise das Handeln des Prinzen, das an vielen Stellen rational nicht wirklich erklärbar ist, vor dem Hintergrund psychoanalytischer Theoreme adäquat beschreibbar, da erst aus dieser Sicht deutlich wird, dass er häufig seinem (irrationalen) Unbewussten folgt.

Notizen

_____

_____

_____

_____

_____

_____

_____

_____

_____

_____

_____

_____

_____

Sigmund Freud (Lexikonartikel)

Freud, Sigmund (1856–1939), Neurologe und Psychiater, Begründer der Psychoanalyse. – F., der von 1859 bis zu seiner erzwungenen Emigration 1938 in Wien lebte, nahm dort 1873 das Medizinstudium auf
5 und spezialisierte sich auf Neuropathologie. 1885 wurde er zum Privatdozenten für Nervenkrankheiten ernannt. Im Rahmen einer Hypnosebehandlung von Anna O., einer Patientin des Arztes J. Breuer, „entdeckte F. den für die Psychoanalyse konstitutiven
10 Unterschied zwischen bewussten Prozessen und dem Unbewussten, d. h. demjenigen Teil des Seelenlebens, der sich nicht dem Realitätsprinzip beugt und an dem die Fantasie und damit auch ästhetische Kreativität ihren Ursprung hat. 1895 veröffentlichte F. seine *Stu-*
15 *dien über Hysterie*. Hier zeigt sich bereits die für die Psychoanalyse charakteristische Emphase[1] auf der prägenden Kraft kindlicher Sexualität bzw. des Lustprinzips. In den 1880er-Jahren entwickelte F. die Grundzüge der Psychoanalyse, die er in seiner *Traum-*
20 *deutung* (1900) darlegte. In diesem Werk, das für die Übertragung psychoanalytischer Methoden auf literar. Texte grundlegend ist, macht F. die scheinbar chaotischen Traumproduktionen einer Deutung zugänglich, indem er sie als Ausdruck unbewusster
25 Ängste und Wünsche interpretiert. Dieser latente[2], verborgene Trauminhalt erscheint im manifesten[3] Traumtext bruchstückhaft und verschoben in Form einer Bildersprache. Den Nachweis der Wirkungen des Unbewussten im Alltagsleben, etwa in Form von
30 Fehlleistungen wie Vergessen, Versprechern und Druckfehlern, versuchte F. in der Studie *Zur Psychopathologie des Alltagslebens* (1904) zu erbringen. Erst mit *Drei Abhandlungen zur Sexualtheorie* und *Der Witz und seine Beziehung zum Unbewussten* (beide 1905)
35 wurde die Psychoanalyse bekannt und gewann allmählich auch international Anhänger. F.s spätere Schriften demonstrieren die Verbindungen zwischen Psychoanalyse und Kulturtheorie. In *Totem und Tabu* (1913), einer psychologischen Deutung der Urgesellschaft, beschäftigt sich F. mit den Ursprüngen von
40 Religion und Moral, in *Das Unbehagen in der Kultur* (1930) mit der Unterdrückung von Triebstrukturen zugunsten von Zivilisationsprozessen. – F.s Werk hatte großen Einfluss auf die moderne Kunst- und Lit. theorie. F. hat selbst verschiedene psychoanalytische
45 Interpretationen von Kunstwerken, insbes. von literar. Texten, vorgenommen. Das bekannteste Beispiel ist seine Deutung von Sophokles' *Oedipus Rex* und Shakespeares *Hamlet* in der *Traumdeutung*. Hier analysiert er die Art und Schwere der tragischen Katas-
50 trophe des Königs Ödipus sowie Hamlets Zögern bei der Rache für den Tod seines Vaters. Diese bis dahin lit. wissenschaftlich nicht erklärbaren Phänomene sowie die kathartische Wirkung (Katharsis) dieser Tragödien begründet er mit der Wirkkraft ödipaler[4] Fan-
55 tasien. – Aus diesen Thesen leitete die „klassische" Psychoanalytische Lit.wissenschaft drei verschiedene Ansätze ab: (a) einen psychobiologischen Ansatz, in dem das Werk als Symptom für die unbewussten Triebfantasien des Autors gesehen wird, (b) einen
60 textbezogenen Ansatz, in dem literar. Figuren einer Charakter(psycho)analyse unterzogen werden, und (c) einen rezipientenbezogenen Ansatz, in dem das ästhetische Vergnügen mit der Freisetzung des universell, also auch beim Rezipienten[5] wirkenden un-
65 bewussten Begehrens erklärt wird. In dem lit.theoretischen Aufsatz „Der Dichter und das Fantasieren" (1908) bestimmt F. literar.-kulturelle Kreativität als die sozial akzeptierte Sublimierung[6] unbewusster Energien. Indem er literar. Texte mit Tagträumen
70 gleichsetzt, werden die latenten Gehalte von Lit. mit den Methoden der psychoanalytischen Traumanalyse entschlüsselbar. […]

Aus: Ansgar Nünning (Hrsg.): Metzler Lexikon Literatur- und Kulturtheorie. Ansätze – Personen – Grundbegriffe. 4., aktualisierte und erweiterte Auflage, S. 219f. © 2008 J. B. Metzlersche Verlagsbuchhandlung und Carl Ernst Poeschel Verlag GmbH in Stuttgart

■ *Welche Entdeckungen Freuds werden im Lexikonartikel genannt? Was ist das Revolutionäre an der Psychoanalyse?*

■ *Auf der Grundlage der Theorie Freuds hat sich längst eine psychoanalytische Literaturwissenschaft herausgebildet. Welche drei Ansätze werden im Lexikonartikel genannt?*

---

[1] Emphase: Nachdruck (in Reden)
[2] latent: vorhanden, aber noch nicht in Erscheinung tretend
[3] manifest: offensichtlich, offenkundig, deutlich
[4] ödipale Phase: Entwicklungsphase des Kindes
[5] Rezipient: Leser, Hörer, Betrachter
[6] Sublimierung: Erhöhung, Läuterung, Verfeinerung

Sigmund Freud über die dritte narzisstische Kränkung des Menschen

Mit dieser Hervorhebung des Unbewussten im Seelenleben haben wir aber die bösesten Geister der Kritik gegen die Psychoanalyse aufgerufen. Wundern Sie sich darüber nicht und glauben Sie auch nicht, dass
5 der Widerstand gegen uns nur an der begreiflichen Schwierigkeit des Unbewussten oder an der relativen Unzugänglichkeit der Erfahrungen gelegen ist, die es erweisen. Ich meine, er kommt von tiefer her. Zwei große Kränkungen ihrer naiven Eigenliebe hat die
10 Menschheit im Laufe der Zeiten von der Wissenschaft erdulden müssen. Die erste, als sie erfuhr, dass unsere Erde nicht der Mittelpunkt des Weltalls ist, sondern ein winziges Teilchen eines in seiner Größe kaum vorstellbaren Weltsystems. Sie knüpft sich für
15 uns an den Namen Kopernikus, obwohl schon die alexandrinische[1] Wissenschaft ähnliches verkündet hatte. Die zweite dann, als die biologische Forschung das angebliche Schöpfungsvorrecht des Menschen zunichte machte, ihn auf die Abstammung aus dem
20 Tierreich und die Unvertilgbarkeit seiner animalischen Natur verwies. Diese Umwertung hat sich in unseren Tagen unter dem Einfluss von Ch. Darwin, Wallace und ihren Vorgängern nicht ohne das heftigste Sträuben der Zeitgenossen vollzogen. Die dritte und empfindlichste Kränkung aber soll die mensch- 25 liche Größensucht durch die heutige psychologische Forschung erfahren, welche dem Ich nachweisen will, dass es nicht einmal Herr ist im eigenen Hause, sondern auf kärgliche Nachrichten angewiesen bleibt von dem, was unbewusst in seinem Seelenleben vor- 30 geht. Auch diese Mahnung zur Einkehr haben wir Psychoanalytiker nicht zuerst und nicht als die einzigen vorgetragen, aber es scheint uns beschieden, sie am eindringlichsten zu vertreten und durch Erfahrungsmaterial, das jedem einzelnen nahegeht, zu er- 35 härten. Daher die allgemeine Auflehnung gegen unsere Wissenschaft, die Versäumnis aller Rücksichten akademischer Urbanität[2] und die Entfesselung der Opposition von allen Zügeln unparteiischer Logik.

Aus: Sigmund Freud: Vorlesungen zur Einführung in die Psychoanalyse. Studienausgabe. Bd. 1. Frankfurt a. M.: Fischer 1969, S. 283 f.

- ■ *Welche drei Kränkungen des Menschen nennt Freud?*
- ■ *Was meint er damit, dass der Mensch „nicht einmal Herr ist im eigenen Hause"?*
- ■ *Warum bedeutet diese Einsicht eine narzisstische Kränkung des Menschen?*

---

[1] Alexandria: Stadt in Ägypten
[2] Urbanität: weltmännische Art, städtische Atmosphäre

Timotheus Schwake: Drei psychische Instanzen

Zentrales Element der Theorie Freuds ist sein Strukturmodell der psychischen Persönlichkeit. Vereinfacht dargestellt geht Freud von drei wesentlichen Instanzen aus, welche die Persönlichkeit prägen. Es
5 handelt sich dabei um Triebe (ES), die bewusste Persönlichkeit (ICH) sowie das Gewissen (ÜBER-ICH). Das nach dem Lustprinzip funktionierende ES versteht Freud als angeboren, es ist das früheste psychische System. Vereinfacht gesagt ist es das mensch-
10 liche Unbewusste, welches bei Freud v. a. aus Sexualtrieb sowie aus verdrängten Erlebnissen, Wahrnehmungen und Wünschen besteht. Insbesondere die triebhaften Wünsche werden aufgrund ihres anstößigen Charakters oder der von ihnen ausgehenden
15 Bedrohung verdrängt. Neben dem Sexualtrieb (Eros) wird das ES von Todes- und Gewalttrieben (Thanatos) beherrscht. Wesentlich ist, dass das ES als Sitz des Trieblebens der unbewusste Teil der Seele ist.
Die vom unbewussten ES geäußerten Triebwünsche
20 können in einer Kultur nicht realisiert, sondern müssen unterdrückt werden. Dieser Prozess wird durch das sog. ÜBER-ICH hervorgerufen, welches im Laufe der kindlichen Entwicklung als ein Gegenpart zum ES entsteht. Gesellschaftliche, anerzogene und verin-
25 nerlichte (meist elterliche) Normen und Forderungen führen zu einer Zensur der Triebwünsche durch das ÜBER-ICH. Als das Gewissen des Menschen spricht es Verbote, moralische Gesetze und Tabus aus, ohne die eine Kultur niemals dauerhaft existieren könnte,
30 zu zerstörerisch wären die unzensierten Einflüsse des ES.
Mit der Kategorie des ICH meint Freud die bewusste Persönlichkeit, den Führer durch die Realität. Als Kontaktstelle zur Außenwelt, die nach dem Realitäts-
35 prinzip funktioniert, ist es Aufgabe des ICH, zwischen ES, ÜBER-ICH und der Außenwelt zu vermitteln. Dabei befindet es sich dauerhaft im Konflikt mit den Ansprüchen des ES, den Befehlen des ÜBER-ICHs als

auch den Forderungen der Realität. Infolgedessen muss sich das ICH verändern bzw. anpassen. Anders, 40 als es das Menschenbild der Aufklärung suggeriert, ist für Freud die Autonomie des ICH nur relativ, es gibt kaum eine Willensfreiheit. Denn indem es versucht, die triebhaften Wünsche des ES und die Ge- und Verbote des ÜBER-ICHs an die Außenwelt anzupas- 45 sen und mit den tatsächlichen Lebensmöglichkeiten in Einklang zu bringen, ist es selbst stetig der Gefahr eines neurotischen Konflikts ausgesetzt. Ob man eine normale oder aber eine neurotisch-gestörte Persönlichkeit ausbildet, ist für Freud von der Art und Wei- 50 se abhängig, wie erfolgreich das ICH diesen Kampf oder Balanceakt meistert.
Freud führt viele psychische Störungen auf eine sexualitätsfeindliche Erziehung in der frühen Kindheit zurück. Aufgrund der Macht des ÜBER-ICHs drücken 55 sich diese Störungen häufig in Träumen aus. Tagsüber bei vollem Bewusstsein kann das ÜBER-ICH seine Aufsichtsrolle gut erfüllen. In der Nacht jedoch versuchen die triebhaften, aufgestauten Wünsche des ES ins Bewusstsein zu dringen. Dies geschieht über den 60 Traum. Durch ihn erfüllen sich die bisher negierten Triebwünsche, allerdings findet auch hier noch eine Zensur durch das ÜBER-ICH statt. Durch Symbole, Verschiebung oder Entstellung achtet der Traum als „Hüter des Schlafs" darauf, dass der Schläfer nicht zu 65 sehr erschreckt wird. Eine Heilung des neurotischen Menschen kann für Freud nur durch die Bewusstmachung der verdrängten Wünsche erzielt werden. Zugleich muss es durch kulturelle Ersatzleistungen möglich sein, die destruktiven Wünsche in produktives 70 Gestalten umzuwandeln. Für Freud kann das z. B. die Kunst sein.

Aus: Timotheus Schwake: Unterrichtsmodell zu E.T.A. Hoffmann: Der Sandmann. EinFach Deutsch. Hg. von Johannes Diekhans. Paderborn: Schöningh Verlag 2006, S. 62

■ *Erarbeiten Sie die Grundbegriffe des psychoanalytischen Persönlichkeitsmodells.*

■ *Versuchen Sie, die drei Instanzen Ich, Über-Ich und Es in einer Grafik so anzuordnen, dass ihre gegenseitigen Abhängigkeiten deutlich werden.*

Freuds Beschreibung der drei Instanzen

Ein Sprichwort warnt davor, gleichzeitig zwei Herren zu dienen. Das arme Ich hat es noch schwerer, es dient drei gestrengen Herren, ist bemüht, deren Ansprüche und Forderungen in Einklang miteinander zu bringen. Diese Ansprüche gehen immer auseinander, scheinen oft unvereinbar zu sein: kein Wunder, wenn das Ich so oft an seiner Aufgabe scheitert. Die drei Zwingherren sind die Außenwelt, das Über-Ich und das Es. Wenn man die Anstrengungen des Ichs verfolgt, ihnen gleichzeitig gerecht zu werden, besser gesagt: ihnen gleichzeitig zu gehorchen, kann man nicht bereuen, dieses Ich personifiziert, es als ein besonderes Wesen hingestellt zu haben. Es fühlt sich von drei Seiten hier eingeengt, von dreierlei Gefahren bedroht, auf die es im Falle der Bedrängnis mit Angstentwicklung reagiert. Durch seine Herkunft aus den Erfahrungen des Wahrnehmungssystems ist es dazu bestimmt, die Anforderungen der Außenwelt zu vertreten, aber es will auch der getreue Diener des Es sein, im Einvernehmen mit ihm bleiben, sich ihm als Objekt empfehlen, seine Libido[1] auf sich ziehen. In seinem Vermittlungsbestreben zwischen Es und Realität ist es oft genötigt, die unbewussten Gebote des Es mit seinen vorbewussten Rationalisierungen zu bekleiden, die Konflikte des Es mit der Realität zu vertuschen, mit diplomatischer Unaufrichtigkeit eine Rücksichtnahme auf die Realität vorzuspiegeln, auch wenn das Es starr und unnachgiebig geblieben ist. Anderseits wird es auf Schritt und Tritt von dem gestrengen Über-Ich beobachtet, das ihm bestimmte Normen seines Verhaltens vorhält, ohne Rücksicht auf die Schwierigkeiten von seiten des Es und der Außenwelt zu nehmen, und es im Falle der Nichteinhaltung mit den Spannungsgefühlen der Minderwertigkeit und des Schuldbewusstseins bestraft. So vom Es getrieben, vom Über-Ich eingeengt, von der Realität zurückgestoßen, ringt das Ich um die Bewältigung seiner ökonomischen Aufgabe, die Harmonie unter den Kräften und Einflüssen herzustellen, die in ihm und auf es wirken, und wir verstehen, warum wir so oft den Ausruf nicht unterdrücken können: Das Leben ist nicht leicht! Wenn das Ich seine Schwäche einbekennen muss, bricht es in Angst aus, Realangst vor der Außenwelt, Gewissensangst vor dem Über-Ich, neurotische Angst vor der Stärke der Leidenschaften im Es.

Aus: Sigmund Freud: Neue Folge der Vorlesungen zur Einführung in die Psychoanalyse. Studienausgabe. Bd. 1. Frankfurt a. M.: Fischer 1969, S. 514f.

■ *Beschreiben Sie das Dilemma des Ichs, von dem Freud hier spricht, in eigenen Worten.*

■ *Welchen drei „Herren" muss das Ich dienen? Ist eine optimale Lösung immer möglich?*

■ *Welche drei Ängste des Ichs beschreibt Freud? Überlegen Sie sich Situationen, in denen diese Ängste auftreten können.*

---

[1] Libido: Geschlechtstrieb

Sigmund Freud: Über Sophokles' „König Ödipus"

Nach meinen bereits zahlreichen Erfahrungen spielen die Eltern im Kinderseelenleben aller späterer Psychoneurotiker die Hauptrolle, und Verliebtheit gegen den einen, Hass gegen den andern Teil des
5 Elternpaares gehören zum eisernen Bestand des in jener Zeit gebildeten und für die Symptomatik der späteren Neurose so bedeutsamen Materials an psychischen Regungen. Ich glaube aber nicht, dass die Psychoneurotiker sich hierin von anderen normal
10 verbleibenden Menschenkindern scharf sondern, indem sie absolut Neues und ihnen Eigentümliches zu schaffen vermögen. Es ist bei weitem wahrscheinlicher und wird durch gelegentliche Beobachtungen an normalen Kindern unterstützt, dass sie auch mit
15 diesen verliebten und feindseligen Wünschen gegen ihre Eltern uns nur durch die Vergrößerung kenntlich machen, was minder deutlich und weniger intensiv in der Seele der meisten Kinder vorgeht. Das Altertum hat uns zur Unterstützung dieser Erkenntnis einen
20 Sagenstoff überliefert, dessen durchgreifende und allgemeingültige Wirksamkeit nur durch eine ähnliche Allgemeingültigkeit der besprochenen Voraussetzung aus der Kinderpsychologie verständlich wird. Ich meine die Sage vom König Ödipus und das gleich-
25 namige Drama des Sophokles. Ödipus, der Sohn des Laios, Königs von Theben, und der Jokaste, wird als Säugling ausgesetzt, weil ein Orakel dem Vater verkündet hatte, der noch ungeborene Sohn werde sein Mörder sein. Er wird gerettet und wächst als Königs-
30 sohn an einem fremden Hofe auf, bis er, seiner Herkunft unsicher, selbst das Orakel befragt und von ihm den Rat erhält, die Heimat zu meiden, weil er der Mörder seines Vaters und der Ehegemahl seiner Mutter werden müsste. Auf dem Wege von seiner ver-
35 meintlichen Heimat weg trifft er mit König Laios zusammen und erschlägt ihn in rasch entbranntem Streit. Dann kommt er vor Theben, wo er die Rätsel der den Weg sperrenden Sphinx löst und zum Dank dafür von den Thebanern zum König gewählt und
40 mit Jokastes Hand beschenkt wird. Er regiert lange Zeit in Frieden und Würde und zeugt mit der ihm unbekannten Mutter zwei Söhne und zwei Töchter, bis eine Pest ausbricht, welche eine neuerliche Befragung des Orakels von seiten der Thebaner veranlasst.
45 Hier setzt die Tragödie des Sophokles ein. Die Boten bringen den Bescheid, dass die Pest aufhören werde, wenn der Mörder des Laios aus dem Lande getrieben sei. Wo aber weilt der?

„Wo findet sich die schwer erkennbar dunkle Spur
der alten Schuld?" 50

Die Handlung des Stückes besteht nun in nichts anderem als in der schrittweise gesteigerten und kunstvoll verzögerten Enthüllung – der Arbeit einer Psychoanalyse vergleichbar –, dass Ödipus selbst der Mörder des Laios, aber auch der Sohn des Ermordeten und der 55 Jokaste ist. Durch seine unwissentlich verübten Greuel erschüttert, blendet sich Ödipus und verlässt die Heimat. Der Orakelspruch ist erfüllt. […]

Wenn der König Ödipus den modernen Menschen nicht minder zu erschüttern weiß als den zeitgenös- 60 sischen Griechen, so kann die Lösung wohl nur darin liegen, dass die Wirkung der griechischen Tragödie nicht auf dem Gegensatz zwischen Schicksal und Menschenwillen ruht, sondern in der Besonderheit des Stoffes zu suchen ist, an welchem dieser Gegen- 65 satz erwiesen wird. Es muss eine Stimme in unserem Innern geben, welche die zwingende Gewalt des Schicksals im Ödipus anzuerkennen bereit ist, während wir Verfügungen wie in der Ahnfrau (von Grillparzer) oder in anderen Schicksalstragödien als will- 70 kürliche zurückzuweisen vermögen. Und ein solches Moment ist in der Tat in der Geschichte des Königs Ödipus enthalten. Sein Schicksal ergreift uns nur darum, weil es auch das unsrige hätte werden können, weil das Orakel vor unserer Geburt denselben Fluch 75 über uns verhängt hat wie über ihn. Uns allen vielleicht war es beschieden, die erste sexuelle Regung auf die Mutter, den ersten Hass und gewalttätigen Wunsch gegen den Vater zu richten; unsere Träume überzeugen uns davon. König Ödipus, der seinen Va- 80 ter Laios erschlagen und seine Mutter Jokaste geheiratet hat, ist nur die Wunscherfüllung unserer Kindheit. Aber glücklicher als er, ist es uns seitdem, insofern wir nicht Psychoneurotiker geworden sind, gelungen, unsere sexuellen Regungen von unseren 85 Müttern abzulösen, unsere Eifersucht gegen unsere Väter zu vergessen. Vor der Person, an welcher sich jener urzeitliche Kindheitswunsch erfüllt hat, schaudern wir zurück mit dem ganzen Betrag der Verdrängung, welche diese Wünsche in unserem Innern seit- 90 her erlitten haben. Während der Dichter in jener Untersuchung die Schuld des Ödipus ans Licht bringt, nötigt er uns zur Erkenntnis unseres eigenen Innern, in dem jene Impulse, wenn auch unterdrückt, noch immer vorhanden sind. Die Gegenüberstellung, mir 95 der uns der Chor verlässt,

„… sehet, das ist Ödipus,
der entwirrt die hohen Rätsel und der erste
war an Macht,
dessen Glück die Bürger alle priesen und
beneideten;
Seht, in welches Missgeschickes grause Wo-
gen er versank!"

diese Mahnung trifft uns selbst und unseren Stolz,
die wir seit den Kinderjahren so weise und so mäch-

tig geworden sind in unserer Schätzung. Wie Ödipus
leben wir in Unwissenheit der die Moral beleidi-
genden Wünsche, welche die Natur uns aufgenötigt
hat, und nach deren Enthüllung möchten wir wohl
alle den Blick abwenden von den Szenen unserer
Kindheit.

Aus: Sigmund Freud: Die Traumdeutung. Frankfurt a.M. 1972, S. 265–267

■ *Was meinen Sie: Weshalb führt Freud zur Illustration seiner Kernthese des Ödipus-Komplexes wohl ein antikes Drama an?*

■ *Warum wird nach Freuds Auffassung der Leser von Sophokles' Drama derart ergriffen?*

Hellmuth Kaiser: Der Ödipuskomplex in Kleists „Prinz Friedrich von Homburg"

Was der Prinz an heimlichen Wünschen in sich trägt, wissen wir aus der ersten Szene des Dramas, wo der Nachtwandelnde uns verrät, was ihm selber nicht bewusst ist: Ruhm ersehnt er, und der Ruhm soll ihm
5 den Weg zu der Geliebten, der Prinzessin Natalie, öffnen. Der Liebe zu Natalie muss im Gefühle des Prinzen etwas Bedenkliches anhaften, denn nur im Zustand des Schlafwandelns kennt er den Namen der geliebten Gestalt. Sobald er erwacht ist, besinnt er
10 sich zwar auf alles übrige, was sich während seines Dämmerschlafs zutrug, nur wer das Mädchen war, das ihm den Kranz reichte, ist vergessen. Unmittelbar nachdem er mit Hohenzollern über das vermeintliche Traumgesicht gesprochen und halb im Scherz,
15 halb im Ernst über die Person jenes Mädchens Betrachtungen angestellt hat, erwähnt er die „liebliche Prinzessin von Oranien" im Zusammenhang mit einem dienstlichen Auftrag, den er erhalten hat, ohne jede Befangenheit. – Diese Lösung des Liebesge-
20 fühls von dem Gegenstand, auf den es sich richtet, ist nur denkbar, nur dann psychologisch möglich, wenn das betreffende Liebesobjekt mit einem Tabu belegt ist.

Fassen wir unsere letzten Betrachtungen zusammen,
25 so ergibt sich das Folgende als der Aspekt, der sich dem Unbewussten des Prinzen bietet: Der Prinz liebt eine Frau, die für ihn unnahbar ist. Erst wenn der Kurfürst tot ist und der Prinz durch besondere Leistungen sich zu seinem Nachfolger gemacht hat, darf
30 er um sie werben. Für diese Werbung aber wird er von dem wieder zum Leben erweckten Kurfürsten, der über die Geliebte des Prinzen anders verfügen möchte, zum Tode verurteilt.

Wir brauchen jetzt nur noch ein paar Kleinigkeiten
35 hinzuzufügen, um uns über die psychologischen Vor-
aussetzungen der Ereignisse des Dramas klar zu werden. Bei der strengen Geltung, die das Talionsgesetz[1] für das Unbewusste besitzt, lässt der Umstand, dass der Prinz vom Kurfürsten die Todesstrafe erwartet, darauf schließen, dass er gegen den Kurfürsten gera- 40 dezu Tötungsabsichten gehegt hat. Da diese Erwartung erst in dem Moment aufsteigt, in dem er seine Werbung um Natalien ins Spiel gezogen und mit der Bestrafungsfrage verknüpft sieht, können wir annehmen, dass seine Liebe zu Natalien die Grundlage 45 seines Hasses gegen den Kurfürsten ist. Endlich bemerken wir, dass der Prinz den Kurfürsten mehrfach – insbesondere auch in der ersten „Traumszene" – mit den Worten „Mein Vater" anredet.

Der Held wünscht seinem Vater den Tod, um sich der 50 geliebten Frau, über die bisher der Vater verfügen konnte, zu bemächtigen. Diese Frau ist allerdings nicht die Gattin des Kurfürsten, sondern dessen Nichte, wodurch die Krassheit der inzestuösen Liebe gemildert wird. Die Tötung des Vaters gelingt nicht, 55 da der Sohn den Vater ja nicht nur hasst, sondern zugleich mit einer starken Liebe liebt. Diese Sohnesliebe, im Stallmeister Froben verkörpert, rettet den Fürsten. Den vatermörderischen Sohn aber trifft die Todesstrafe – die freilich nicht vollstreckt wird. Je- 60 doch kommt es bis zu der aus der Ödipussage bekannten Blendung (Kastrationsersatz), die allerdings hier auch nur durch die Augenbinde angedeutet wird.

Aus: Hellmuth Kaiser: Kleists „Prinz von Homburg". In: Imago 16 (1930), S. 119–137; hier: S. 123–125

---

[1] Talionsgesetz: Gesetz, das die Vergeltung von Gleichem mit Gleichem verlangt

---

■ *Von welcher Dramenszene geht Kaisers Argumentation aus? Lesen Sie diese Szene noch einmal nach.*

■ *Fassen Sie die Argumentation des Textes in eigenen Worten stichpunktartig zusammen.*

Sigmund Freud: Über Kastrationsangst und Sexualsymbolik

Die Kastrationsangst des Jungen

Wenn das (männliche) Kind sein Interesse dem Genitale zugewendet hat, so verrät es dies auch durch ausgiebige manuelle Beschäftigung mit demselben und muss dann die Erfahrung machen, dass die Erwachsenen mit diesem Tun nicht einverstanden sind. Es tritt mehr oder minder deutlich, mehr oder weniger brutal, die Drohung auf, dass man ihn dieses von ihm hochgeschätzten Teiles berauben werde. Meist sind es Frauen, von denen die Kastrationsdrohung ausgeht, häufig suchen sie ihre Autorität dadurch zu verstärken, dass sie sich auf den Vater oder den Doktor berufen, der nach ihrer Versicherung die Strafe vollziehen wird. In einer Anzahl von Fällen nehmen die Frauen selbst eine symbolische Milderung der Androhung vor, indem sie nicht die Beseitigung des eigentlich passiven Genitales, sondern die der aktiv sündigenden Hand ankündigen.

Aus: Sigmund Freud: Der Untergang des Ödipuskomplexes. In: Ders.: Studienausgabe. Bd. 5. Sexualleben. Frankfurt a.M. 1972, S. 243–251; hier: S. 246

Sexualsymbolik im Traum

Nach diesen Einschränkungen und Verwahrungen führe ich an: Der Kaiser und die Kaiserin (König und Königin) stellen wirklich zumeist die Eltern des Träumers dar, Prinz oder Prinzessin ist er selbst. [...] Dieselbe hohe Autorität wie dem Kaiser wird aber auch großen Männern zugestanden, darum erscheint in manchen Träumen z.B. Goethe als Vatersymbol. [...] – Alle in die Länge reichenden Objekte, Stöcke, Baumstämme, Schirme (des der Erektion vergleichbaren Aufspannens wegen!) [...] alle länglichen und scharfen Waffen: Messer, Dolche, Piken [...] wollen das männliche Glied vertreten. [...] Ein häufiges, nicht recht verständliches Symbol desselben ist die Nagelfeile (des Reibens und Schabens wegen?). – Dosen, Schachteln, Kästen, Schränke, Öfen entsprechen dem Frauenleib [...], aber auch Höhlen, Schiffe und alle Arten von Gefäßen. [...] – Zimmer im Traume sind zumeist Frauenzimmer, die Schilderung ihrer verschiedenen Eingänge und Ausgänge macht an dieser Auslegung gerade nicht irre. [...] Das Interesse, ob das Zimmer „offen" oder „verschlossen" ist, wird in diesem Zusammenhange leicht verständlich. [...] Welcher Schlüssel das Zimmer aufsperrt, braucht dann nicht ausdrücklich gesagt zu werden. [...] Zur symbolischen Darstellung der Kastration dient der Traumarbeit: die Kahlheit, das Haarschneiden, der Zahnausfall und das Köpfen. Als Verwahrung gegen die Kastration ist es aufzufassen, wenn eines der gebräuchlichen Penissymbole im Traume in Doppel- oder Mehrzahl vorkommt. Auch das Auftreten der Eidechse im Traume – eines Tieres, dem der abgerissene Schwanz nachwächst – hat dieselbe Bedeutung.

Aus: Sigmund Freud: Die Traumdeutung. Frankfurt a.M. 1972, S. 348–351

- *Wofür glaubt der Junge mit der Kastration durch den Vater bestraft zu werden? Was steigert diese Kastrationsangst?*

- *Zählen Sie die verschiedenen Sexualsymbole auf, die Freud nennt. Was halten Sie von einer solchen Deutung? Welchen Grund könnte es haben, dass Geschlechtsorgane im Traum nur verschlüsselt in Form von Symbolen auftreten?*

- *Die Sexualsymbolik, die Freud hier beschreibt, bezieht sich auf die nächtliche Traumarbeit. Inwiefen könnte man sie dennoch auch für die Interpretation von literarischen Texten verwenden?*

Freuds Theorie des Über-Ichs

Eine der Instanzen der Persönlichkeit, wie Freud sie im Rahmen seiner zweiten Theorie des psychischen Apparates beschrieben hat: Ihre Rolle ist vergleichbar mit der eines Richters oder Zensors des Ichs. Freud
5 sieht im Gewissen, der Selbstbeobachtung, der Idealbildung Funktionen des Über-Ichs.
In klassischer Sicht wird das Über-Ich als der Erbe des Ödipuskomplexes definiert; es bildet sich durch Verinnerlichung der elterlichen Forderungen und Ver-
10 bote.

[...]

Nach Freud besteht eine Korrelation[1] zwischen der *Bildung* des Über-Ichs und dem Untergang des Ödipuskomplexes: das Kind, das auf die Befriedigung
15 seiner mit Verbot belegten ödipalen Wünsche verzichtet, wandelt die libidinöse[2] Besetzung der Eltern um in eine Identifizierung mit den Eltern, es verinnerlicht das Verbot.

[...]

20 Es ist zwar der Verzicht auf die ödipalen Liebes- und Feindseligkeitswünsche, der der Bildung des Über-Ichs zugrunde liegt, aber nach Freud wird es später durch die sozialen und kulturellen Forderungen erweitert (Erziehung, Religion, Moral).

25 [...]

Es ist schwierig, diejenigen Identifizierungen zu bestimmen, die bei der Konstituierung des Über-Ichs, des Ichideals, des Idealichs und selbst des Ichs in spezifischer Weise im Spiel sind.
„[...] die Einsetzung des Über-Ichs kann als ein gelun- 30 gener Fall von Identifizierung mit der Elterninstanz beschrieben werden", schreibt Freud in *Neue Folge der Vorlesungen zur Einführung in die Psychoanalyse* (1932). Der Ausdruck ‚Elterninstanz' weist allein schon darauf hin, dass die das Über-Ich konstituierende Iden- 35 tifizierung nicht als eine Identifizierung mit Personen verstanden werden darf. Diesen Gedanken hat Freud in einer besonders deutlichen Passage präzisiert: „So wird das Über-Ich des Kindes eigentlich nicht nach dem Vorbild der Eltern, sondern des elterlichen Über- 40 Ichs aufgebaut; es erfüllt sich mit dem gleichen Inhalt, es wird zum Träger der Tradition, all der zeitbeständigen Wertungen, die sich auf diesem Wege über Generationen fortgepflanzt haben."

Aus: J. Laplanche und J.-B. Pontalis: Das Vokabular der Psychoanalyse. Suhrkamp: Frankfurt a.M. 1996, S. 540–542

■ *Wofür steht das Über-Ich? Beschreiben Sie seinen Einfluss anhand von Beispielen aus Ihrem persönlichen Alltag und beziehen Sie dabei auch die anderen Instanzen (Ich, Es) mit ein.*

■ *Wie erklärt die Psychoanalyse die Herausbildung des Über-Ichs?*

■ *Inwiefern könnte man die Weigerung des Prinzen, sich selbst als unschuldig zu bezeichnen und sich freizusprechen, durch den Einfluss eines stärker werdenden Über-Ichs erklären?*

---

[1] Korrelation: Zusammenhang, wechselseitige Beziehung
[2] libidinös: die sexuelle Lust betreffend

Auszug aus dem Grundgesetz

Artikel 26

(1) Handlungen, die geeignet sind und in der Absicht vorgenommen werden, das friedliche Zusammenleben der Völker zu stören, insbesondere die Führung eines Angriffskrieges vorzubereiten, sind verfassungs-
5 widrig. Sie sind unter Strafe zu stellen.

(2) Zur Kriegsführung bestimmte Waffen dürfen nur mit Genehmigung der Bundesregierung hergestellt, befördert und in Verkehr gebracht werden. Das Nähere regelt ein Bundesgesetz.

Aus: http://dejure.org/gesetze/GG/26.html

Rechtsprechung zu Art. 26 GG:

1. Eine Anschuldigungsschrift ist nur dann hinreichend bestimmt, wenn sie erkennen lässt, welche Pflichtverletzungen dem angeschuldigten Soldaten zur Last gelegt werden. Dies erfordert, dass ein
5 konkreter und nachvollziehbar auf das Verhalten des Soldaten bezogener Geschehensablauf dargelegt und zu dem daraus abgeleiteten Vorwurf in Beziehung gesetzt wird. Der in der Anschuldigungsschrift erhobene Vorwurf muss in der exakten Verknüpfung zwischen der Darlegung des
10 zur Last gelegten Verhaltens und den daraus vom Wehrdisziplinaranwalt gezogenen Schlussfolgerungen deutlich werden.

2. Die durch § 11 Abs. 1 S. 1 und 2 SG begründete
15 zentrale Verpflichtung jedes Bundeswehrsoldaten, erteilte Befehle „gewissenhaft" (nach besten Kräften vollständig und unverzüglich) auszuführen, fordert keinen bedingungslosen, sondern einen mitdenkenden und insbesondere die Folgen der
20 Befehlsausführung – gerade im Hinblick auf die Schranken des geltenden Rechts und die ethischen „Grenzmarken" des eigenen Gewissens – bedenkenden Gehorsam.

3. Aus dem Grundgesetz und dem Soldatengesetz ergeben sich rechtliche Grenzen des Gehorsams, die 25 sich in sieben Untergruppen zusammenfassen lassen. Ein Soldat braucht einen ihm erteilten Befehl jedenfalls dann als unzumutbar nicht zu befolgen, wenn er sich insoweit auf den Schutz des Grundrechts der Freiheit des Gewissens (Art. 4 Abs. 1 GG) 30 berufen kann. Die Schutzwirkungen des Art. 4 Abs. 1 GG werden nicht durch das Grundrecht auf Anerkennung als Kriegsdienstverweigerer (Art. 4 Abs. 3 GG) verdrängt.

4. Eine Gewissensentscheidung ist jede ernste sitt- 35 liche, d. h. an den Kategorien von „Gut" und „Böse" orientierte Entscheidung, die der Einzelne in einer bestimmten Lage als für sich bindend und unbedingt innerlich verpflichtend erfährt, sodass er gegen sie nicht ohne ernste Gewissensnot han- 40 deln könnte.

5. Der Gewissensappell „als innere Stimme" des Soldaten kann nur mittelbar aus entsprechenden Indizien und Signalen, die auf eine Gewissensentscheidung und Gewissensnot hinweisen, und zwar 45 vornehmlich über das Medium der Sprache erschlossen werden. Erforderlich ist die positive Feststellung einer nach außen tretenden, rational mitteilbaren und nach dem Kontext intersubjektiv nachvollziehbaren Darlegung der Ernsthaftigkeit, 50 Tiefe und Unabdingbarkeit (im Sinne einer absoluten Verbindlichkeit) der Gewissensentscheidung. Dabei bezieht sich die rationale Nachvollziehbarkeit der Darlegung allein auf das „Ob", also auf die hinreichende Wahrscheinlichkeit des Vor- 55 handenseins des Gewissensgebots und seiner Verhaltensursächlichkeit, nicht aber darauf, ob die Gewissensentscheidung selbst als „irrig", „falsch" oder „richtig" gewertet werden kann.

Aus: http://dejure.org/dienste/lex/GG/26/1.html

Kurt Rothmann: Über Klassik und Romantik

Die Klassiker

[...] In der deutschen Literatur kommt es nach der heute weniger bekannten mittelhochdeutschen Klassik um 1200 noch einmal um 1800 zu einer jüngeren und darum noch stärker nachwirkenden Klassik.
5 Diese hauptsächlich von Goethe und Schiller getragene Weimarer Klassik verdient ihren Namen nicht nur als eine zweite Gipfelleistung der deutschen Literatur, sondern auch weil sie an das Humanitätsideal und die antikisierende Kunstauffassung der
10 Renaissance anknüpft und dadurch wie diese mit der Klassik der Antike in Verbindung steht.
Zu den unmittelbaren geistigen Grundlagen der Weimarer Klassik gehört vor allem das aufgeklärte rationale Bewusstsein von der Selbstverantwortlichkeit
15 des Menschen, aber auch die Erfahrungen pietistischer Seeleninnerlichkeit und irrationaler Gemütstiefe des Sturm und Drang.
[...] Das Gemeinsame im Denken der Klassiker war eine humanistische Kulturverklärung auf dem Hin-
20 tergrund des von Winckelmann entworfenen apollinischen[1] Griechenbildes, in dem sich das Gute, Wahre und Schöne miteinander vereinen.
Als Wegbereiter der Klassik hatte Klopstock der deutschen Dichtersprache Würde verliehen, Lessing be-
25 griffliche Klarheit, Wieland hatte Anmut, Herder Kraft des Ausdruckes beigesteuert. Diese unterschiedlichen Vorzüge zusammengenommen und einem strengen Formwillen unterworfen, ergeben nun das Ideal des „großen Stils". Darin zielt die Bemühung
30 der Klassiker auf ästhetische Harmonie und Vollendung und immer darüber hinaus zugleich auf die Bildung des Menschen. [...]

Zwischen Klassik und Romantik, 1794–1811

Goethes Alterswerk, der zweite Teil des Faust, Wilhelm Meisters Wanderjahre und die späte Lyrik, gehen bereits über den engen Rahmen des formgeschichtlichen Begriffs „Klassik" hinaus. Noch
5 schwerer lassen sich die Werke von Johann Peter Hebel, Jean Paul, Hölderlin und Kleist diesem Stilbegriff unterordnen. Diese Dichter, die, bis auf Jean Paul, zeitlebens im Schatten Goethes und Schillers standen, folgten weder dem klassischen noch dem ro-
10 mantischen Programm, sondern entfalteten unter den verschiedenen Stileinflüssen ihrer Zeit je ganz persönliche Eigenheiten.

[...] Wie der Erzähler Jean Paul und der Lyriker Hölderlin ging auch der Dramatiker Heinrich von Kleist (1777 bis 1811) zwischen Klassik und Romantik sei- 15 nen eigenen Weg. Er blieb von seinen Zeitgenossen unbeachtet und setzte seinem krisenreichen Leben mit vierunddreißig Jahren freiwillig ein Ende. Sein Werk wurde wie Hölderlins Dichtungen zunächst vergessen und erst in unserem Jahrhundert (Anmer- 20 kung: gemeint ist das 20. Jahrhundert) wiederentdeckt und gewürdigt.
Kleist, der eine Offizierslaufbahn abbrach, um sich geisteswissenschaftlich zu bilden, wurde von der Begegnung mit der Philosophie Kants tief erschüttert. 25 Denn er missverstand Kants heuristische[2] Trennung von „Ding an sich" und „Erscheinung" (in der Kritik der reinen Vernunft) als Beweis für die grundsätzliche Unfähigkeit des Menschen, zwischen Wahrheit und Täuschung zu unterscheiden. Aus der Verwirrung 30 durch die von ihm vermeinten allgegenwärtigen Täuschungen, meinte Kleist, helfe allein traumhaft unreflektiertes Handeln aus instinktsicherem Gefühl.
In der zum Verständnis Kleists wichtigen Studie „Über das Marionettentheater" (1810) wird die 35 schwerelos frei pendelnde Marionette zum mythischen Sinnbild der von keiner Reflexion gestörten Anmut. Zwei als Beispiel dienende Anekdoten[3] zeigen, „dass in dem Maße, als, in der organischen Welt, die Reflexion dunkler und schwächer wird, die Grazie 40 immer strahlender und herrschender hervortritt". – Das Problem vom trügenden Schein der Wirklichkeit und der Versuch, die Wahrheit traumhaft zu erfühlen, ist ein vielfach abgewandeltes Thema der Dichtungen Kleists. [...]
45

Romantik, 1798–1835

[...] Die allumfassende „Universalpoesie" beschäftigt sich mit dem Unendlichen, mit den grenzenlosen Bereichen menschlicher Sehnsucht, mit dem Unbe-

---

1 apollinisch: maßvoll und harmonisch wie der griechische Gott Apoll. Die Gegenfigur ist Dionysos, der wilde, berauschte Gott
2 heuristisch: zum Zweck des besseren Verstehens vorläufig eingeführt
3 Anekdote: kurze, charakterisierende Erzählung, in der objektive, prägnante Darstellung das Typische einer historischen Person oder einer merkwürdigen Begebenheit schlagartig durch eine Pointe erhellt

wussten, mit Traum, Mystik und Dämonie. Sie hebt
5 die Grenzen auf zwischen Glauben und Wissen, Wissen und Kunst, Kunst und Religion. Sie betont die Wechselbeziehungen aller Künste und strebt das Gesamtkunstwerk an. Das bedeutet im Großen die von Schlegel geforderte Vermischung aller Gattungen
10 und im Kleinen die Synästhesie[1]. Doch weil die Universalpoesie „progressiv", das heißt immer im Werden begriffen ist und ihre hochgesteckten Ziele kaum

je erreicht, bevorzugen die Romantiker gegenüber der klassisch-tektonischen Einheit die offene Form des Fragments. [...] 15

Aus: Kurt Rothmann: Kleine Geschichte der deutschen Literatur, S. 107f., 127ff., 137ff. © Philipp Reclam jun. GmbH & Co., Stuttgart 1981

---

[1] Synästhesie: (griech.) Zugleichempfinden; Verschmelzung verschiedenartiger Sinnesempfindungen und deren sprachlicher Ausdruck, wie etwa das Farbenhören in dem Alltagswort „knallrot"

Platon: Das Höhlengleichnis

Nächstdem, sprach ich, vergleiche dir unsere Natur in Bezug auf Bildung und Unbildung folgendem Zustande. Sich nämlich Menschen wie in einer unterirdischen, höhlenartigen Wohnung, die einen gegen
5 das Licht geöffneten Zugang längs der ganzen Höhle hat. In dieser seien sie von Kindheit an gefesselt an Hals und Schenkeln, sodass sie auf demselben Fleck bleiben und auch nur nach vornhin sehen, den Kopf aber herumzudrehen der Fessel wegen nicht vermö-
10 gend sind. Licht aber haben sie von einem Feuer, welches von oben und von Ferne her hinter ihnen brennt. Zwischen dem Feuer und den Gefangenen geht obenher ein Weg, längs diesem sieh eine Mauer aufgeführt, wie die Schranken, welche die Gaukler
15 vor den Zuschauern sich erbauten, über welche herüber sie ihre Kunststücke zeigen.

Ich sehe, sagte er.

Sieh nun längs dieser Mauer Menschen allerlei Gefäße tragen, die über die Mauer herüberragen, und
20 Bildsäulen und andere steinerne und hölzerne Bilder und von allerlei Arbeit; einige, wie natürlich, reden dabei, andere schweigen.

Ein gar wunderliches Bild, sprach er, stellst du dar und wunderliche Gefangene.

25 Uns ganz ähnliche, entgegnete ich. Denn zuerst, meinst du wohl, dass dergleichen Menschen von sich selbst und voneinander etwas anderes zu sehen bekommen als die Schatten, welche das Feuer auf die ihnen gegenüberstehende Wand der Höhle wirft?
30 Wie sollten sie, sprach er, wenn sie gezwungen sind, zeitlebens den Kopf unbeweglich zu halten!

Und von dem Vorübergetragenen nicht eben dieses? Was sonst?

Wenn sie nun miteinander reden könnten, glaubst
35 du nicht, dass sie auch pflegen würden, dieses Vorhandene zu benennen, was sie sähen?

Notwendig.

Und wie, wenn ihr Kerker auch einen Widerhall hätte von drüben her, meinst du, wenn einer von den
40 Vorübergehenden spräche, sie wurden denken, etwas anderes rede als der eben vorübergehende Schatten? Nein, beim Zeus, sagte er.

Auf keine Weise also können diese irgend etwas anderes für das Wahre halten als die Schatten jener
45 Kunstwerke?

Ganz unmöglich.

Nun betrachte auch, sprach ich, die Lösung und Heilung von ihren Banden und ihrem Unverstande, wie es damit natürlich stehen würde, wenn ihnen Fol-
50 gendes begegnete. Wenn einer entfesselt wäre und gezwungen würde, sogleich aufzustehen, den Hals herumzudrehen, zu gehen und gegen das Licht zu sehen und, indem er das täte, immer Schmerzen hätte und wegen des flimmernden Glanzes nicht recht vermöchte, jene Dinge zu erkennen, wovon er vorher 55 die Schatten sah, was meinst du wohl, würde er sagen, wenn ihm einer versicherte, damals habe er lauter Nichtiges gesehen, jetzt aber, dem Seienden näher und zu dem mehr Seienden gewendet, sähe er richtiger, und, ihm jedes Vorübergehende zeigend, ihn 60 fragte und zu antworten zwänge, was es sei? Meinst du nicht, er werde ganz verwirrt sein und glauben, was er damals gesehen, sei doch wirklicher als was ihm jetzt gezeigt werde?

Bei weitem, antwortete er. 65

Und wenn man ihn gar in das Licht selbst zu sehen nötigte, würden ihm wohl die Augen schmerzen und er würde fliehen und zu jenem zurückkehren, was er anzusehen imstande ist, fest überzeugt, dies sei weit gewisser als das zuletzt Gezeigte? 70

Allerdings.

Und, sprach ich, wenn ihn einer mit Gewalt von dort durch den unwegsamen und steilen Aufgang schleppte und nicht losließe, bis er ihn an das Licht der Sonne gebracht hätte, wird er nicht viel Schmerzen 75 haben und sich gar ungern schleppen lassen? Und wenn er nun an das Licht kommt und die Augen voll Strahlen hat, wird er nichts sehen können von dem, was ihm nun für das Wahre gegeben wird.

Freilich nicht, sagte er, wenigstens sogleich nicht. 80

Gewöhnung also, meine ich, wird er nötig haben, um das Obere zu sehen. Und zuerst würde er Schatten am leichtesten erkennen, hernach die Bilder der Menschen und der anderen Dinge im Wasser und dann erst sie selbst. Und ebenso, was am Himmel ist, und 85 den Himmel selbst würde er am liebsten in der Nacht betrachten und in das Mond- und Sternenlicht sehen, als bei Tage in die Sonne und in ihr Licht.

Wie sollte er nicht!

Zuletzt aber, denke ich, wird er auch die Sonne selbst, 90 nicht Bilder von ihr im Wasser oder anderwärts, sondern sie selbst an ihrer eigenen Stelle anzusehen und zu betrachten imstande sein. Notwendig, sagte er.

Und dann wird er schon herausbringen von ihr, dass sie es ist, die alle Zeiten und Jahre schafft und alles 95 ordnet in dem sichtbaren Raume und auch von dem, was sie dort sahen, gewissermaßen die Ursache ist.

Offenbar, sagte er, würde er nach jenem auch hierzu kommen.

Und wie, wenn er nun seiner ersten Wohnung ge- 100 denkt und der dortigen Weisheit und der damaligen Mitgefangenen, meinst du nicht, er werde sich selbst glücklich preisen über die Veränderung, jene aber beklagen?

105 Ganz gewiss.

Und wenn sie dort unter sich Ehre, Lob und Beloh-
nungen für den bestimmt hatten, der das Vorüberzie-
hende am schärfsten sah und sich am besten behielt,
was zuerst zu kommen pflegte und was zuletzt und
110 was zugleich, und daher also am besten vorhersagen
konnte, was nun erscheinen werde, glaubst du, es
werde ihn danach noch groß verlangen und er werde
die bei jenen Geehrten und Machthabenden benei-
den? Oder wird ihm das Homerische begegnen und
115 er viel lieber wollen das Feld als Tagelöhner bestellen
einem dürftigen Mann und lieber alles über sich ergehen lassen, als wieder solche Vorstellungen zu haben wie dort und so zu leben?

So, sagte er, denke ich, wird er sich alles eher gefallen
120 lassen, als so zu leben.

Auch das bedenke noch, sprach ich. Wenn ein solcher nun wieder hinunterstiege und sich auf denselben Schemel setzte, würden ihm die Augen nicht
ganz voll Dunkelheit sein, da er so plötzlich von der
Sonne herkommt? 125

Ganz gewiss.

Und wenn er wieder in der Begutachtung jener Schatten wetteifern sollte mit denen, die immer dort gefangen gewesen, während es ihm noch vor den Augen flimmert, ehe er sie wieder dazu einrichtet, und 130
das möchte keine kleine Zeit seines Aufenthalts dau-
ern, würde man ihn nicht auslachen und von ihm
sagen, er sei mit verdorbenen Augen von oben zu-
rückgekommen und es lohne nicht, dass man versuche hinaufzukommen; sondern man müsse jeden, 135
der sie lösen und hinaufbringen wollte, wenn man
seiner nur habhaft werden und ihn umbringen
könnte, auch wirklich umbringen?

So sprächen sie ganz gewiss, sagte er.

Aus: Platon: Der Staat. In: Ders.: Werke. Hg. v. Gunther Eigler. Darmstadt 1971.
Bd. 4, S. 555–563

Gerhard Fricke: „Ich will das heilige Gesetz ... verherrlichen"

Homburg beruft sich nicht auf Kottwitzens Recht des Gefühls. Er argumentiert auch nicht mit der durch die kausale Verkettung von Schein und Zufall aufgehobenen Verantwortung. Er erklärt den Spruch nicht
5 für gerecht und erhebt das Gesetz oder die Idee zur höchsten Instanz, der sich das Individuum bedingungslos zu unterwerfen habe. Er verwandelt sich vielmehr in diesem Augenblick in die reinste, die unbedingte Subjektivität, die aller Anfechtung durch
10 die gebrechliche Welt enthoben ist.

> Ich will das heilige Gesetz des Kriegs;
> Das ich verletzt in Angesicht des Heers,
> Durch einen freien Tod verherrlichen.

Nicht das Gesetz rechtfertigt hier den Menschen,
15 sondern der Mensch rechtfertigt das Gesetz. Auf dem ‚Ich will' und auf dem ‚freien' Tod liegt aller Ton. Hier ist der Verurteilte, das Objekt des Staates und des Gesetzes, verwandelt in das reine und in völliger Freiheit aus seinem innersten Schwerpunkt handelnde
20 Subjekt, dessen persönlichster Entschluss das Gesetz erst heiligt, es zur wirkenden und wirklichen, verbindenden höheren Daseinsmacht erhebt. Aus dieser nur mit sich selber einigen, nur aus sich selber heraus handelnden Subjektivität allein erhält sich das ganze
25 Gesetz und alles Recht des Krieges [...]. Hier rettet

nicht mehr das Gesetz oder die Idee das Ich, das sich im letzten Augenblick noch zu ihr bekennt, sich für sie aufgibt, sich in sie auflöst, – sondern es ist das Ich, das Idee und Gesetz ‚rettet', sie aufrichtet und als lebendige, gemeinschaftstiftende Kraft ausstrahlen 30 lässt.
Erst dieser Entschluss des Prinzen erlaubt es dem Kurfürsten, in voller Freiheit, ohne jeglichen Druck, sich zu entscheiden. Und seine Entscheidung ist selber ein Akt rein personhafter Freiheit. Er handelt als Mensch, 35 als Ich, als Fürst – nicht als Beauftragter und Wahrer des Gesetzes [...]. Was hier vorgeht, ist nicht der Rechtsakt der Begnadigung, sondern der Personalakt der Vergebung. Dem entspricht, dass er die Kassation des Urteils der Generalität nicht in der Form einer 40 Rechtsfrage, sondern in der Form einer Vertrauensfrage vorlegt (‚Wollt ihr's zum vierten Male mit ihm wagen?'). Die objektive Rechtsfrage ist aufgelöst und im Hegel'schen Sinne aufgehoben und erfüllt in der subjektgetragenen, personhaften Sphäre des eigent- 45 lichen Ich, des reinen Gefühls, des unbedingten Vertrauens, innerhalb derer und durch die Recht und Gesetz erst Wahrheit, Gültigkeit, Wirklichkeit gewinnt."

Aus: Gerhard Fricke: Kleists „Prinz Friedrich von Homburg". Germanisch-romanische Monatshefte XXXIII, 1952

Klausurvorschläge und Facharbeiten

Klausuren

Thema 1:
Szene 4.1: Beschreiben und deuten Sie den Dialog zwischen Prinzessin Natalie und dem Großen Kurfürsten. Vergleichen Sie dabei insbesondere ihre jeweiligen Standpunkte zu Vaterland und Gesetz – auch im Hinblick auf die nachfolgende Handlung.

Thema 2:
Vergleichen Sie die **Szenen 3.5 (V. 965 bis V. 1036) und 5.7 (V. 1740 bis V. 1800)** hinsichtlich der Haltung des Prinzen von Homburg zu seinem Todesurteil.

Thema 3:
Szene 5.5 (V. 1622 bis V. 1722): Beschreiben und deuten Sie den Dialog zwischen dem Großen Kurfürsten und dem Grafen Hohenzollern. Entscheiden Sie sich für eine der beiden Positionen und begründen Sie, warum die andere Partei im Unrecht ist.

Thema 4:
Ordnen Sie die **Szene 3.5** in den inhaltlichen Kontext des Dramas ein und charakterisieren Sie anschließend anhand dieser Szene den Prinzen von Homburg.
Verfassen Sie in einem zweiten Erarbeitungsschritt einen kurzen inneren Monolog, der die Gedanken des Prinzen beim Anblick seines offenen Grabes widerspiegelt. Achten Sie darauf, dass in diesem Monolog die herausgearbeiteten Charakterzüge deutlich werden.

Thema 5:
Analysieren Sie den Textausschnitt „Ich will das heilige Gesetz ... verherrlichen!" von Gerhard Fricke (Zusatzmaterial 4), indem Sie

- die Kernthese in eigenen Worten zusammenfassen,
- beschreiben, wie der Verfasser seine Aussage begründet, dass die Aufhebung des Todesurteils durch den Kurfürsten kein „Rechtsakt der Begnadigung, sondern der Personalakt der Vergebung" sei.

Nehmen Sie in einem zweiten Erarbeitungsschritt kritisch Stellung zu Frickes Interpretation und erläutern Sie Ihre eigene Haltung.

Facharbeiten

Thema 1:
Der Große Kurfürst in Kleists Drama „Prinz Friedrich von Homburg": absolutistischer Despot oder aufgeklärter Staatsmann?

Thema 2:
„Das Kriegsgesetz, das weiß ich wohl, soll herrschen" – Über Pflicht und Gehorsam in Kleists Drama „Prinz Friedrich von Homburg"

Thema 3:
Heinrich von Kleists „Prinz Friedrich von Homburg" – Ein Drama der deutschen Klassik?

Thema 4:

„Ich glaubs; nur schade, dass das Auge modert" – Todesfurcht, Religion und Existenzialismus in Kleists Drama „Prinz Friedrich von Homburg"

Thema 5:

Das Erwachen des Bewusstseins bei Kleist. Die Entwicklung des Ichs im Essay „Über das Marionettentheater" und im Drama „Prinz Friedrich von Homburg"

Thema 6:

Prinz Friedrich von Homburg – Ein Nachfahre des Königs Odipus? Kleists Drama aus psychoanalytischer Perspektive

Thema 7:

Schöngeistige Literatur oder Anleitung zum Handeln? Ein Vergleich zwischen Kleists „Prinz Friedrich von Homburg" und Bölls „Die verlorene Ehre der Katharina Blum"

Thema 8:

Kleists Prinz Friedrich von Homburg: Ein Mensch der Moderne?

EinFach Deutsch

Unterrichtsmodelle

Herausgegeben von Johannes Diekhans

Ausgewählte Titel der Reihe:

Unterrichtsmodelle – Klassen 5 – 7

Germanische und deutsche Sagen
91 S., DIN A4, kart.   Best.-Nr. 022337

Otfried Preußler: Krabat
131 S., DIN A4, kart.   Best.-Nr. 022331

Unterrichtsmodelle – Klassen 8 – 10

Gottfried Keller: Kleider machen Leute
64 S., DIN A4, geh.   Best.-Nr. 022326

Das Tagebuch der Anne Frank
112 S., DIN A4, kart.   Best.-Nr. 022272

Friedrich Schiller: Wilhelm Tell
90 S., DIN A4, geh.   Best.-Nr. 022301

Unterrichtsmodelle – Gymnasiale Oberstufe

Barock
152 S., DIN A4, kart.   Best.-Nr. 022418

Romantik
155 S., DIN A4, kart.   Best.-Nr. 022382

Lyrik nach 1945
189 S., DIN A4, kart.   Best.-Nr. 022379

Bertolt Brecht: Leben des Galilei
112 S., DIN A4, kart.   Best.-Nr. 022286

Georg Büchner: Dantons Tod
143 S., DIN A4, kart.   Best.-Nr. 022369

Georg Büchner: Woyzeck
115 S., DIN A4, kart.   Best.-Nr. 022313

Friedrich Dürrenmatt: Der Besuch der alten Dame
124 S., DIN A4, kart.   Best.-Nr. 022417

Friedrich Dürrenmatt: Die Physiker
102 S., DIN A4, kart.   Best.-Nr. 022407

Theodor Fontane: Effi Briest
140 S., DIN A4, kart.   Best.-Nr. 022409

Theodor Fontane: Irrungen, Wirrungen
89 S., DIN A4, kart.   Best.-Nr. 022388

Max Frisch: Homo faber
88 S., DIN A4, geh.   Best.-Nr. 022315

Johann Wolfgang von Goethe: Faust I
145 S., DIN A4, kart.   Best.-Nr. 022277

Johann Wolfgang von Goethe: Die Leiden des jungen Werthers
128 S., DIN A4, kart.   Best.-Nr. 022365

Gerhart Hauptmann: Die Ratten
122 S., DIN A4, kart.   Best.-Nr. 022427

E.T.A. Hoffmann: Der Sandmann
123 S., DIN A4, kart.   Best.-Nr. 022357

Franz Kafka: Erzählungen
ca. 128 S., DIN A4, kart.   Best.-Nr. 022422

Franz Kafka: Der Prozess
143 S., DIN A4, kart.   Best.-Nr. 022363

Heinrich von Kleist: Michael Kohlhaas
100 S., DIN A4, kart.   Best.-Nr. 022349

Gotthold Ephraim Lessing: Emilia Galotti
141 S., DIN A4, kart.   Best.-Nr. 022279

Robert Musil: Die Verwirrungen des Zöglings Törleß
153 S., DIN A4, kart.   Best.-Nr. 022400

Friedrich Schiller: Don Carlos
182 S., DIN A4, kart.   Best.-Nr. 022420

Friedrich Schiller: Die Räuber und andere Räubergeschichten
134 S., DIN A4, kart.   Best.-Nr. 022343

Christa Wolf: Kassandra
109 S., DIN A4, kart.   Best.-Nr. 022393

Schöningh Verlag
Postfach 2540
33055 Paderborn

Schöningh

Fordern Sie unseren Prospekt zur kompletten Reihe an:
Informationen 0800 / 18 18 787 (freecall)
info@schoeningh.de / www.schoeningh-schulbuch.de